立德树人

理论与实践研究

主 编 张春梅 马晓丹 周 燕
副主编 马 宁 苟 园 赵宗泽

云南大学出版社
YUNNAN UNIVERSITY PRESS

图书在版编目（CIP）数据

立德树人理论与实践研究 / 张春梅，马晓丹，周燕主编. -- 昆明 : 云南大学出版社，2021
ISBN 978-7-5482-4440-0

Ⅰ. ①立… Ⅱ. ①张… ②马… ③周… Ⅲ. ①高等学校－德育工作－中国－文集 Ⅳ. ①G641-53

中国版本图书馆CIP数据核字（2022）第003448号

策划编辑：段 然
责任编辑：孙小林
装帧设计：昆明墨源图文设计有限公司

立德树人理论与实践研究

LIDESHUREN LILUN YU SHIJIAN YANJIU

主 编 张春梅 马晓丹 周 燕

副主编 马 宁 苟 园 赵宗泽

出版发行：云南大学出版社
印 装：昆明滨纶印刷有限公司
开 本：787mm×1092mm 1/16
印 张：13.25
字 数：277千
版 次：2021年12月第1版
印 次：2021年12月第1次印刷
书 号：ISBN 978-7-5482-4440-0
定 价：48.00元

地 址：云南省昆明市一二一大街182号（云南大学东陆校区英华园内）
电 话：（0871）65033307/65033244
网 址：http://www.ynup.com
E-mail：markt@ynup.com

若发现本书有印装质量问题，请与印厂联系调换，联系电话:0871-65639661。

前　言

习近平总书记指出："办好思政课，最根本的是要全面贯彻党的教育方针，解决好培养什么人、怎样培养人、为谁培养人这个根本问题。"高校思想政治理论课是落实立德树人根本任务的关键课程，是帮助大学生解决理想信念问题的课程。高校思想政治理论课教师应坚持不懈地用习近平新时代中国特色社会主义思想铸魂育人，按照"政治要强、情怀要深、思维要新、视野要广、自律要严、人格要正"的标准，敬畏每一堂课，不断增强思想政治理论课的思想性、理论性、针对性和亲和力，做学生为学、为事、为人的示范。

高校思想政治理论课对于大学生汲取精神养分、励志成才具有关键作用。以立德树人为宗旨，思想政治教育向思想强化、向实践延伸、向社会空间拓展，做好"三个坚持"，丰富思想政治教育素材，创新思想政治教育方法，打造示范课、精品课程，以及一流线上、线下和实践课程，都将使学生终身受益。

《立德树人理论与实践研究》一书收集了近10所高校、党校教师撰写的论文。论文的作者中有从事高校思想政治理论课30余年的教授，也有年轻的教师，他们"在马信马、在马研马、在马教马"，一直坚守立德树人的主阵地。同时本书也是昆明学院应用型示范院校建设项目"基于应用型本科院校以实践能力为导向的思政课创新人才培养改革研究"的成果之一。本书的编撰，旨在为从事高校思想政治理论研究与教学的同仁提供一些指导和借鉴，并希望对高校思想政治理论课教育教学的改革与发展尽一份微薄之力。

马　宁

2021年12月

目　录

理论篇

中国共产党与民族复兴中国梦 …………………………… 李立琼　马　宁（3）

唯物史观视域下的新时代历史哲学重要概念刍论 ……………… 马晓丹（10）

试论坚持中国特色社会主义文化自信的重要性 ……………………… 周　燕（19）

当前变局中的哲学思维“三金法则” …………………………… 方　琼（23）

新时代法治思想指导下的党校法治教育问题 ……………………… 曹瑞丽（27）

对当前人民内部矛盾深层次原因的思考 ……………………………… 马　宁（32）

边疆多民族地区大学生国家安全意识提升策略研究
——以云南地区为例 ………………………………………………… 韩　勇（36）

凝心聚力共圆中华民族伟大复兴中国梦 ……………………………… 蒋晓英（42）

按照新时代党的建设伟大工程的要求加强和改进高校党支部的建设
………………………………………………………… 马　宁　李立琼（47）

“双联系—共建双推进”模式下的高校农村基层党建探索实践
——以昆明学院为例 ………………………………………………… 李　徽（51）

关于提升高校基层党组织组织力的思考 ……………………………… 靳　倩（55）

大学生铸牢中华民族共同体意识的对策研究 ………………………… 刘蒋萍（59）

“西畴精神”指引下的西畴跨越式发展探究 ………………………… 尹秀娟（63）

关于高校构建和谐校园的理论思考 ……………………… 李立琼　顾燕兰（68）

媒介融合语境下大学生媒介素养教育探析 ………………… 李　杉　马晓丹（74）

推进高校马克思主义大众化载体与路径探析 ……………… 马　宁　马晓丹（78）

务必坚持和发扬党的密切联系群众的作风 …………………………… 马　宁（85）

关于生态文明建设的几点思考 ………………………………………… 缪文武（88）

美丽滇池建设，展现新时代昆明新担当新作为 ……………………… 李　徽（93）

简述“一带一路”倡议下的中国发展 ……………………… 杨振东　黄　杰（96）

实践教学篇

关于推进马克思主义理论学科建设的思考 ………………… 李立琼 梁 薇（103）
高校思想政治理论课实践教学方式方法改革探索研究 … 马 宁 马晓丹（110）
党史学习教育背景下高校“立德树人”路径研究 …………………… 李海香（116）
高校思想政治理论课实践教学需要注意的几个问题 …… 李立琼 马 宁（122）
高职大学生理想信念教育分析 ……………………………………… 刘冬丽（128）
基于线上平台的思政课实践教学和学分认定的模式研究 ………… 王 良（131）
“模拟法庭”教学实践活动的几点思考 …………………………… 徐 琦（135）
运用大数据提升高校思政课“到课率、抬头率、点头率”的
　　探索实践 ………………………………………………………… 韩 勇（140）
新时代“立德树人”视角下高校教师队伍建设具体方向探究 …… 张铭南（146）
论形象思维方式在“毛泽东思想和中国特色社会主义理论体系概论”
　　教学中的运用 …………………………………………………… 马 宁（150）
高校思想政治理论课研究性教学模式的构建与实践研究
　　——在“毛泽东思想和中国特色社会主义理论体系概论”的
　　　　教学框架内 ………………………………………………… 马 宁（155）
试论用科学精神贯穿高校思想政治理论课的意义
　　…………………………………………………… 董 丹 蒋 怡 缪文武（160）
“学生参与式教学”在思政课中运用研究 ………………………… 冯 丽（163）
哲学课中多媒体教学审美意义的关注和引导 ……………………… 张云萍（170）
新升本科高校大学生思想特点及思想政治理论课
　　教学针对性、实效性探析 ……………………………………… 马 宁（176）
以研究性实践为导向形塑高校大学生科学的世界观
　　——“马克思主义基本原理概论”课程实践教学方式方法探索
　　……………………………………………………………… 曹 路 施建群（181）
论网络环境下高校思想政治理论课的教育教学
　　…………………………………………………… 缪文武 董 丹 蒋 怡（185）
网络环境下实现高校德育内容创新探析 …………………………… 马 宁（188）
“思想道德修养与法律基础”课集体备课改革初探
　　…………………………………………………… 蒋 怡 缪文武 董 丹（193）
伟大抗疫精神融入高校思政课的实践路径 ………………………… 张春梅（196）
高校思政课实践教学模式创新的几点思考 ………………………… 朱 光（200）

后 记………………………………………………………………………（205）

理论篇

中国共产党与民族复兴中国梦

李立琼　马　宁

实现中华民族伟大复兴，是中华民族近代以来最伟大的梦想，只有中国共产党义无反顾地肩负起这历史使命，挽狂澜于既倒、扶大厦之将倾，带领中国人民从沉沦中奋起、由苦难而获得辉煌。历史和现实证明，历史和人民选择中国共产党领导民族复兴事业是完全正确的。习近平总书记指出："历史，总是在一些特殊年份给人们以汲取智慧、继续前行的力量。"① 2021 年，是中国共产党百年华诞，大凡是有血有肉的中国人，只要翻开近代以来中国的百年屈辱历史，都会百感交集，五味杂陈。恰是中国共产党站在新的历史起点，给全国各族人民清晰指明了未来发展的方向，使民族复兴中国梦的蓝图呈现在我们的眼前。回顾和重温中国共产党的百年苦难辉煌历史，不但让我们倍加珍惜来之不易的伟大成就，而且让我们对当代中国全面建设社会主义现代化国家、实现民族复兴伟大梦想充满必胜信念。

一、民族复兴中国梦在近代中国民族危机中生成

中国是一个有着 5000 多年文明的大国，中华民族是一个有着深厚历史文化底蕴的伟大民族，中华文明以其独有的特色和辉煌走在世界文明发展的前列长达 1000 多年，为世界文明进步作出过巨大的贡献。但是，近代以来，随着西方海外殖民扩张和工业革命的兴起，以农业文明为主要形态的中华文明渐显颓势。闭关锁国、吏治腐败使中国社会停滞不前，国力孱弱，民生凋敝。1840 年第一次鸦片战争战败，清政府昧于世界大势，并没有从战败中警醒并积极应对危机与挑战，而是继续浑浑噩噩地以"天朝上国"自居，疲玩泄沓，导致中国积弱积弊的状况没有得到应有改变。多个资本—帝国主义国家的联合侵略，清政府被迫割地赔款、开放通商口岸、设立租界、出让领事裁判权，从而加深了社会矛盾和危机，独立的、封建的中国逐渐沦为半殖民地半封建的中国。1856 年第二次鸦片

① 习近平：开放共创繁荣　创新引领未来——在博鳌亚洲论坛 2018 年年会开幕式上的主旨演讲［N］. 人民日报，2018－04－11.

战争爆发，清政府被迫签订一系列不平等条约，中国半殖民地半封建化程度进一步加深，中华民族遭受了前所未有的苦难，广大人民过着饥寒交迫和毫无政治权利的生活：秀美河山被西方列强蚕食鲸吞，中国人被视为“东亚病夫”，洋人在中国土地上竖立“华人与狗不得入内”的警示牌……

旧梦破碎，新梦诞生。要改变中华民族悲惨屈辱的命运，要使中国在世界上站立起来，要使中国人民过上幸福、富裕的生活，就必须推翻帝国主义、封建主义联合统治的半殖民地半封建的社会制度，争取民族独立和人民解放；就必须改变中国经济技术落后的面貌，实现国家的富强和人民的富裕。近代以来中华民族面临的这两大历史任务，就这样被历史性地提出来。为了民族复兴，无数仁人志士不屈不挠、前赴后继，进行各种各样的斗争，就是为了苦苦探索实现民族复兴的途径。

二、中国共产党为实现民族复兴中国梦而诞生

如何走上一条正确的人民解放、民族振兴之路？危机重重的近代中国在这个问题上没有先例可循，只能在黑暗中摸索。中国人民挺起脊梁、奋起抗争，进行了一场场气壮山河的斗争，谱写了一曲曲可歌可泣的史诗。从鸦片战争到五四运动近 80 年间，中国社会各阶级、各阶层和各种政治力量都曾登上历史舞台，力图挽救中国于危亡之中。各种救国主张和革命都曾“问诊”中国，无论是“禁烟运动”，还是“师夷长技以制夷”“中体西用”；无论是太平天国运动、义和团运动，还是洋务运动和维新运动，都无一例外地以失败收场。就连开启了中国进步之门的辛亥革命，虽然推翻了长达 2000 多年的封建帝制，在中国建立了资产阶级共和国，为中国的进步打开了闸门，但也没能改变旧中国半殖民地半封建的社会性质和人民的悲惨命运。近代中国历史表明，旧式农民革命和软弱的资产阶级革命不可能完成中华民族救亡图存和反帝反封建的历史任务，更不可能承担起实现民族复兴的历史使命。

20 世纪初，资产阶级政党政治在中国兴起，在北京、上海等地出现过大大小小 300 多个政党和政治团体，但它们大多很快就在中国政治舞台上销声匿迹了。它们失败的原因何在？最根本的原因就在于缺乏科学理论的指导，缺乏有力的核心力量和坚强的领导核心，未能提出正确的纲领并发动人民群众以解决近代以来中国社会所面临的迫切问题，没有得到广大人民群众的拥护和支持。所以，它们的失败就成为历史的必然。

长夜漫漫，前途迷茫。民族复兴的正确道路究竟在哪里？值此危急时刻，1917 年俄国十月革命一声炮响，给一次次抗争、一次次失败的中国人送来了马克思列宁主义。在近代中国社会矛盾的剧烈运动中，在中国人民反抗封建统治和外来侵略的激烈斗争中，在五四爱国运动的推动下，在马克思列宁主义同中国工

人运动的结合过程中，酝酿产生了先进的政党组织——中国共产党。中国共产党一经成立，就义无反顾地肩负起领导中国人民实现民族独立、人民解放和国家繁荣富强、人民共同富裕的双重历史使命。从此，中国人民谋求民族复兴的斗争就有了主心骨，中国人民就从精神上由被动转为主动。

三、中国人民为实现民族复兴中国梦而选择中国共产党

从1921年到2021年，中国共产党走过了整整一百年的历程。通常来说，在一个主权国家连续执政达到或超过20年的政党，就可以被视为长期执政党。中国共产党作为一个百年大党，执政超过70年，是怎样经受住长期执政的考验?为什么得到人民的拥护和支持，实现长期执政？与中国共产党同时诞生的或者相继问世的政党有很多个，中国人民为什么单单选择中国共产党为领导核心？为什么人民会深情地唱“没有共产党，就没有新中国”？

回顾近代以来中华民族由不断衰落到根本扭转命运、持续走向繁荣富强的艰辛历程，探究鸦片战争180多年来的历史，不难发现中国共产党为什么能的“基因密码”。

中国共产党是用马克思主义及其中国化的理论成果武装起来的政党。100年来，中国共产党始终把马克思主义作为观察国家命运和世界变化发展走向的工具，坚持以科学的态度对待马克思主义、坚持把马克思主义基本原理同中国具体实际和时代特征相结合，着眼于对实际问题的理论思考、着眼于实践和发展，不断推进马克思主义中国化，先后形成了毛泽东思想、邓小平理论、“三个代表”重要思想、科学发展观、习近平新时代中国特色社会主义思想，为实现民族复兴中国梦提供了科学理论和行动指南。

中国共产党是具有崇高理想和为理想无私奉献、勇于牺牲的政党。100年来，共产主义远大理想赋予中国共产党人战胜一切敌人、困难、挑战的胆识与力量。中国共产党人在革命、建设和改革的实践中，始终英勇地站在斗争的最前线。自1921年中国共产党成立至1949年中华人民共和国成立这28年的时间里，中国共产党无数优秀战士为中国人民的解放事业献出了宝贵生命，如李大钊、瞿秋白、蔡和森、向警予、邓中夏、彭湃、恽代英、张太雷等卓越领导人，刘志丹、杨靖宇、左权、叶挺等杰出将领。领导中国人民彻底改变自己命运和国家面貌的一代伟人毛泽东，为新中国的成立及巩固和发展牺牲了6位亲人。2020年抗击新冠疫情亦是如此，一个个共产党人活跃在抗疫的各个岗位，白衣战士中有他们的身影，志愿者中也时常看见他们的模样，社区服务队伍中他们也未曾缺席。正是一代又一代共产党人用行动诠释了“为有牺牲多壮志，敢教日月换新天”的豪情壮志，为实现民族复兴提供了强大的精神动力。

中国共产党是来自人民、根植人民、服务人民的政党。100年来，全心全意为人民服务是中国共产党的根本宗旨。人民立场是中国共产党的根本政治立场，

是马克思主义政党区别于其他政党的显著标志。人民立场是中国共产党解决一切发展难题的逻辑起点、价值基点，决定了中国共产党始终致力于为中国人民谋幸福、为中华民族谋复兴的初心和使命。在革命、建设和改革的不同历史时期，中国共产党始终把人民放在心中最高位置，始终为人民利益和幸福而努力奋斗，始终坚信党的根基在人民、党的血脉在人民、党的力量在人民，把人民对美好生活的向往作为奋斗目标，把全国各族人民紧紧团结在党的周围，充分调动一切积极因素，为实现民族复兴凝聚起磅礴力量。

中国共产党是敢于面对曲折、勇于自我革命的政党。100 年来，中国共产党的伟大不在于不犯错误，而在于从不讳疾忌医，敢于自省、自查、自纠，勇于自我革命。中国共产党在历史上曾受过挫折、犯过错误，甚至有过大挫折。如在新民主主义革命时期，有陈独秀右倾机会主义的错误，有王明“左”倾教条主义的错误；在社会主义革命和建设时期，有“大跃进”、反右斗争扩大化的错误，有“文化大革命”的错误。但是，党敢于正视错误，善于纠正错误，从错误回归正确，从挫折走向胜利。特别是党的十八大以来，以习近平同志为核心的党中央坚持“打铁必需自身硬”，发扬刀刃向内、刮骨疗伤、壮士断腕的自我革命精神，以零容忍态度惩治腐败，推进全面从严治党，落实管党治党责任，不断增强自我革命能力，在进行具有许多新的历史特点的伟大斗争中，永葆党旺盛的生命力和强大的战斗力，为实现民族复兴提供了根本保证。

历史和现实告诉我们，中国共产党之所以能够被历史和人民选择领导民族复兴伟业，之所以能够不负历史和人民重托，肩负起实现民族复兴的历史使命，究其根源，是因为中国人民有理想，有追求，梦想早日摆脱受奴役受压迫的命运；是因为中国共产党从一开始就旗帜鲜明地把人类最美好的理想——社会主义和共产主义确定为自己的奋斗目标，就以马克思主义这个锐利的思想武器来观察和分析中国的问题，确立起为中国人民谋幸福、为中华民族谋复兴的初心和使命，集结起一批具有献身精神的先进分子，深入工人农民中去做群众工作，能够提出正确的纲领、路线和方针政策，并为它的实现而始终不渝地奋斗。

可以说，是近代中国的历史、近代中国革命的实践，更是中国人民为了民族复兴梦想而选择了以马克思主义为指导、具有崇高理想、顺应历史潮流、敢于做出牺牲、深深扎根于人民、勇于自我革命的中国共产党。“没有共产党，就没有新中国”这不只是一句歌词、一个政治口号，而是中国人民基于自己长期的切身体验所确认的真理，是一种对中国共产党的最真挚的情感认同。

四、中国共产党为实现民族复兴中国梦而奋斗

从上海石库门和浙江嘉兴南湖出发，在 100 年波澜壮阔的历史进程中，中国共产党为了实现民族复兴的历史使命，无论弱小还是强大，无论顺境还是逆境，

都初心不改、矢志不渝，团结带领人民进行了艰苦卓绝的斗争，敢于面对曲折，勇于修正错误，攻克一个又一个看似不可攻克的难关，创造了一个又一个彪炳史册的人间奇迹。中国共产党的百年历史，就是历尽千辛万苦艰难探索中华民族复兴路，追逐中国梦的不懈奋斗史。

中国共产党领导中国人民为实现民族独立、人民解放进行了艰苦卓绝的斗争。中国共产党成立后不久，就明确提出消除内乱、打倒军阀、推翻国际帝国主义压迫、实现民族完全独立、统一中国为真正的民主共和国的基本纲领，随后迅速投入反帝反封建的大革命浪潮中。

正是由于中国共产党把马克思主义普遍真理同中国革命具体实际相结合，找到了适合中国国情的“农村包围城市，武装夺取政权”的革命道路，弘扬了以爱国主义为核心的民族精神，形成了红船精神、井冈山精神、长征精神、延安精神、西柏坡精神等一系列时代精神，倡导建立了革命统一战线，团结一切可能团结的阶级和阶层，有效调动并依靠了一切中国力量，始终把最广大的人民群众紧紧团结在自己的周围，才取得了新民主主义革命的胜利，建立了新中国，彻底结束了旧中国半殖民地半封建社会的历史，彻底结束了旧中国一盘散沙的局面，彻底废除了列强强加给中国的不平等条约和帝国主义在中国的一切特权，初步实现了民族独立、人民解放的第一个历史使命。

中国共产党领导中国人民为实现国家繁荣富强、人民共同富裕进行了艰辛曲折的探索。1949 年 10 月新中国成立后，执政的中国共产党面临的是百废待兴、百业待举的局面。怎样建设新中国，是中国共产党执政的首要任务。中国共产党人把马克思主义基本原理同中国革命和建设的具体实际结合起来，根据中国国情和一些国家发展的情况，选择了社会主义方向。这一时期，中国共产党“以苏为鉴”“独立思考”，对社会主义建设道路进行了艰难探索，弘扬了以爱国主义为核心的民族精神，形成了抗美援朝精神、大庆精神、雷锋精神、焦裕禄精神、“两弹一星”精神等一系列时代精神，有效调动了国内国外的一切积极因素来建设新中国。经过 20 多年的奋斗，我国初步建立起独立的比较完整的工业体系和国民经济体系，初步解决了几亿人的吃饭穿衣问题，这是当时世界公认的一个奇迹。

历史地、辩证地看，自 1949 年到 1978 年的这 29 年，中国共产党为改变国家贫穷落后面貌、实现国家繁荣富强、人民共同富裕历史使命进行的探索，虽然经历了“大跃进”和“文化大革命”两次重大挫折，付出了巨大代价，但无论是成功的喜悦还是曲折坎坷的泪水，无论是正面的经验还是反面的教训，都为当代中国的一切发展奠定了重要基础。正如习近平总书记指出，我们党团结带领中国人民完成社会主义革命，确立社会主义基本制度，消灭一切剥削制度，推进了社会主义建设。……完成了中华民族有史以来最为广泛而深刻的社会变革，为当

代中国一切发展进步奠定了根本政治前提和制度基础，为中国发展富强、中国人民生活富裕奠定了坚实基础……①

中国共产党领导中国人民为实现国家繁荣富强、人民共同富裕开辟了中国特色社会主义道路。1978 年 12 月党的十一届三中全会召开，实现了新中国成立以来党的历史上具有深远意义的伟大转折。以邓小平同志为核心的党的第二代中央领导集体，面对“文化大革命”造成的危难局面，以巨大的政治勇气和政治魄力，把马克思主义基本原理同中国的具体实际结合起来，团结带领全党全国各族人民，深刻总结中国社会主义建设正反两方面的经验，迅速把党和国家的工作重心转移到经济建设上来，实行了改革开放的决策，明确提出走自己的路，建设中国特色社会主义，科学回答了建设中国特色社会主义的一系列基本问题，在拨乱反正和改革开放中成功开创了中国特色社会主义。

1989 年党的十三届四中全会后，以江泽民同志为核心的党的第三代中央领导集体，面对国内国外纷繁复杂的形势，在世界社会主义出现严重曲折的严峻考验面前，团结带领全党全国各族人民，坚定捍卫中国特色社会主义，确立社会主义市场经济体制的基本框架，确立社会主义初级阶段基本经济制度和分配制度，提出依法治国基本方略，推进党的建设新的伟大工程，开创了全面改革开放新局面，成功把中国特色社会主义推向 21 世纪。

2002 年党的十六大后，以胡锦涛同志为总书记的党中央，紧紧抓住和用好重要战略机遇期，团结带领全党全国各族人民，坚持以人为本、全面协调可持续发展，构建社会主义和谐社会，推进党的执政能力建设，在全面建设小康社会的伟大实践中，成功坚持和发展了中国特色社会主义。2010 年，我国的经济总量超过日本，成为仅次于美国的第二大经济体，这是人间奇迹。

2012 年党的十八大以来，以习近平同志为核心的党中央，把马克思主义基本原理同中国新时代具体实际结合起来，团结带领全党全国各族人民，举旗定向、谋篇布局，从理论和实践上深刻回答了新时代坚持和发展什么样的中国特色社会主义、怎样坚持和发展中国特色社会主义这个重大时代课题，贯彻落实“五大新发展理念”、统筹推进“五位一体”总体布局、协调推进“四个全面”战略布局、实施精准扶贫战略，推进国家治理体系和治理能力现代化，解决了许多长期想解决而没有解决的难题，办成了许多过去想办而没有办成的大事，推动党和国家事业取得历史性成就、发生历史性变革，推动中国特色社会主义进入新时代。

在新时代，中国共产党坚定不移地高举中国特色社会主义伟大旗帜，“既不走封闭僵化的老路、也不走改旗易帜的邪路”。经过 40 多年的改革开放，我们取得了辉煌成就，逐步圆了奥运梦、世博梦、飞天梦。时至今日，我国经济总量已经连续 10 年

---

① 习近平．在庆祝中国共产党成立 95 周年大会上的讲话［J］．求是，2021（8）．

稳居世界第二，相继取得载人航天、探月工程、量子通信、超级计算、海底深潜、大飞机制造、航空母舰等一大批标志性成果。中国正日益走近世界舞台中央。

面对新冠肺炎疫情突如其来的严重冲击，中国共产党把马克思主义基本原理同中国具体实际和实践特点相结合，始终把人民生命安全和身体健康放在第一位，在以习近平同志为核心的党中央坚强领导下，以坚决果断的勇气和决心，采取前所未有科学精准的防控策略和措施，4 万余名医务人员“白衣执甲”，星夜驰援；14 亿中国人信心坚定，众志成城……经过艰苦卓绝努力，疫情防控阻击战取得重大战略成果，统筹推进疫情防控和经济社会发展工作取得积极成效，中国特色社会主义制度所具有的集中力量办大事、办难事、办急事的优势得到有力彰显。

在中国特色社会主义事业建设实践中，中国共产党人形成了开拓创新精神、抗洪抢险精神、抗震救灾精神、载人航天精神、抗疫精神和为民服务的孺子牛精神、创新发展的拓荒牛精神、艰苦奋斗的老黄牛精神等一系列伟大精神，极大丰富了以爱国主义为核心的民族精神和以改革创新为核心的时代精神，极大激发了全国各族人民的积极性、创造性，极大释放了压抑已久的生产力，极大增强了社会发展活力，人民生活显著改善，综合国力显著增强，国际地位显著提高。我们比历史上任何时期都更接近中华民族伟大复兴的目标，比历史上任何时期都更有信心、更有能力实现这个目标。

100 年来，中国共产党团结带领中国人民取得革命、建设、改革的伟大胜利，使具有 5000 多年文明历史的中华民族续写新的辉煌，让中华文明在现代化进程中焕发出蓬勃生机；使社会主义主张在世界上人口最多的国家成功开辟出正确道路，让科学社会主义在 21 世纪焕发出蓬勃生机；使具有 70 多年历史的新中国建设取得举世瞩目的成就，并在短短 40 多年里跃升成为世界第二大经济体，中华民族焕发出蓬勃生机。

综上所述，中华民族伟大复兴中国梦凝聚着近代以来几代中国人的理想和探索、夙愿与追求。实现中华民族伟大复兴是近代以来中国社会发展的必然选择，是发展中国、稳定中国的必然要求，也是中国共产党矢志不渝的奋斗目标。中国共产党团结带领中国人民不懈奋斗的百年苦难辉煌历史和现实证明，历史和人民选择中国共产党领导民族复兴事业是完全正确的。只要毫不动摇地坚持和完善中国共产党的领导，坚持把马克思主义基本原理同中国具体实际和时代特征相结合，走中国道路，弘扬中国精神，凝聚中国力量，新中国成立 100 年时，富强民主文明和谐美丽的社会主义现代化强国目标一定能够实现，中华民族伟大复兴目标一定能够实现。

（作者单位：昆明学院）

唯物史观视域下的新时代历史哲学重要概念刍论

马晓丹

从18世纪开始，历史学随着人文社会科学的发展确立了自身的科学属性，历史学在与哲学的有机结合中产生了历史哲学这一分支。历史哲学在其发展过程中产生了一些亟待辨析的十分重要的问题，诸如“事实的真实”、“观念的真实”、记忆能否作为历史、历史的规律性问题等。对上述问题进行探讨，旨在揭示上述重要概念的真实意旨，以期达到正本清源之目的。

自从人类创造文字以来历史就伴随着人类社会的演进和人类文明的兴衰交替而存在，进而使历史事件本身也被一代代史学家所记载，历史不同于神话传说和文学创作，历史著作强调的是对已经发生的事件不带夸张想象和主观随意性如实的记载，这是对于前代的经验总结，也是对后世的告诫警醒。但值得注意的是，历史本身不等同于历史学，严格意义上说，历史学由文字记载的档案演进为现代意义上的学科经历了漫长的过程，最终经过先后与文学和哲学的两次剥离而在18世纪中叶确立其自身的学科地位。历史哲学作为历史学科的重要组成部分，它的出现使得历史学和哲学两大学科得以有机联系在一起，并从形而上的角度对于历史研究和写作产生了重要的影响。因此，对于历史哲学中的真实性、记忆和规律性等关键概念的探讨既有助于历史哲学概念的明晰化，也有助于在历史哲学指导下的历史学科本身开拓新研究领域，取得新进展。

一、由“事实的真实”到“观念的真实”

自从历史学科诞生以来，历史学的科学属性就是历史学科自身发展所面临的重大理论问题。中国数千年文明演进历程中向来文史不分家，诸如最早的编年史史书《左传》和最早的纪传体通史《史记》既是史书，同时也是文采飞扬的文学名篇。中国历史上有左图右史的传统，也有巫史分立的区别，历史写作因时因人具有一定的独立性，但从写作体例上分析，不外乎编年体、纪传体和纪事本末体几种形式，内容大多局限于政治史和军事史，经济史虽有所涉猎但更多与国家层面相联系，较少涉及社会史和文化史领域，史学的发展和政治环境联系较为紧密，所以一直没有形成独立的历史学科，学科意义上的独立性更是无从谈起。历史学在西方文明的演进过程中的地位和中国的情况大体相仿，古希腊史家希罗多德所著的《历史》是西方历史的开篇之作，但从体例和内容上看该书更像是游记与异方奇闻异事的故事合集，很难说是一部严谨的在相关史学理论指导下写就的史学著作。随后古希腊历史学家修昔底德写成的《伯罗奔尼撒战争史》一书体例完整、叙事清晰、观点明晰，是一部政治军事史的佳作，但也存在叙事过于简略和题材局限于政治军事史的问题。进入中世纪后，历史著作的编著变成了对教会史的书写，历史写作遵循《圣经》所描绘的从创世纪到末日审判的单线性历史发展的模式，中世纪史学家还把这种史书编撰模式推广到对于全人类历史的书写上，基督教普世史被认为是人类唯一的历史，历史学的发展在西方同样陷入停滞阶段。

打破上述中西方史学发展禁锢的关键在于历史学家必须认识到，历史学的发展有赖于其他人文科学的发展，甚至自然科学的进步也可以对历史学科属性的确定有所裨益，从而使得历史学能否成为科学这一难题得以逐步解决。随着人类文明不断演进，人类在发展过程中所积累的科学技术知识和生产生活经验也越发丰富。文艺复兴后，西方世界的自然科学得到长足进步，先后产生了具有近代科学意义的物理学、化学和生物学，各门学科的学科属性得以确定，上述变化对人文学科的发展产生了学科属性认识和知识结构上的“哥白尼革命”。19 世纪德国客观主义史学大行其道，强调历史研究的客观性与真实性，一切历史研究均要以现存的书籍、文档、书信和历史遗迹为最基本的依托，有一分证据说一分话，历史学就是考据学，历史学的作用就在于依据现有材料尽可能还原历史真相。实证主义历史学家极力宣称历史是一门科学，历史研究必须首先确定事实，然后从事实中得出研究者的结论。他们还认为：像感觉一样，事实从外部世界影响着观察者，事实是独立于观察者意识之外的。接受的过程是被动的，接受事实之后，才可能以事实为依据行事。客观主义史学和实证主义史学的发展明显受到了 19 世纪自然科学发展的影响，史学进而从哲学中脱离，依照自然科学的模式确立一系列历史学科自身的研究准则并在历史写作中被严格遵守。

历史学家们在研究历史时常常追求历史的“客观性”和“真实性”。有学者认为，只要怀着一种客观的超脱于任何世俗杂念的心态和具备严谨的研究态度，做到“有一分证据，说一分话，有七分证据不说八分话”（胡适语），对史料的利用做到“竭泽而渔”（陈垣语），历史的客观性就自然而然地呈现出来。我们十分钦佩前辈史学家们为追求历史客观性而付出的卓绝努力，但正如英国哲学家鲍桑葵在其著作《个体性原则和价值》中所述：“历史学是经验的一种杂交，是不可能有任何可见程度上的‘存在或真实性’的。”这并不是否认历史存在的客观事实，而是对历史学家宣称通过其努力可以还原历史真相的观点的批判。

对于分析历史哲学主张的历史研究应当从“事实的真实”转变为“观念的真实”的观点，笔者认为应当持批判性继承的态度。原先，历史学家们的历史观主要是“事实的真实”的传统实证主义学派观点。后来，越来越多的历史学家们对于分析历史哲学“历史学家的观念主导着历史认识的形成，决定着历史真实观念的内涵”的主张是赞同的。英国历史学家威廉·沃尔什在他的著作《历史哲学导论》中写道：“历史学家每个人都以自己的哲学观点在探索过去，这对他们解说历史的方式有着决定性的影响。”历史认识的形成很大程度上得益于历史学家的主观建构。历史史实是客观存在的，这种客观存在由于现实世界中时间的不可逆性而具有不可更改性。但是，人类对历史的认识却是存在着主观性的。史料无论如何汗牛充栋式的数量巨大，都不能等同于历史知识或历史认识，只有靠历史学家们的解读，历史才是鲜活的，历史才是有生命力的。历史知识的普及依赖于历史著作的出现，但由于书写历史著作的历史学家的主观意识不同，同一历史史实的还原与再现自然就存在很大程度上的偏差。主观性差异的问题是无法解决的，正是由于历史是存在于现实中的过去，历史学“经世致用”和“以史为鉴”思想使历史学有为现实服务的作用。既然历史学要为现实世界服务，服务的需求和内容就有不同，不同的历史学家出于不同的现实考虑必然会对其感兴趣的历史做出自己的解释和引用。观念的多元化造成了历史认识的多元化，历史认识的多元化进而导致历史叙述的多元化。例如，对于19世纪中叶欧洲大陆上爆发的普法战争这一历史事件，德国、法国和英国的历史学家对于同一事件的认识和叙述是不一致的。德国的历史学家站在德意志民族国家统一的历史进程角度上认为普法战争是一场以普鲁士为主体的德意志国家民族独立与解放之战。法国历史学家则会认为普法战争是以普鲁士为主体的德意志国家扩张领土范围和侵略法国进而损害法国国家领土完整和独立主权的非正义战争。英国历史学家则出于英国政治独立于欧洲大陆的现状而在观念中较少带有民族国家意识来看待普法战争，他们会把这场战争描绘为欧洲大陆两大强国为了争夺大陆霸权而进行斗争的必然事件。立场不同必然会造成对同一历史事件的不同叙述，写成的历史著作是一个文本性的东西，看似客观，但其中必然夹带着当事人的主观感情色彩，如何避免主观性因素干扰历史研究和历史文本写作，分析历史哲学的做法值得进行专门的探讨。

20世纪的分析历史哲学所构建的学科体系有其值得借鉴和学习的理论价值和现实意义。分析历史哲学突出了人在历史研究中的关键性作用，历史著作是关注人的，也是由人所书写的，抛弃人的因素追求所谓的绝对中立在理论和现实中都是无法实现的，追求绝对客观只是一种良好的意愿，在现实中却无法实现。我们应当承认客观主义史学存在的不足和偏颇之处，20世纪的史学方法论中忽视历史写作者主观因素的做法是值得商榷的，历史学家们所书写出来的历史有自身的感情色彩和价值评判是不可避免的，历史的客观性不会自我呈现于世人面前，关键在于历史学家通过自身的研究揭示其本来的面目，真理是越辩越明的，有一千个观众就会在其各自的脑海中形成一千个哈姆雷特的形象，史学家的写作只是为世人了解历史提供一种途径和方式，并不是要强迫他人用同样的观点和视角取得对历史的统一认识。一本好的历史著作，史实上的确凿无误固然重要，但通过阅读这样一本著作，它给人以思维上的明晰和观念上的改变才是更为重要的。同理，一个人的认知水平也是受到社会和所处时代的客观条件制约的，原则上讲，只有当其知识储备和认知能力达到相应的水平，对历史真实性问题的认识才能更具客观性。历史的发展本身就是客观的过程，这是因为历史事件所发生的时间和地点早已确定于从前某个历史时期和历史地点，作为后代的研究者对此是不能加以改变的。历史学家能不能通过史实探究和书本写作还原历史场景是个能力问题，无论史学家们如何“建构”与“解构”历史，他们都不能摆脱更不能忽略时间和空间所限定的具有客观性的史实。因此，史实的客观性如何认识并被确认为真实，人类记忆在其中又有何作用就值得我们进行讨论。

二、成为历史的“记忆”

自从有了人类就有了人类历史的记录。在人类形成的早期，他们可能是通过诗歌传唱等口头方式记录历史，后期随着文明的发展就产生了文字，文字传承成为记忆历史的主要方式。不同时代所书写的历史的展现形式是不尽相同的。在人类的远古时代，记忆可能被我们的先人当作历史而代代流传。记忆所包含的范围是多方面的，我们的先民所总结出的农业生产经验就是一种记忆；一个村落的长者所回忆他一生的经历也可以被认为是一种记忆。但需要辨析的是：人们的记忆能不能算是历史？

理性是人类区别于动物的基本要素之一，理性使人有了探秘自然世界和人类本身的生理和意识层面上的需求。在人类理性水平还不能解释自然现象和人类社会运行的时候，神话和传说是人类解释一切未知事物的最好途径。随着人类文明的不断进步，历史学从文学中产生并分化，早期的历史学作品虽然还带有较浓厚的文学作品的痕迹，但历史学以记叙历史事件为主要职能。随着对事件的记载，形成了一张由人物、地点、时间所构成的叙述之网络，历史书籍的书写者们在用眼睛观察他们所处的世界的同时，用笔把它记录下来并在字里行间倾注了自己的爱憎情感。

需要注意的是，记忆不等于历史，但记忆经过其他史料或历史遗物的确证可以成为历史的一部分。记忆是一个人作为个体或一群人作为集体对其所经历的事件进行回顾的一种精神活动，记忆的目的在于个体或集体能通过回忆以往的经验，使其生活能克服所面临的困境而得以延续。记忆本身是人作为行为主体而进行的主观性质的脑力活动，但记忆所反映的内容却实实在在有客观性的一面。例如，一个人回忆他从前阅读了一本书，他可能会忘记他在哪里阅读了这本书，他可能会忘记他在何时阅读了这本书，他也可能会记错这本书的主要内容和重要观点，但他会记得他曾经读过这本书，阅读过这本书就是一种曾发生的客观存在的状态。记忆可能会掺杂着记忆行为施动者的主观思维，记忆中所存在的事实也很有可能会被记忆行为施动者加工或改造，但因此否定人类记忆对于历史研究重要性的做法是不可取的。在远古蛮荒时代人类并没有对当时的历史进行记录的史官，那时的历史很大程度上就是靠人类的记忆口口相传而得以流传至今的。最明显的例证就是诗歌。诗歌是人类童年时代的历史记忆的展现。中国先秦时代的诗歌选集《诗经》中的《采薇》一诗中“靡室靡家，猃狁之故。不遑启居，猃狁之故”“戎车既驾，四牡业业。岂敢定居，一月三捷”“昔我往矣，杨柳依依。今我来思，雨雪霏霏”等诗句反映了两千多年前西北游牧民族猃狁入侵周王朝对周朝国民产生的心理上的畏惧，揭示了猃狁入侵所造成的周朝王畿地区社会动荡不安的局面。同样，在上古埃及的诗歌《法老颂》中“他君临我们，统一了两块土地；他将纸草与蜜蜂结合在了一起”（纸草与蜜蜂分别是上下埃及的标志）、“他君临我们，将黑土地置于自己的统治之下；而红土地也被他划归自己”的诗句，反映出六千年前，上古埃及法老美尼斯统一上下埃及全境的历史。由此可见，记忆本身不能被看作是历史。但是，人类记忆中的确包含历史史实的客观存在，后世历史学家需要做的工作是如何通过其努力提取出记忆中的合理成分，再用历史遗迹或残存物品对其进行实物证明，把人类头脑中的记忆转化为历史事实。

当然，在对记忆进行整理和加工并最终形成文字材料的过程中，如何最大限度地保留记忆的客观性，尽量避免历史学家的主观因素在记忆整理过程中被带入其中，成了一个客观存在的难题。虽然在思辨历史哲学指导下的客观主义历史学派诸位史学家标榜他们的历史著作是严格依据现有档案和材料而写成的，他们的历史写作只是还原历史事件发生的实际场景而非进行历史史实的创作。但不得不指明的是，对于在客观主义指导下写成的历史学著作的真实性和客观性，我们还是要辩证地进行分析。分析历史哲学是继思辨历史哲学后产生的新的历史哲学派别，它们对于历史学在多大程度上能还原历史的真实性持有强烈的怀疑态度。其中的代表人物英国现代历史哲学家科林伍德曾说过一句有名的话：“一切历史都是思想史。”历史学的写作本身就是一个主观性很强的创作过程，由于历史学家本身所处的时代环境、自身知识储备以及生活阅历等诸多主客观条件的限制，他只能写出自认为相对客观的历史著作，但在后世研究者看来，主观性意识被带入历史著作的写作过程中无法避免，历史事件可以被多维度记述。人的情感世界是丰富多彩的，历史学家在对客观史料进行提炼中不可避免地会依据自身的喜好厌恶进行加工，所以真实性和客观性只能是相对的而非绝对的。到了后现代主义史学，有些学者的观点更加大胆，他们甚至已经抛弃了原先思辨历史哲学承认的历史学研究是主客观因素共同影响下的尽可能恢复客观事实的实践行为。相反，一部分后现代主义历史学家认为历史学著作的写作已经成为纯粹文字上的主观创作，客观性因素的影响几近为零，这样一种主观创作只要逻辑上通顺，不违背人类常识即可视为合理。对于上述的历史不可知论的极端观点我们当然是不赞成的，但该观点的产生，在一定程度上流行并被一部分历史学家接受背后的深层次原因值得进一步探讨。现在应当把历史学的发展放在人文社会科学学科乃至自然科学与人文社会科学的诸学科大融合交流中来进行通盘考虑，考古学、古文字学、经济学、社会学甚至自然科学的介入先后产生了诸如经济社会史、环境史和医疗史等新兴历史学分支学科，同时也使得历史学研究对象的客观真实性得以更好地呈现在世人面前，历史研究的成果也能更好地得到多学科多层次的验证，历史研究的客观真实性程度超乎前代，历史发展的规律性也得以被历史研究者所揭示。有了正确规律的指导，人类的实践活动才有了可以依靠的理论。可以说，新时代史学的大发展和大繁荣的确值得让每一位历史学者感到自豪。

三、历史的规律性问题

历史既然是过去的客观存在，历史的发展及其带来的影响会延续至今，历史规律的问题就值得历史学家们思考。历史发展是否有规律，如果有，人们通过学习历史能否找到规律；历史学科是否是科学，如果是，历史学学科的科学性如何确定，不同历史学家对此各有认识。通常的共识是，人类历史上或现实中存在的事物是其研究的客观对象，客观真实的事物不论它在今天是否依然存在，其产生、发展或消亡必有其规律性可循，研究历史就是为了追寻历史事件发生的前因后果，总结出相应的历史发展规律，给前代以总结，给后世以警醒。“前事不忘，后事之师”，历史学很重要的一个特点就是“以古鉴今”，孔子“知者无惑，仁者无忧，勇者不惧”和孟子“得道者多助，失道者寡助……故君子有不战，战必胜矣”的名句都说明中国的先贤们很注重总结历史发展的经验与规律。需要指明的是，规律不是束缚人类社会发展的框架，更不是以一种单一模式限定人类历史发展进程。相反，正是由于人类认识到总结规律的重要性，在其充分发挥主观能动性的基础上，应当尊重客观规律，尤其是人类社会历史规律。“天行有常，不为尧存，不为桀亡。”这里的“天行有常”正是指大自然的运行是有一定的规律的意思。后世王朝取代前代王朝，统治者总会进行历史的总结，修撰史书就是一种总结方式，史官们在编纂史书时也力图找出前代王朝兴衰的规律，以警戒后人。

谈及历史规律性，不妨对中西方历史观中的时间观进行一番对比。中国史观强调“回向三代”，有一种崇古尊古的情结，孔夫子曾曰：“郁郁乎文哉，吾从周。”古书中也有“靡不有初，鲜克有终。殷鉴不远，在夏后之世”的谆谆告诚，中国古人推崇上古之情，由此可见。他们总认为前代要比现世好，一旦遇到问题，他们不是面向未来而总是向前代寻求解决的智慧。及至近代，思想家康有为在进行戊戌变法时，仍写出《孔子改制考》，把孔夫子塑造为一位勇于革新的改革家，假借孔夫子之名托古改制，康有为所描绘的从“据乱世”经“升平世”到最终的“太平世”的社会演进计划和西汉时的《礼记·礼运大同篇》“大道之行也，天下为公。选贤与能，讲信修睦……今大道既隐，天下为家。各亲其亲，各子其子，货力为己，大人世及以为礼”所描绘的场景何其相似乃尔！

在古希腊时代，史学家持循环史观，从古希腊历史学家希罗多德、修昔底德到古罗马史学家李维和塔西佗，不论他们书写的是一个民族或是一个国家的历史，这个民族或国家的历史都会历经兴起、发展、强盛和衰落几个阶段，这样的历史结局是诸神的意志也是人类自身发展改变不了的命运，如果国王贤明、人民勤劳，国家兴盛的时间就会相对较长。反之，如果国王暴虐，民众做出违背诸神意愿的事情，国家即使一时强盛，其势必不能长久，会很快被新兴力量所取代。到了中世纪，循环史观被单线性史观所取代，人类社会在基督教弥赛亚意识里是一种从堕落到被上帝所派的耶稣基督所拯救的历史。

谈及历史“规律性”，日裔美国学者弗朗西斯·福山曾经撰写了《历史的终结及最后之人》一书。在福山的观念里，历史正如黑格尔所认为的一样，是一种大写的历史，辩证法的理论在其中得以体现并得到最好的诠释。马克思主义者坚信共产主义社会是人类历史发展的最高级和最终的阶段，人类实现向自由王国的飞跃，人类最终迎来了大同世界和普遍幸福。与此观点相对立，福山则认为人类按照自由主义的理论设想前进，诸如自由和民主等理念在全球范围内被普遍接受和在该理念指导下自由世界国家得以建立是历史终结的标志。纵然现实世界还存在着诸如中国等社会主义国家或伊朗等政教合一政权国家等，福山认为，这些非西方民主制度国家的存在不能证明历史终结论观点的失败，各个国家今后的发展道路将按照西方模式进行调整，自由民主观念已经深入人心，世界各国在体制上和发展理念上都将遵循西方模式，这才是历史终结后世界各国存在的“真实性”状态。理念是第一位的，至于世界各国各自复杂的国内状况，是否适应西方价值观的改造等诸多因素则不在福山这些自由价值观人士的考虑中。以赛亚·柏林在《自由及其背叛》中曾经这样批判上述历史哲学逻辑的缺陷：“黑格尔认为历史不是幸福的乐园，不是卢梭笔下的汩汩溪流，历史是屠宰案板，各民族的幸福、各国的智慧和个人的美德放在上面，成为牺牲品。”福山按照黑格尔主义的传统，认为“真实性”含义关键在于“理念的正确”，理念正确即可视为由理念而造就的现实社会和国家形态也是正确的。他首先假设一个理想的发展模式，忽略客观现实而纯粹进行概念式的国家建设，他这样定义“真实性”，在哲学和道德上是不准确的。暂时的先进并不意味着永恒的正确，多元化是现实社会普遍存在的真实状况。我们应当承认，世界上每个人所具有的独特性，每个民族自身发展的独特性和不同国家进行自身建设时面临的特殊环境，不能因为一个国家在发展上暂时落后而否定其存在的“真实性”，更不能以西方的价值观和发展模式规定不同国家的发展的道路。山有千重，路有万条，只有符合自身发展和建设的道路，才适合本民族和国家的切实需要。常言道，实践出真知。历史的发展是进步还是倒退，只有通过人类社会实践的结果才能得出结论。

学习和研究历史并不仅仅是为了获得史实这么简单，更重要的在于通过学习和研究历史形成一种“观念”，进而构建历史学在人文科学界的“话语权”。历史学不仅要做到对过去所发生事件的“朴素的叙述”，更要进行有“意义的解释”。历史学在很大程度上是摆脱不了“经世致用”思想的指导的。从来就没有纯学术意义上的历史研究，正如历史学之所以为历史学，并不完全取决于史实而是取决于历史学家们的前提假设，而前提假设不是从史实中得来的，而是历史学家对历史史实的一种合理性猜想。不论历史是否真的能作为一面镜子而反映过去并照亮未来，学习和研究历史都是为了保留一种我们作为人类这一物种的共同记忆，历史本身不会自动重现于世人眼前，但历史研究可以为后世的人们打开进入历史真相的大门，通过多重视域对同一历史事件进行研讨，总结经验教训，在人类后世的实践中避免前人所犯过的错误，达到以史为鉴的目的。

好的历史著作是历经人类发展实践检验和时间淘洗而流传下来的，古罗马史家塔西佗的《历史》一书之所以被称为“鞭笞暴君的鞭子”，关键在于塔西佗虽在当时罗马帝国暴君尼禄统治下生活得如履薄冰，但他很好地坚守了历史学者的良知并在书写历史著作时坚持秉笔直书的原则，不畏时局的艰险和暴君的威胁，记录下罗马帝国上层社会的政治统治、社会政策的弊端和人民在艰难时局下生存的不易。这彰显了塔西佗对于罗马共和国民主制的坚守和他对于罗马帝制及暴君政治的大力鞭挞。历史学和其他学科一样也会存在学科体系和知识架构的固化问题。自从 19 世纪兰克学派确立了历史学写作的政治外交史方向和客观主义原则，数十年来历史学家一直恪守这一传统而未加以改变。但随着时间的推移，人们发现，传统历史学的研究领域和书写方式过于保守，历史是鲜活的、丰富多彩的。正如美国历史学家杜兰特所说的：“历史并不仅仅是像少数历史学家所书写的那样充满了刀光剑影、血流成河。当然，那的确是历史的一部分，但历史更多的应该是人们相亲相爱、生儿育女、日复一日的平淡生活。”正是在人们呼求新历史的大背景下，历史学内部也产生了新的学派——法国年鉴学派，年鉴学派注重经济社会史而非传统政治军事史的书写，关注下层民众而非上层社会集团的日常生活。他们的写作不局限于书写一时一地所发生的局部事件，而在于探讨事件发生的深层次原因以及该事件对于整个国家和社会所产生的重大影响。法国大历史学家布罗代尔所著的《菲利普二世时代的地中海与地中海世界》不同于传统地中海史把视野局限于个别国家、题材限制在王朝战争的狭隘视野，布罗代尔把地中海历史划分为三个层次，即长时段——地理时段（数千年的气候变迁和地形地貌的改变）、中时段——社会时段（数百年间环绕地中海之诸文明的兴衰更替和地区大国间的征伐交往）和短时段——事件时段（一次战役或经贸活动对地区产生的局部影响）。布罗代尔通过对地中海地形和气候的分析，指出地理环境对于沿地中海诸国的发展有重大影响，进而阐释了西班牙和意大利半岛诸城邦国家政治体制的演变、经济运行模式的更替和社会变迁的历史。该书视野宏观，博古观今、资料翔实、写作严谨，实为经济社会史之佳作。

四、结　语

历史是需要检验的，而实践是检验真理的唯一标准。检验历史真实性的标准绝不能是西方历史学家们所宣称的某种自认的真理价值观或语言叙述，我们反对把历史看作纯主观意义上的文字创作，历史学不仅仅是对过去发生事件的简单意义上的记载与叙述。我们坚决反对历史虚无主义与历史不可知论，坚持马克思主义的历史唯物主义和历史可知论，坚持用历史发展是否符合社会发展的规律和人民的人心向背来检验民族和国家的历史发展道路的可持续性，并从中找出历史规律。只有坚持历史唯物主义，才能对人类发展进行宏观视域上的全面总结，并以宏大叙事的方式进行历史书写，恢复历史的本真面貌。意大利历史学家克罗齐曾说："一切历史都是当代史。"此话说明了一个国家和民族的历史是有延续性和连贯性的。在国家和民族的长期发展中所形成的历史文化传统具有强大的生命力，强大的生命力正是来源于对历史发展的经验总结。"去粗取精，去伪存真"，正是因为后人在实践中对于前人所留下的历史经验和教训进行总结，历史的真实性和客观性才得以进一步巩固和加强。历史发展不是僵化的，更不是一成不变的。个人或集体作为行为主体，只有充分发挥人类自身主观能动性，把实践作为检验历史真实的标准融入日常生活，把握当今社会时代发展潮流与总结其运动规律，历史学才能更好地做到"古为今用"。习近平总书记曾高瞻远瞩地指出，人民是历史的创造者，人民是真正的英雄①。历史的发展要依托人民的力量，历史发展的成果要惠及人民，人民是创造历史的主人，中国共产党作为中华民族的先锋队就要顺应历史发展趋势，发挥带头作用，领导全国人民在新时代实现中华民族伟大复兴的中国梦。

（作者单位：宁波大学）

① 习近平．在庆祝中国共产党成立100周年大会上的讲话［N］．人民日报，2021－07－02.

试论坚持中国特色社会主义文化自信的重要性

周 燕

习近平总书记在庆祝中国共产党成立95周年大会上发表重要讲话指出："坚持不忘初心、继续前进，就要坚持中国特色社会主义道路自信、理论自信、制度自信、文化自信，坚持党的基本路线不动摇，不断把中国特色社会主义伟大事业推向前进。"① 习近平总书记提出坚持中国特色社会主义的文化自信，是对党的十八大提出的坚持中国特色社会主义理论自信、制度自信、道路自信的完善和发展。坚持中国特色社会主义文化自信，对于促进中华民族伟大复兴的实现、对于促进中国特色社会主义事业的进步与发展、对于促进人的全面发展都具有重要的作用，本文即从这三个方面加以论述，希望能够为坚持中国特色社会主义文化自信的实践提供借鉴和参考。

一、坚持中国特色社会主义文化自信可以促进中华民族伟大复兴的实现

实现中华民族的伟大复兴，是我们要实现的第二个百年奋斗目标，即在中华人民共和国成立一百年时，把我国建设成为一个富强民主文明和谐美丽的社会主义现代化强国，赢得中国人民和中华民族更加幸福美好的未来。文化自信在实现中华民族伟大复兴中发挥着重要的作用，坚持中国特色社会主义文化自信，可以促进中华民族伟大复兴的实现，具体表现在以下三个方面。

第一，坚持中国特色社会主义文化自信可以增强中华文化的影响力和国家的软实力。文化的影响力在一个民族复兴的过程中发挥中重要的作用，缺乏文化影响力的民族，是很难在世界上成为一个有影响的民族，是很难长久屹立在世界民族之林的。我们要在中华人民共和国成立一百年的时候实现中华民族的伟大复兴，不仅需要有我们民族的硬实力，即强大的经济实力、军事实力和科技实力，而且需要有民族的软实力，即我们民族文化的影响力。坚持中国特色社会主义文

① 习近平：在庆祝中国共产党成立95周年大会上的讲话［J］. 求是，2021（8）.

化自信，繁荣和发展中国特色社会主义文化，可以在世界范围内增强中华文化的影响力，增强国家和民族的软实力，从而起到促进中华民族伟大复兴实现的作用。

第二，坚持中国特色社会主义文化自信可以为中华民族伟大复兴的实现提供精神动力。在中华人民共和国成立一百年的时候实现中华民族的伟大复兴，既是一个宏伟的、催人奋进的目标，又是一个需要全国人民长期共同奋斗才能实现的艰巨的目标。在实现中华民族伟大复兴的征途上，我们需要克服许许多多的困难，需要解决一系列的矛盾和问题。在实现中华民族伟大复兴的过程中，困难的克服、矛盾和问题的解决，不仅需要有物质的力量，而且需要有精神的力量。坚持中国特色社会主义文化自信，通过文化层面的因素，形成人民群众的精神创造力、精神凝聚力、精神控制力，把分散的、不同的精神力量通过凝结聚合统一到实现中华民族伟大复兴的目标上来，从而起到促进中华民族伟大复兴实现的作用。

第三，坚持中国特色社会主义文化自信可以凝聚社会各阶层的力量，从而对中华民族伟大复兴的实现起到推动作用。实现中华民族的伟大复兴，作为一项既十分伟大，又十分艰巨的历史任务，需要全国各族人民的共同努力。从我国当前的情况看，在经济和社会发展的过程中，我国形成了不同的社会阶层。在新的发展阶段，不同的社会阶层又有不同的利益诉求。如果处理不当，不能把社会各阶层的力量凝聚起来，就会在一定程度上影响到中华民族伟大复兴的进程。文化作为人民群众的精神家园，具有强大的凝聚力。坚持中国特色社会主义文化自信，能够把社会不同阶层的力量凝聚到实现中华民族伟大复兴的目标上，从而对实现中华民族的伟大复兴起到促进作用。

二、坚持中国特色社会主义文化自信可以促进中国特色社会主义事业的进步与发展

当前，全党和全国人民的共同任务，就是在中国共产党领导下，全面推进中国特色社会主义事业的进步与发展，使我们在中国特色社会主义的基础上实现中华民族的伟大复兴。目前，中国特色社会主义建设已形成了经济建设、政治建设、文化建设、社会建设、生态文明建设“五位一体”的总体布局，中国特色社会主义文化成为中国特色社会主义建设的重要内容。坚持中国特色社会主义文化自信，繁荣和发展中国特色社会主义文化，可以起到促进中国特色社会主义事业进步与发展的作用，具体表现在以下三个方面。

第一，坚持中国特色社会主义文化自信可以促进经济的发展，从而起到促进中国特色社会主义事业进步与发展的作用。中国特色社会主义事业的进步与发展离不开经济的发展，没有经济发展所创造的丰富的物质财富作为基础，中国特色

社会主义事业的进步与发展就会成为一句空话。在当代社会中，文化建设和经济建设已经紧紧地联系在一起，成为推动经济建设的重要力量。比如，文化建设所形成的文化产业，已经成为我国经济的重要产业部门，在经济建设中发挥着越来越重要的作用。另外，在现代经济发展过程中，不同的产业之间融合在一起，形成了融合发展的趋势。文化产业和旅游产业的融合发展，促进了旅游新业态的出现，对推动旅游产业的创新与发展起了重要的作用。此外，文化产业和体育产业、文化产业和制造业也出现了融合发展的趋势，对推动体育产业和制造业的创新与发展起了积极的作用。通过坚持中国特色社会主义文化自信，发展文化产业，成为推动经济建设，促进中国特色社会主义事业进步与发展的重要途径。

第二，坚持中国特色社会主义文化自信可以促进民主政治建设，从而起到促进中国特色社会主义事业进步与发展的作用。民主政治建设是中国特色社会主义建设的重要组成部分，没有民主政治建设的推进，没有人民民主的实现，就没有中国特色社会主义事业的进步与发展。人民群众的文化素质在社会主义民主政治建设中发挥着重要的作用，可以说，没有人民群众文化素质的提高，就没有民主政治建设的成功。坚持中国特色社会主义文化自信，在繁荣发展中国特色社会主义文化的过程中提高人民群众的文化素质，能极大地促进社会主义民主政治建设，从而起到促进中国特色社会主义事业进步与发展的作用。

第三，坚持中国特色社会主义文化自信可以促进社会的发展，从而起到促进中国特色社会主义事业进步与发展的作用。中国特色社会主义建设，已发展成包括社会建设在内的“五位一体”的总体布局，通过社会建设促进社会的全面发展与进步，是中国特色社会主义建设的基本途径。在中国特色社会主义建设中，文化建设和社会建设存在着紧密的联系，是相互促进、相互作用的。坚持中国特色社会主义文化自信，促进社会主义文化的繁荣与发展，对促进教育、卫生、体育等社会事业的发展具有重要的作用。通过坚持中国特色社会主义文化自信，发展文化事业，促进社会建设和社会的全面发展，成为促进中国特色社会主义事业进步与发展的重要途径。

三、坚持中国特色社会主义文化自信可以促进人的全面发展

人的全面发展包括很多方面的内容，其中，文化素质是人最基本的素质，在人的全面发展中发挥着重要的作用。坚持中国特色社会主义文化自信，在繁荣和发展中国特色社会主义文化事业的过程中提高公民的文化素质，是促进人的全面发展的重要途径。坚持中国特色社会主义文化自信在促进人的全面发展中的作用主要表现在三个方面。

第一，坚持中国特色社会主义文化自信可以提高人的文化素质。文化素质是指人们在文化方面所具有的较为稳定的、内在的基本品质，表明人们在这些知识

及与之相适应的能力行为、情感等综合发展的质量、水平和个性特点。文化素质既是人的综合素质的文化基础，也是人的全面发展的文化基础。一个人不具备基本的文化素质，是不可能实现全面发展的。坚持中国特色社会主义文化自信，繁荣和发展中国特色社会主义文化，会对人的文化素质的提高起到积极的作用。人的文化素质的提高，就对实现人的全面发展奠定了良好的文化基础。

第二，坚持中国特色社会主义文化自信可以提高人的思想道德素质。思想道德素质是指人在一定的社会环境和教育的影响下，通过个体自身的认识和社会实践，在政治倾向、理想信念、思想观念、道德情操方面养成的较为稳定的品质。思想道德素质在人的全面发展中发挥着重要的作用，是人的全面发展的思想道德基础。一个人如果不具备较高的思想道德素质，是不可能实现全面发展的。坚持中国特色社会主义文化自信，繁荣和发展中国特色社会主义文化，会对人的思想道德素质的提高起到积极的作用。人的思想道德素质的提高，就对实现人的全面发展奠定了良好的思想道德基础。

第三，坚持中国特色社会主义文化自信可以提高人的职业素质。职业素质是劳动者对社会职业了解与适应能力的一种综合体现，其主要表现在职业兴趣、职业能力、职业个性及职业情况等方面。在现代社会中，人的职业发展是一个职业劳动者事业发展、人生发展的前提，也是一个人全面发展的重要内容。人的职业素质在职业发展中具有关键的作用，劳动者不具备较高的职业素质，是不可能实现职业发展的，也是不可能实现全面发展的。在职业素质中，文化素质是基础性的素质，因为人们专业理论知识的掌握、职业技能的形成、职业发展素质的培养都离不开文化素质。坚持中国特色社会主义文化自信，繁荣和发展中国特色社会主义文化，会对人的职业素质的提高起到积极的作用。人的职业素质的提高，就在促进人的职业发展的基础上促进人的全面发展。

（作者单位：昆明学院）

当前变局中的哲学思维“三金法则”

方 琼

哲学是关于世界观和方法论的学问，如何看待当今世界并合理应对，是我们当前在百年未有之大变局中需要培养的哲学思维。党的十九届五中全会针对当前我国发展环境面临的深刻复杂变化，首先把当前和今后一个时期定位为“重要战略时期”，所谓“重要”，指的是机遇和挑战出现的各种新变化对于我们的战略规划所具有的意义，如何认识这些变化、应对这些变化取决于我们对世界的把握准确与否。十九届五中全会针对新变化，用“识、应、求”三个字给出了充满智慧和魄力的答案，这种一字千钧的简练表达，可谓是当前变局中的哲学思维“三金法则”。

一、黄金法则——准确识变

对事物的认识能力，是我们感知世界并融入世界的前提。物质世界在人脑中的不同反映形成了形形色色的认识论，但真理的唯一性和绝对性告诉我们，准确的认识才能还原唯一真实的世界。今天我们面临的最大机遇是和平与发展的时代主题一直没变，这为我们在世界的多元化认识中厘清了一条清晰的主线，确保所有的决策都不致偏离方向，在具有最大公约数特征的人类价值观上得到更多国家和民族的价值观认同，最终为人类共同走向美好生活的愿望提供可能性的逻辑支撑。今天我们的最大挑战是日趋复杂的国际环境的不稳定性、不确定性，动荡的世界显然构成了对和平与发展的威胁，这就是百年未有之大变局的国际之变。利与不利都围绕和平与发展这一主题展开，充分诠释了唯物辩证法的实质和核心就是、归根到底也只能是对立统一规律，在认识世界和改造世界的过程中，矛盾的同一性和斗争性聚焦和平与发展，我们用构建人类命运共同体的中国方案去打造一把开启世界未来命运之门的钥匙，让事物的发展遵循矛盾运动的规律，让代表未来发展趋势的合理性、先进性的一方在矛盾斗争中完成螺旋式上升。

而国内之变同样也面临着机遇和挑战。党的十九届五中全会指出，我国已转向高质量发展阶段、制度优势显著、治理效能提升、经济长期向好、物质基础雄厚、人力资源丰富、市场空间广阔、发展韧性强劲、社会大局稳定九大优势是我们的机遇，发展不平衡不充分问题、创新能力不适应高质量发展要求等短板、弱项是我们面临的挑战。认识世界的准确性决定了改造世界的方法正确性，否则就是南辕北辙，甚至弄巧成拙、明珠弹雀。因此，“准确识变”是适应国内变化新特征新要求，以及国际环境新矛盾新挑战的前提，也是马克思主义哲学的唯物辩证法在当代中国认识世界和改造世界的黄金法则。

二、铂金法则——科学应变

准确识变是为了科学应变，应变的科学性取决于认识的准确性。为了在变中求胜、变中求稳、变中求发展，我们制定的“十四五”规划和二〇三五年远景目标就是阶段性、战略性、定性定量相结合的科学原则的体现。

第一，科学评估了“两个一百年”交汇阶段我国独特的政治优势、制度优势、发展优势和机遇优势，既找到坚定信心的充分理由，又保持正视短板、弱项的客观清醒认识。明确了发展仍然是我们党执政兴国的第一要务，高质量发展是“十四五”期间经济社会发展的主题，在科学评估基础上确立的阶段性应变策略体现了《中共中央关于制定国民经济和社会发展第十四个五年规划和二〇三五年远景目标的建议》（以下简称《建议》）中继承和创新的关系。

第二，有针对性地科学回应了时代之问，回应了人民的诉求和期盼，是马克思主义唯物史观在当代中国的生动写照。人类社会发展既是历史的，也是现实的、具体的，一个时代有一个时代的使命，推动时代发展、决定历史发展结局的是人民群众，现实的人及其活动是社会历史存在和发展的前提。“人类正处在一个特殊的历史时期”，“面对复杂变化的世界，人类社会向何处去？亚洲前途在哪里？”的时代之问，我们给出了顺应历史发展趋势、符合历史发展必然性的中国答案：高举和平、发展、合作、共赢旗帜，推动构建新型国际关系和人类命运共同体。现实的人具有能动性，我们党“坚持把实现好、维护好、发展好最广大人民根本利益作为发展的出发点和落脚点，尽力而为、量力而行……不断增强人民群众获得感、幸福感、安全感，促进人的全面发展和社会全面进步”，观照当下、观照人民对美好生活的向往，制定科学的战略目标，充分发挥人民群众的主观能动作用和创造社会历史的决定力量作用，以构建国内大循环、国内国际双循环的新发展格局的战略优势，保证战略目标任务的务实性、指向性、未来性，体现出战略和战术的关系。

第三，广泛征求意见以确保决策的科学性、代表性。《建议》出台前，召开了各种领域的专家座谈会、代表座谈会和企业家座谈会、科学家座谈会，体现了顶层设计和问计于民相统一，根据 100 多万条网上意见整理出 1000 余条建议，样本的广泛性最大限度地保证了决策的科学性。

第四，科学的定性定量相结合原则，既明确提出 2035 年实现经济总量或人均收入翻一番的量化指标，又把中长期规划放在经济结构优化、提高发展质量和效益的定性表述为主、蕴含定量的原则上，体现了尊重客观、实事求是的作风。

三、钻石法则——主动求变

“求”体现了我们不惧风险、迎难而上的信心和勇气，也是积极主动发挥人的主观能动性的体现。人的主观能动性在于创造性地超越现实条件，通过人的努力，赋予现实世界更多的可能，创造出原来世界本来没有的价值。被动就会挨打，只有主动才能抢占先机，这需要依托敏锐的观察力、准确的判断力、果敢的执行力。

40 多年前，为加快我国现代化建设的步伐，适应时代发展的特征和世界发展的大势，我们举起了改革开放的大旗，果敢地改变生产关系中不适应生产力发展的管理体制和政策，建立了社会主义下的市场经济体制，在经历了思想、生活的阵痛后，我们党迎来了一次伟大觉醒，孕育了我们党从理论到实践的伟大创造，推动了中国特色社会主义事业的伟大飞跃，整个国家发生了天翻地覆的历史性伟大变化，焕发出勃勃生机，社会主义中国在世界风云急剧变幻的情况下经受住了考验，显示了强大的生命力，实现了三个伟大的转折，以全新的面貌和姿态逐步走向世界舞台中央。没有主动求变的胆识和魄力，就没有今天比以往任何时候都更接近的中华民族复兴的伟大梦想。21 世纪初，为了适应对外经济贸易迅速发展的变化，积极融入全球化，发挥国际贸易协调与合作的重要作用，维护多边贸易体制，对世界经济稳定发展负起大国的担当，我们经过长达十余年艰难的复关谈判，以超强的韧性翻开了入世的篇章。2020 年，在疫情肆虐的威胁下，我们同样以求变的姿势，创造了闻令而动、雷厉风行的英勇战斗精神，万众一心、同舟共济的守望相助精神，顾全大局、壮士断腕的“一盘棋”精神，舍生忘死、逆行而上的英雄主义精神，充满信心、敢于胜利的积极乐观精神，刷新了世人对中国速度、中国制度的认识。

主动求变是千百年来中华民族在艰苦卓绝的斗争中锻造出来的英雄气概。我们不怕变，纵观历史上的许多重大转折时期，恰恰证明，懂得适时变通让我们得以在变中求生存。正是这种具有浓烈情感的意志力，催生了中国人打不倒、压不垮的韧劲，养成了自强不息的可贵精神，形成了变中求变的辩证思维。人类认识世界、改造世界的活动是知情意行的统一，如果说准确识变是认知层面的含义，科学应变是行为层面的含义，那么主动求变就是集情感、意志于一体的精神层面的关键。人类的认识活动是一个动态的变化过程，在这个动态的变化中，情感、意志是形成习惯化、固定化的行为方式和思维方式的过渡桥梁，情感和意志的体现是认知、行为的精神升华。

变是世界的永恒法则，主动求变是我们应对变化的积极、客观、理性的态度，看不到时代和世界的变化，无异于掩耳盗铃，自欺欺人。在当今的大局下，无论是主动求变还是抢占先机的制胜法则，都是增强风险意识、统筹发展和安全、梳理底线思维的最高法则——钻石法则。

“三金法则”是层层递进的关系，既互为条件又相互印证，识变的准确性为应变的科学性打下基础，应变的科学性又反过来验证识变的科学性；准确识变和科学应变增强了主动求变的信心，同时，应变的科学性本身就包含了求变的主动性，求变的主动性加速印证和诠释识变的准确性和应变的科学性。

（作者单位：昆明理工大学津桥学院）

新时代法治思想指导下的党校法治教育问题

曹瑞丽

法治教育是党校教育的一个重要环节，在全面依法治国的背景下，对广大党员干部开展法治教育具有重大意义。虽然开展法治教育的途径众多，但党校教育有着不可替代的作用和地位。在党校开展法治教育，是落实我国“全面依法治国”战略布局、建设社会主义法治国家的基本要求，对于提升广大党员，特别是党员领导干部的法律素养具有重要意义。

2020 年 11 月 16—17 日，中央全面依法治国工作会议在北京召开。这次会议的一个重要成果，就是首次提出并系统阐述了习近平法治思想。这是继习近平强军思想、习近平新时代中国特色社会主义经济思想、习近平生态文明思想、习近平外交思想之后，在全国性会议上全面阐述、明确宣示的又一重要思想。习近平法治思想成为一段时间内指导我国法治建设、对广大党员干部和人民群众开展法治教育最重要的一方面内容。党员干部是我国社会主义事业的重要领导力量，在新时期，如何提升党员干部的领导能力是一个重要课题。作为干部教育主阵地的各级党校，也应当把习近平法治思想贯彻到教学和科研之中，提升党校教育的质量。

一、法治思想指导下实行依法治国大背景分析

现今的中国，法治已经成为党和政府治国理政的基本方式。法治理念的深入人心，离不开法治教育的普及。通过深入开展法治宣传教育，培育良好的法治环境，已经成为全面实现依法治国、构建社会主义法治社会的重要任务。一个人要树立社会主义法治观念，必须先了解法治观念的重要意义及其科学内涵，这便离不开多渠道的法治宣传教育。一直以来，法治教育都是我国党校教育的重要内容，特别是针对领导干部的法治宣传教育，一直深受我国各级党校的重视。2014 年 10 月，党的十八届四中全会作出《中共中央关于全面推进依法治国若干重大问题的决定》，其中对新时期开展多渠道的法治教育提出了更高的要求。

当今社会是法治社会，国家对每个公民都提出了要求，希望每个公民都能够

自觉守法，并通过法律途径来维护自己的合法权益。共产党员是人民群众中普通的一员，但同时也应当有比人民群众更高的要求。在法治理念方面，要求共产党员具备比普通人民群众更深的理论基础，更严格的素质要求。当下中国共产党的党员人数已经有9500多万，伴随着党员人数的增多，党员的法治教育理应受到更多的重视。我们要在党校的法治教育中，积极主动地学习和思考，提升自身的法治素养。

特别是“四个全面”战略布局提出以来，作为其内涵之一的全面依法治国地位更加凸显。“四个全面”战略布局是以习近平同志为核心的党中央治国理政战略思想的重要内容，其四个方面的基本内涵并不是简单的并列关系，而是有其清晰的逻辑脉络。其中，全面建设社会主义现代化国家是目标，而全面深化改革、全面依法治国、全面从严治党则是拥有内在联系的三个重要举措。由此可见，要实现“两个一百年”奋斗目标中的第二个奋斗目标，即到中华人民共和国成立一百年的时候，把我国建设成为富强民主文明和谐美丽的社会主义现代化强国，依法治国是一条重要的保障途径。在此背景下，作为干部和党员教育主阵地的党校，强化法治教育已经成为党校教育的重要内容。

二、法治思想指导下党校法治教育问题的必要性

（一）加强党校法治教育是响应国家的法治号召的具体体现

在党校加强法治教育，是落实依法治国方略的必然要求。《中共中央关于加强党的执政能力建设的决定》明确指出：“依法执政是新的历史条件下党执政的一个基本方式。”由此可见，要进一步强化党的领导，就必须要依法执政。依法执政是现代法治国家的一个重要标志，也是衡量现代国家文明程度的一个重要指标。一个国家的执政党是否采用法律来治理自己的国家，是衡量当代国家发展和综合实力的一个参考标准。执政党只有在法律法规规定的范围内完善权力运作机制、保障公民权利、维护社会稳定和国家的长治久安，限制有权者不滥用职权，才能巩固自身的执政地位，提升自身的执政能力。党和国家要使法治的观念深入人心，就必须加强法治教育。因此，加强党校法治教育是响应国家的法治号召的具体体现，只有加强培养我党干部的法律意识和法律思想，让他们铭记“依法执政、依法行政”的执政理念，才能继续巩固和强化党在我国的执政地位。

（二）加强党校法治教育是提升领导干部素养的基本途径

习近平总书记说：“江山就是人民、人民就是江山，打江山、守江山，守的是人民的心。”① 人民群众是历史的创造者和推动者，作为主体的人民，才是建

① 习近平．在庆祝中国共产党成立100周年大会上的讲话［N］．人民日报，2021-07-02.

设法治国家的实施者。人民群众是法律实施的重要主体，是全面推进依法治国的基础力量，作为在人民群众中起带头作用的领导干部，承担着重于普通群众的历史责任。在国家经济迅速发展，政治体制改革进一步深入的今天，党和国家的领导干部的领导素养如何，将直接关系着国家的发展、民族的未来。在依法治国大的背景下，领导干部的法治素养，直接关系着国家法治战略的成败。因此，加强党校法治教育是提升领导干部素养的基本途径，要通过党校法治教育来提高党员干部的法律素养，提高他们的综合能力，以应对不断变化的国际国内环境，始终站在改革建设发展的前沿。

（三）加强党校法治教育是加强党的建设的必然要求

中国共产党的领导地位是历史的选择，也是已经经历了历史考验的。但是在新时期，党要永葆先进性，始终走在时代的前列，必须不断地加强党的建设。2016 年 2 月，中共中央办公厅印发了《关于在全体党员中开展“学党章党规、学系列讲话，做合格党员”学习教育方案》并发出通知，“两学一做”学习教育活动的开展，推动了党内教育从“关键少数”向广大党员拓展、从集中性教育向经常性教育延伸。

中国共产党作为我国的执政党，带领中国人民翻身当家作主，迈进了新的时代，受到中国人民的支持和拥护。然而进入新世纪，党内也出现了一些不和谐的现象，极少数党员干部超出法律法规的范围开展工作，甚至贪赃枉法，影响了党和国家在人民心目中的形象。因此，加强党的自身建设十分紧迫，也正是因为如此，才会在“四个全面”战略布局中，专门列举了“全面从严治党”一项。由此可见，加强党校法治教育是加强党的建设的必然要求，也是开创中国特色社会主义事业新局面的必然要求。

三、法治思想指导下党校法治教育有效途径分析

如前所述，在当今依法治国的大背景下，在党校积极开展法治教育是十分必要的，那么如何才能有效地开展法治教育呢？笔者认为可以从以下几个方面开展党校的法治教育工作。

（一）党校法治教育要突出法治教育的重点，提升教学针对性

党校不同于一般的大专院校，更不是法学院，对于法治教育的开展必须研究党校教育对象的特点，有针对性地开展教学活动。党校在进行法治教学时，要根据教学对象和教学内容的不同，适当地选择相应的教学方法和课堂组织方式。要了解每一位党员干部的特点和不同，以此为依据，突出法治教学的重点，提升教学的针对性。对党员干部进行教学时，要重视主体班次的教学，把“依法执政”“反腐倡廉”等模块作为主要教学内容；对公务员进行教学时，要重视行政学校功能的发挥，把公正严格执法作为教学的主要内容；对基层干部进行教学时，可

以选择以合作办班为方式来对基层干部进行法治知识的讲授，向他们普及法律知识，带领基层农村向法治化方向发展，促进我国社会主义新农村的建设。只有深入研究教育的对象，在研究的基础上，因材施教、有选择地选取法治教育的重点内容，才能突出法治教育的实效性。

（二）党校法治教育要培养提高领导干部的法治思维能力，提升领导力

法治思维是指以法治价值和法治精神为导向，运用法律原则、法律规则、法律方法思考和处理问题的思维模式。法治思维的内涵丰富、外延宽广，从不同的角度，可以进行不同的解读。法治思维主要表现为价值取向和规则意识两个方面，价值取向是指个人如何看待和对待法律，规则意识是指个人如何用法律看待和对待自己。一般来说，法治思维包括法治至上、权力制约、公平正义、人权保障和正当程序等内容。

法治思维是现代社会的成员应当具备的一种思维，更是领导干部必须具备的一种领导能力。缺乏法治思维的普通人可能只是做事情会违法，但是缺乏法治思维的领导，则可能把整个事业带偏。法治思维要求崇尚法治，对于具备了法治思维的领导干部而言，能把领导决策和带头干事纳入法治的轨道，才能保证社会主义事业的方向，才能保证工作的规律，才能真正地科学执政。

（三）党校法治教育要科学把握法治教育内容的时代性，优化教学内容

习近平法治思想是我国开展法治宣传教育总的指导思想和最重要的指导方针，要在党校法治教育过程中始终放在最重要的位置。党的十八大提出了“科学立法、严格执法、公正司法、全民守法”的十六字方针，党的十八届四中全会又将其作为依法治国的基本格局，并作出了更加明确具体的部署。在此背景下，党校的法治教育要科学把握法治教育内容的时代性，与时俱进。

第一，要积极倡导树立法律信仰。美国法学家伯尔曼说过，在法治社会中，“法律必须被信仰，否则它形同虚设”。只有把法律当作个人的信仰予以坚守，才能真正做到依法办事。第二，要注重建设中国特色社会主义法治文化，构筑法治的文化大环境。党的十八届四中全会提出：“必须弘扬社会主义法治精神，建设社会主义法治文化。”用文化环境来促进个人法律素养的提升，法治教育也离不开这样的文化背景。第三，要把宪法作为法治教育的核心内容，加强宪法教育。宪法是国之根本大法，是整个法律体系的核心，在法治教育中，也必须突出宪法的统领地位。党校应当加强宪法教育，使领导干部们树立牢固的宪法思维。第四，要发挥党校法律教师在法治教育中的导向作用，培养具有专业法律素养的教师队伍，只有教师队伍的法律素质提升了，能准确把握国家法律要义和新的立法动态，才能使得党校法治教育也能够跟上时代的步伐。

综上所述，法治是治理国家的基本战略，也是实现国家长治久安的重要保证。中国共产党作为我国的执政党，必须以党校作为党员和党员干部教育的主阵地，积极开展法治教育，努力提升党员干部的法律知识和法律意识，树立党员干

部的法治思维。党校应响应国家建设社会主义法治国家的号召，承担起党员法治教育的重责，以适应新时期要求的教育模式和内容，完善党校法治教育的内涵，为实现全面依法治国贡献自己的一份力量。

（作者单位：中共曲靖市委党校）

对当前人民内部矛盾深层次原因的思考

马　宁

改革开放以来，我国的利益格局发生了重大调整，导致人民内部矛盾不断增多，有时甚至出现激化的现象。引起人民内部矛盾的总根源是利益矛盾。其中，经济利益矛盾是最根本的原因，政治利益矛盾是重要的原因，思想文化矛盾则是深层次原因。

随着改革开放的深入和社会关系的广泛调整，我国的人民内部矛盾发生了深刻的变化，在内容和形式上都呈现出许多新的特点：矛盾的主体日趋多元化，矛盾本身也向着多层次、复杂化方向发展，广泛地反映在社会政治、经济、文化等各个领域。虽然人民内部矛盾是一种非对抗性矛盾，但在一定条件下也可能激化，从而影响改革、发展、稳定大局，危害我国的长治久安。要解决人民内部矛盾，首先必须了解人民内部矛盾产生的原因。研究这个问题不仅有利于丰富和发展社会主义的矛盾理论，而且可以为解决当前的人民内部矛盾提供理论参考。

一、利益矛盾是人民内部矛盾产生的总根源

人的利益的形成是一个从人的需要到人的劳动再到社会关系的逻辑过程。利益起源于人的需要，为了满足需要，人们必须进行生产。因为人们不仅需要物质对象，而且需要精神对象，所以人们不仅从事物质生产，而且从事精神生产。在人们的生产活动中，人的需要受到人的生产能力和生产工具的实际水平的制约，由于这种能力和条件的限制，人不可能单独从事生产活动，而必须进行共同生产。在共同生产中，人民必然会建立各种各样的社会关系。人们的社会关系形成后，在本质上制约着人们需要的满足，这就使得人与需求对象之间的关系转变为人与人之间的关系，需要因此而获得了社会内容和社会特性。所以，利益就是在一定的生产基础上带有社会内容和社会特性的需要。由于人们结成社会关系的基本动因是为了实现自己的需要，因而人与人的关系本质上也是一种利益关系。而错综复杂的社会关系也必然表现为各种不同的利益，如经济利益、政治利益、文化利益、个人利益、群体利益、民族利益、阶层利益和国家利益，等等。在特定的历史阶段，由于受生产力的限制，总的社会资源是有限的，而不同的利益主体

的需要是无限的，当人的某一需要得到满足时又会产生新的需要。而且，不同利益的主体的需要在一定程度上具有很大的趋同性，这就必然导致需要对象的匮乏，从而导致人民内部矛盾的产生。由于社会关系从本质上说是一种利益关系，所以社会中的一切矛盾，包括人与人之间的矛盾、社会各阶层之间的矛盾，尽管其具体内容不同、表现形式各异，归根到底都源于利益矛盾。所以，利益矛盾是人内部矛盾产生的总根源。

利益矛盾的产生是由于利益的分化引起的，利益的分化实质上就是利益结构的分化。利益结构分化的不彻底性、不平等性、不平衡性以及利益整合的非协调性、滞后性和相对软弱性是利益矛盾产生的根源。由于利益是在社会关系中产生的，因此利益结构实质上是社会利益结构，利益结构的分化实质上是社会利益结构的分化。而社会利益结构的分化是由社会结构的分化引起的。社会结构的分化通常包括群体结构的分化、组织结构的分化、区域结构的分化和社区结构的分化等方面。改革开放之前，我国的社会利益结构表现出高度的整体性，是一种一元化的利益结构。这种利益结构是公有制和高度集中的计划经济的产物。由于这种一元化的利益结构造成了客观存在的社会利益群体的主体意识的淡化、利益差别模糊以及社会关系单一，致使大量的社会矛盾和分歧隐藏于表面的稳定和谐之中。改革开放以后，人们的利益意识逐渐觉醒，开始努力追求各自的利益，人们的利益意识迅速地转化为追求利益的行为。一元化的利益格局被打破，社会利益产生了一系列深刻的变化。这主要包括两种情况：一是利益格局向利益个体化、多元化方向发展，导致了社会利益结构要素的增多；二是与利益单元的个体化相联系，单个利益主体在利益追求的内容和目标方面存在着激烈的竞争，导致了社会利益结构之间的距离拉大，出现了不平等、不平衡发展的现象。我国目前利益结构分化的突出问题是分化的不同步性和不均衡性，而这种不平衡分化导致了整个社会同一群体内部和不同群体之间的矛盾越来越激烈。但是，由于我国已经建立了社会主义制度，因而各种利益矛盾都是人民利益根本一致基础上的矛盾，是一种非对抗性的矛盾关系，属于人民内部矛盾的范畴。当前我国的人民内部矛盾集中表现为利益矛盾。

二、经济利益矛盾是人民内部矛盾产生的最根本的原因

在任何社会中，社会的物质生产都是一切其他生产的基础，人们的经济关系都是一切其他社会关系的基础，因而以物质利益为主要内容的经济利益也就获得了相对其他利益的基础性地位，支配和影响着其他利益的形成和发展。人们在生产过程中形成的生产关系或经济关系，归根到底都是一种物质利益关系。因此，经济利益矛盾是人民内部矛盾产生的最根本原因。而经济利益矛盾主要是由经济利益格局的分化导致经济利益的失衡引起的。改革实质上是对人们经济利益关系

的调整，在利益关系的调整中不可避免地会引起经济利益格局的分化和失衡。而经济利益格局的分化是通过其利益主体的分化引起的，主要表现在以下几个方面：

首先是群体结构的分化。改革开放前，由于国家垄断社会资源，所有制结构单一，社会群体结构也比较简单，中国社会阶级阶层的主体是工人阶级、农民阶级和知识分子。改革开放后，随着各种经济成分的出现和职业分工的加快，我国社会阶级阶层结构发生了明显的变化，出现了不同的利益集团。新时期阶级阶层结构变化的特点有三：一是所有制结构的变动导致了占有生产资料的个体私营主阶层的出现。二是深刻的职业分化使原有的同一阶级内部出现了具有不同经济地位和特点的社会阶层。三是产业结构的变动使那些与现代经济相联系的职业群体无论在人数比重还是在社会影响力方面都大为提高。这些新形成的阶级和利益集团，在根本利益上是一致的，但是在具体利益上是有差别的。这种利益差别首先表现在经济利益上，因此社会生活中出现了大量的经济纠纷，不同群体间的摩擦冲突增大。它们构成了当前人民内部矛盾最基本的表现方式，也是人民内部矛盾产生并加剧的原因。

其次是区域结构的分化。改革开放前，我国实行高度统一的计划经济，中央政府对全国各地实行高度统一的严密的政治控制。改革开放后，中央政府逐步向地方放权，地方开始成为利益主体。由于地区间在自然环境、资源、物产、人口素质和基础设施以及历史发展等方面的条件不同，国家给予的经济政策也不完全一样，使得内地与沿海、先进地区与落后地区之间存在着严重的经济失衡。有的地区为了保护本地的利益，实行地方保护主义，从而进一步加剧了中央与地方、地方与地方之间的经济利益矛盾，这也是当前人民内部矛盾加剧并趋向复杂化的原因。

再次是所有制成分之间的失衡。我国现阶段是以公有制为主体、多种所有制经济共同发展的所有制结构。由于种种原因，公有制经济与非公有制经济之间在管理体制和承担的社会义务上有着巨大的差异，这容易引起人们对非公有制经济的不满。而且公有制与非公有制之间也存在着激烈的竞争，两者之间的矛盾在进一步加深。

最后是由于不同所有制的存在，导致了利益分配的多层次和多样化特征，出现了分配不均的矛盾。

三、政治利益矛盾和思想文化观念的碰撞是人民内部矛盾产生的重要原因

政治是经济的集中体现，政治利益是整个社会利益的一个重要方面。政治利益说到底是经济利益关系在政治上的反映，主要体现为利益主体对政治权利的要

求和对政治权利的需要。经济体制改革向纵深发展，势必要求政治体制改革与之相匹配，以巩固经济改革的成果。政治体制改革实际上也是对政治利益的调整和对政治权利的再分配，这中间必然伴随着领导群体的分化和重组、权力和利益的调整，从而引起一系列的摩擦和碰撞。目前，政治领域内的人民内部矛盾主要有以下具体原因和表现形式：一是利益主体要求政治权利的正确有效行使与现行政治体制不能满足这一需要之间的矛盾。政治体制改革实施后，中央向地方放权，地方的权力迅速扩大，自主性增强。但由于缺乏对地方权力的监督和约束，加上法制不够健全，有法不依的情况时有发生，行政机构效率普遍低下，贪污腐败、滥用职权现象及官僚主义十分严重。这些现象无疑会直接或间接地影响利益主体的利益，引起强烈的不满和反对。二是利益主体要求政治权利的有效实现与目前政治体制不能满足这一需要的矛盾。主要表现在各个利益群体政治参与愿望的增强与参与渠道匮乏的矛盾。随着不同阶层和利益集团在经济实力和社会地位上的改变，他们必然要求在政治上能够畅通地表达其利益和要求。那些在利益格局出现的新阶层和利益集团，迫切要求介入政治过程，表达其要求和愿望，希望政府作出有利于自己的决策，以维护自己的既得利益。而那些在利益关系调整中利益受损或在利益分配中居于不利地位的利益集团，则希望通过利益表达使政府注意其利益要求，并扶持其实现利益。但是我国目前尚处于政治体制改革阶段，政治制度水平尚不够高，政治体系所提供的政治参与渠道还远不能满足不断涌现的社会利益群体参与政治事务的愿望和要求。这是人民内部矛盾产生的一个重要的政治因素。

改革开放以来，我国社会的思想观念、价值观念和价值取向发生了巨大的变化。主要表现在：随着阶级阶层的分化和利益多元化，社会群体的价值观念也由单一取向发展为多元取向；由盲从被动接受型发展为独立思考自由选择型；由追求集体性、理想性、正义性向追求个性化、利益化、现实化转变。由此带来了一系列的问题：一是各种价值观念的并存和冲突，旧的不适应现实需要的价值观念系统和道德规范系统崩溃了，而新的现代化的价值观念系统和道德规范系统还没有充分建立起来。二是一些人片面追求个人利益的实现，出现见利忘义、急功近利的短视行为，造成道德上的堕落和各种非道德主义的泛滥。由于旧的价值观念的消除和新的价值观念的确立是一个长期的过程，再加上思想文化具有相对的稳定性，这就构成了我国人民内部矛盾的深层次原因。

（作者单位：昆明学院）

边疆多民族地区大学生国家安全意识提升策略研究

——以云南地区为例

韩 勇

边疆多民族地区大学生因地域因素，相对于内地大学生所面对的敌对势力的渗透的压力更大，所以国家安全意识教育也更为重要。因此，对这些地区大学生的国家安全观进行培育，提升其国家安全意识具有战略性意义。云南与越南、老挝、缅甸接壤，与印度、孟加拉国、泰国等邻近，是我国少数民族最多的省份，也是我国边疆多民族地区的典型代表。

历史告诉我们，国泰才能民安。国家安全是安邦定国的重要基石，维护国家安全是全国各族人民根本利益所在。早在2014年，习近平总书记就提出要“坚持总体国家安全观”①。《中华人民共和国国家安全法》于2015年7月1日审议通过，其中明确提出了将每年4月15日定为“全民国家安全教育日”。青年兴则国家兴，青年强则国家强。只有大学生的国家安全意识提升和增强了，才能够更好地促进社会主义事业的发展。云南作为边疆多民族地区省份，大学生面对的诱惑和风险较其他地区更多，也更为复杂，所以，提升云南地区大学生的国家安全意识迫在眉睫。

一、“总体国家安全观”内涵剖析

2014年，习近平在主持召开中央国家安全委员会第一次会议时指出：“当前我国国家安全内涵和外延比历史上任何时候都要丰富。”如今，中国已成为世界上第二大经济体，综合国力不断增强，国家安全、意识形态等方面所面临的压力也是空前的。国家安全是指国家政权、主权、统一和领土完整、人民福祉、经济社会可持续发展和国家其他重大利益相对处于没有危险和不受内外威胁的状态，以及保障持续安全状态的能力。主要包括政治、国土、军事、经济、文化、社会、科技、信息、生态、资源和核安全等11个方面。

2020年，面对新冠疫情的严峻形势，习近平总书记指出：“要把生物安全作

---

① 习近平．坚持总体国家安全观 走中国特色国家安全道路［N］．人民日报，2014－04－16.

为国家总体安全的重要组成部分。”① 至此，生物安全被纳入总体国家安全观的范畴，总体国家安全观扩展至包括16个方面的内容。

由此可见，总体国家安全观是一个动态的观念，随着时代发展而不断地延伸。其总体架构可以概括为：“一个目标、五个要点、五大关系”，如图1所示。

图1　总体国家安全观架构

为了对云南地区大学生国家安全意识有更好的了解，本文选取昆明城市学院大学生为调查样本，通过收集调查问卷（共发放问卷400份，收回有效问卷380份），分析研判数据，我们得出云南地区大学生在国家安全意识方面存在以下几个方面的问题：

首先，对国家安全的基础知识比较欠缺，认识过于片面。

一般而言，国家安全有两个层面：一是传统国家安全，如军事、国土、主权安全等；二是非传统国家安全，如经济、社会、文化安全等。但通过调查发现，大部分大学生对国家安全的概念仅停留于军事、国土等传统层面，对社会、文化

① 习近平：协同推进新冠肺炎防控科研攻关　为打赢疫情防控阻击战提供科技支撑[N]. 人民日报，2020-03-03.

等非传统安全层面意识不到位，更没有意识到这些非传统安全面临危机时，由此引发的连锁反应所带来的影响。通过对调查数据进行分析，我们发现云南地区大学生现有的国家安全观过于片面，还不够全面和系统，对总体国家安全的“顶层设计”的整体性、综合性意识淡薄，等等，见图2。

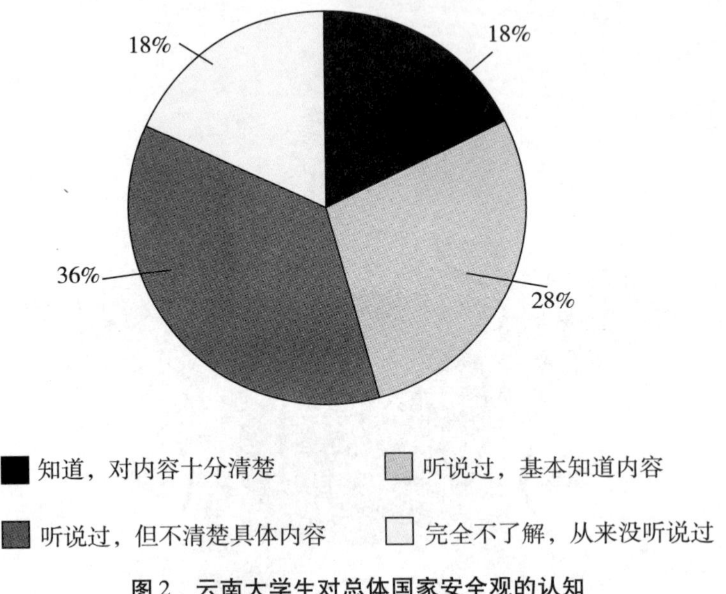

图2 云南大学生对总体国家安全观的认知

其次，国家安全教育的机制不健全，学生获取知识途径有限。

云南地区没有形成专门的国家安全教育师资队伍，少数民族师资骨干力量尤为缺乏。目前国家安全教育主要依托思政老师和专职辅导员，但是由于他们缺乏系统的国家安全教育培训，在教育和引导大学生国家安全方面缺乏相应的能力。同时，没有专门开设的国家安全教育课，学生对于国家安全知识的学习，主要源于思政、国防教育、形势与政策等课程的穿插讲解。此外，包括师资队伍的建设、相应的教学的配套措施、教学的目标也没有进行合理的预算和安排。调查数据显示，学生在获取国家安全知识时没有固定的渠道，途径相对分散，造成信息来源多、不对称、不权威等问题突出，见图3。

再次，对国家战略参与度不够，对事关国家安全的新动态了解滞后。

由于地缘因素，边疆多民族地区很多人对国家安全重大战略参与度不够，对事关国家安全的事件新动态了解不及时、不充分。云南连接着东南亚、南亚，边境线较长，但很多人国家安全意识不强，同时由于处于信息的末端，对国家安全动态还存在了解不及时的问题。所以，习近平总书记殷切希望云南“主动服务和融入国家发展战略，闯出一条跨越式发展的路子”①。这是对云南这个边疆多民族地区的国家安全、经济发展等方面作出的重要指示。调查数据显示，大学生对最近的国家安全方面的新政策、新动态了解不够深入，见图4。

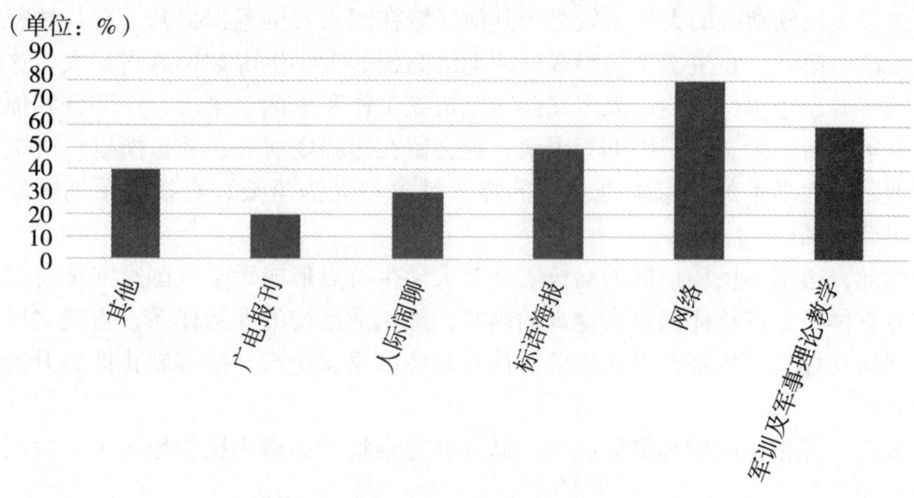

图3　云南大学生获取国家安全知识的重要途径

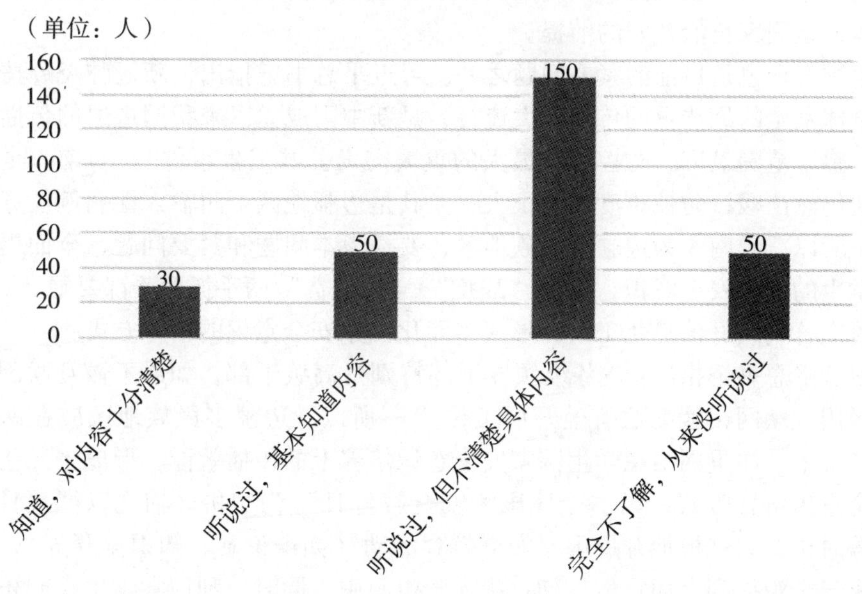

图4　云南大学生对《中华人民共和国香港特别行政区维护国家安全法》的了解情况

① 习近平在云南考察工作时强调：坚决打好扶贫开发攻坚战　加快民族地区经济社会发展［N］. 人民日报，2015－01－22.

二、边疆多民族地区大学生国家安全意识提升策略

首先，根据边疆多民族地区的独特性强化总体国家安全观意识。

边疆多民族地区的大学生较之于其他区域在国家安全意识提升上有其独特性和重要性。第一，在生源上边疆多民族地区高校的大学生少数民族占比大，这些学生大多源于边疆，毕业后大多又会回到边疆工作和生活。第二，一部分其他区域学生毕业后因为恋爱、婚姻等因素，也会留在边疆定居和工作。所以，边疆多民族地区的大学生的国家安全意识的提升就显得尤为重要，直接关系到国家安全、民族团结。

因此，边疆多民族地区的高校需针对大学生特点形成大学生国家安全意识培养的专有体系，按总体国家安全观的内容，编制成系统的课程体系，再辅之以考核，确保在校大学生都能准确理解、认知总体国家安全观，潜移默化地提升国家安全意识。

其次，抓根本问题和紧要问题，做好新冠疫情下边疆多民族地区大学生国家安全意识提升工作。

就总体国家安全观而言，其最根本的问题是政治安全，政治安全是国家安全的根本，是国家长治久安的前提。

生物安全也是目前的紧要问题之一。习近平总书记指出，新冠肺炎疫情是百年来全球发生的最严重的传染病大流行，是新中国成立以来我国遭遇的传播速度最快、感染范围最广、防控难度最大的重大突发公共卫生事件[①]。目前，全球范围疫情仍然严峻，防控难度依然很大，尤其是边疆地区严防输入性病例任务仍然艰巨。所以，云南作为边疆多民族地区，要抓根本问题和紧要问题，全面提升在校大学生的国家安全意识，做到“战疫”与“战贫”两手抓两手都要硬。

再次，利用好信息化工具，形成多元化国家安全意识的培育方式。

习近平总书记指出：“各级领导干部特别是高级干部，如果不懂互联网、不善于运用互联网，就无法有效开展工作。”[②] 所以，边疆多民族地区应在课堂教学的基础上，注重网络在学生国家安全意识培养上的传播效能，形成多元化的国家安全意识培育方式，以“全民国家安全教育日”为契机，辅之以征兵日、国庆日等时机，大规模地开展国家安全教育活动（如辩论赛、知识竞赛等），让总体国家安全观得到全面宣传贯彻，深入学生心中。同时，利用大学生喜闻乐见的传播方式，如网站、微信公众号、微博、抖音等平台，搭建常规性的国家安全宣

---

① 习近平在全国抗击新冠肺炎疫情表彰大会上的讲话［N］. 人民日报，2020－09－09.

② 习近平：加快推进网络信息技术自主创新　朝着建设网络强国目标不懈努力［N］. 人民日报，2016－10－10.

传阵地，定期定时宣传国家安全知识。

最后，摆脱“修昔底德陷阱”，加大边疆多民族地区的国家安全教育师资力量建设。

世界上本无“修昔底德陷阱”，但一些大国一再发生战略误判，就可能自己给自己造成“修昔底德陷阱”。为了更好地摆脱“修昔底德陷阱”，多民族边疆地区要成立国家安全教育研究机构，形成国家安全教育专门的师资力量，加大对现有思政教师、高校辅导员队伍等的国家安全知识培训，聘请一批国家安全教育专家、学者作为兼职教师，将国家安全教育融入各课程中，以鲜活、具有感染力的授课方式，让大学生的国家安全意识在潜移默化中得到提升。

“备豫不虞，为国常道。”边疆多民族地区高校大学生要时时提高警惕，“安而不忘危，存而不忘亡，治而不忘乱”，要常备忧患意识，不断强化国家安全意识。

（作者单位：昆明城市学院）

凝心聚力共圆中华民族伟大复兴中国梦

蒋晓英

中国近代史是一部落后挨打的历史，一代又一代的中国仁人志士不屈不挠、奋勇抗争、不断探索中华民族伟大的复兴，是中国共产党将马克思主义的普遍真理与中国的具体实际结合，凝心聚力，才为中华民族找到了一条复兴之路。2021年是中国共产党成立一百周年，回顾党走过的百年历程，我们可以自豪地说：没有共产党就没有新中国，只有共产党才能发展中国。中国共产党的百年历史就是一部百年奋斗的历史，是使中华民族由近代以来落后挨打的半殖民地半封建社会一步步走上站起来到富起来再到强起来，越来越走近世界舞台的中央的历史；更是一部凝心聚力的历史，是紧紧依靠和团结全体中华儿女万众一心、奋发图强，实现民族伟大复兴的百年历史。近代以来中国历史有力地证明：只有马克思主义才是指引中华民族实现伟大复兴的科学的世界观和方法论，只有中国共产党才能领导和团结中国各族人民凝心聚力实现中华民族伟大复兴的梦想，只有中国特色社会主义道路才能建成富强民主文明和谐美丽的社会主义现代化强国，这是历史和人民作出的正确的选择，是中国发展的必然。

一、落后挨打的百年中国近代历史

从1840年鸦片战争到1949年中华人民共和国成立这109年的历史属于中国近代史，它是一部中华民族的屈辱史，帝国主义和中国的封建势力相结合给中华民族和中国人民带来的深重灾难在中国历史上是绝无仅有的。

回顾中华民族上下五千年的历史，我国是世界文明古国中历史文化从未间断、一直延续至今的国家，为人类历史的繁衍创造出了辉煌的成就。英国著名科技史学家李约瑟曾说，中国的发明和发现远远超过同时代的欧洲，特别是15世纪以前更如此；在3—13世纪，中国保持一个让西方人望尘莫及的科学知识水平。然而16世纪后期，由于明王朝政治的腐败，对外推行闭关锁国的外交政策，中国开始落后于西方落后于世界了，落后就会挨打，这是一条亘古不变的真理。1840年世界一流强国英国发动了侵略中国的鸦片战争，打开了中国的国门，中国国势从此更加衰落，出现了数千年未有之大变局。鸦片战争成为中国历史的转折点，标志着中国近代史的开端。继英国后大小列强都趁火打劫，发动了多次侵华战争，其中大规模的侵华战争有：英法联军发动的第二次鸦片战争、“中国不败而败”“法国不胜而胜”的中法战争、宣告洋务运动失败的甲午中日战争、相当于强迫中国每一个老百姓赔一两白银的八国联军侵华战争、要强占中国东北而卖国的清政府却“局外中立”的日俄战争，以及要灭亡中国的日本全面侵华战争。通过侵华战争，列强强迫中国历届政府签订不平等条约，有学者估计鸦片战争后中国历届政府与22个国家签订了745个不平等条约，其中清政府从1841年5月至1912年2月签订了411个；北洋政府1912年3月至1927年5月，签订了243个；南京国民政府1927年9月至1949年6月，签订了91个。根据这些不平等条约，列强攫取在中国的经济、政治特权，劫掠中国的财富，破坏中国的主权和领土完整。中国的领土由鸦片战争前的1450万平方千米变成了今天的960万平方千米。尤其是东方的“蕞尔小国”日本更是变本加厉，明治维新后的日本疯狂地推行征韩侵华的大陆政策，最终在20世纪30年代发动了要灭亡中国的全面侵华战争。日本侵略者在中国犯下的罪行罄竹难书，给中华民族带来的灾难异常深重。据不完全统计，1931—1945年战争期间，中国军民伤亡人数超过3500万；按1937年的比价，中国的直接经济损失1000多亿美元，间接经济损失5000多亿美元。一部百年中国近代史就是一部落后挨打的历史。正如康有为1898年4月在保国会的演说中所说：“吾中国四万万人，无贵无贱，当今日在覆屋之下，漏舟之中，薪火之上，如笼中之鸟，釜底之鱼，牢中之囚，为奴隶，为牛马，为犬羊，听人驱使，听人割宰，此四千年中二十朝未有之奇变。”面对东西方列强肆无忌惮的侵略和掠夺，中华民族如何在强国林立的近代世界中自立于天下，而不为天下万国所鱼肉，而实现中华民族伟大复兴这一梦想，就日益迫切地摆到了中国社会各个阶级面前。

二、近代仁人志士救亡图存探索之失败

随着资本—帝国主义的入侵，中国的民族危机和社会危机日益加深，中国社会的各个阶级都开始了对国家出路的探索。在中国共产党诞生前，农民阶级、地主阶级洋务派、资产阶级维新派、资产阶级革命派，他们中的仁人志士从各自的阶级立场出发，先后提出了不同的主张和方案，以期实现救亡图存这一宏愿。

人数最多和受压迫最深的农民阶级，在外国侵略者和本国封建统治者的双重压迫下最早起来反抗。仁人志士洪秀全在1851年领导了太平天国农民战争，坚持斗争了14年，势力发展到18个省份，占据了清政府的半壁江山，建立了与清政府相对峙的农民政权，强烈地震撼了清政府的统治根基，同时有力地打击了外国侵略势力，将中国旧式的农民战争推上了最高峰。但是农民阶级不是新的生产力和生产关系的代表，无法克服小生产者所固有的阶级局限性，他们没能提出科

学的理论和社会改革方案，没能凝聚中华民族强大的力量，最终使农民政权转化成为封建专制政权。太平天国的失败表明，在半殖民地半封建的中国，农民具有伟大的革命潜力，但它自身不能担负起领导反帝反封建斗争取得胜利的重任，单纯的农民战争不可能完成争取民族独立和人民解放的历史任务。

19 世纪 60—90 年代地主阶级洋务派掀起了自强求富的洋务运动。洋务运动是在列强的侵略和太平天国的双重打击下，面对内忧外患清政府被迫进行的自救运动，虽然迈出了中国近代化的第一步，近代的军用工业和民用企业创办了，近代中国的新式海陆军建立了，新式学堂开创了，留学生的派遣也培养了新的专业人才，但是洋务运动的根本目的是维护封建专制，是为了“剿发捻”，是与人民为敌，不可能得到人民的支持。1894 年日本策动了大规模的侵华战争，在这场战争中，北洋海军全军覆没，从而宣告历时三十多年的洋务运动完全破产。洋务运动的失败表明地主阶级不能凝心聚力担负起中国近代化的历史重任。

甲午战争中国败给了“蕞尔小国”日本，刺激了列强瓜分中国的欲望。为此，1898 年帝国主义掀起了瓜分中国的狂潮。中国的新兴阶级即民族资产阶级开始了政治体制学西方，以康有为、梁启超为代表的维新派希望依靠光绪帝进行变法，力图对专制制度进行一些带有资本主义性质的改革，使中国走上君主立宪制道路；孙中山为代表的革命派进行了辛亥革命，他们痛感“非颠覆满洲，无由改造中国”，希望使中国走上资产阶级共和国道路。他们的目的仍然是要实现国家的独立和民族的复兴，使中华民族屹立于世界民族之林。正如孙中山先生 1894 年在创立第一个资产阶级革命团体兴中会时就指出：“方今强邻环列，虎视鹰瞵，久垂涎于中华五金之富，物产之饶。蚕食鲸吞，已效尤于接踵；瓜分豆剖，实堪虑于目前。有心人不禁大声疾呼，亟拯斯民于水火，切扶大厦之将倾。”是孙中山先生在近代中国第一个喊出了“振兴中华”的时代最强音。但是由于中国民族资产阶级自身的局限性，他们的改革和革命都没有群众基础，没能凝心聚力。

半个多世纪以来，围绕中华民族的独立和复兴，中国人民历尽千辛万苦在黑暗中探索国家出路，经历了从农民起义到洋务运动，从甲午战败到维新变法，再到辛亥革命这一漫长曲折的过程，每一步都是中国人民对近代中国出路的实践与探索，历次努力都失败了，留下了深刻的经验教训：中国的农民阶级、资产阶级由于自身的阶级局限性，他们没能凝心聚力，筑起民族统一战线的坚固长城，完成民族复兴的伟业。中国的出路，只有在先进阶级及其政党的领导下，在先进思想理论的指导下，首先通过发动人民革命，推翻帝国主义、封建主义统治，然后走符合中国国情的现代化道路，才能真正实现中国的独立、民主和富强。俄国十月革命后，马克思主义在中国广泛传播，成为中国近代革命的新的指导思想；中国工人阶级成长壮大，成为新的领导阶级；中国共产党成立，成为中国革命新的领导核心。从此，中国的革命和建设就进入了中国共产党领导下的历史新时期。

三、中国共产党凝心聚力圆民族复兴梦

中国共产党是中国工人阶级的先锋队，中国人民在中国共产党的领导下，经过长期、艰苦、曲折的斗争，推翻了半殖民地半封建的社会制度，取得了新民主主义革命的胜利，建立了中华人民共和国，基本上完成了争取民族独立、人民解放的任务，从而为实现国家繁荣富强、人民共同富裕创造了前提，开辟了道路。新中国成立后，中国共产党又领导各族人民为实现中华民族伟大复兴进行艰辛探索、艰苦奋斗，开创出中国特色社会主义道路，才取得了今天这样辉煌的历史新成就。今天我们比历史上任何时期都更接近、更有信心和能力实现中华民族伟大复兴的目标。我们一定要坚信“只有共产党才能救中国，只有中国特色社会主义才能发展中国”的信念，沿着党的百年奋斗历程继续前进。

1921 年 7 月 23 日，中国共产党第一次全国代表大会在上海法租界望志路 106 号（今兴业路 76 号）召开了，由此宣告了中国共产党的成立。中国共产党的成立是近代中华民族发展史上一个开天辟地的大事变，从此中国的革命和建设就有了主心骨，有了凝聚中华民族力量的领导核心。中国共产党一成立就确立了党的最终奋斗目标是实现共产主义；同时根据中国的国情也提出了党的当前奋斗目标是打倒军阀，推翻国际帝国主义的压迫，统一中国为真正的民主共和国。中国共产党一成立就义无反顾地肩负起了实现中华民族伟大复兴的历史使命。1921—1949 年中国共产党只用了 28 年时间就完成了其他所有阶级都没能完成的争取民族独立的任务。中华人民共和国的成立标志着 109 年的半殖民地半封建社会历史在中国的结束，中国人民在政治上翻了身，第一次成了新社会、新国家的主人。短短的 28 年反帝反封建革命能够取得胜利，是因为中国工人阶级的先锋队——中国共产党的正确领导；是因为以毛泽东为主要代表的中国共产党人，把马克思列宁主义的基本原理同中国革命的具体实践结合起来，创造性地开辟了农村包围城市、武装夺取政权这条革命的新道路；是因为中国共产党凝心聚力，建立广泛的民族统一战线，团结一切可以团结的力量。近代中国人民的革命敌人是异常的强大而凶残的，为了战胜他们，中国共产党在民主革命时期的各个阶段，不断地巩固和扩大统一战线，才有了民主革命的完全胜利。“没有共产党，就没有新中国”是近代中国人民基于自己的切身体验所确认的客观真理。

中华人民共和国的成立标志着反帝反封建的新民主主义革命取得了胜利，但中国共产党的最终奋斗目标是实现共产主义。1949—1956 年，中国共产党又领导中国人民开始了由新民主主义社会向社会主义社会过渡。为此，中国共产党制定了过渡时期的总路线，团结带领全国各族人民在推进社会主义工业化的同时，逐步实现对农业、手工业和资本主义工商业的社会主义改造。1956 年底，三大改造完成，社会主义基本经济制度在中国建立起来，这是中国成为社会主义社会

的最主要的标志。1956年，中国人民在中国共产党的领导下走上了社会主义道路，为今天中国一切发展进步奠定了根本的政治前提和制度基础，实现了中华民族由近代以来不断衰落到根本扭转命运、持续走向繁荣富强的伟大飞跃。

社会主义制度确立后，中国共产党开始了领导中国人民进行社会主义建设的实践探索，要找到一条符合中国国情的社会主义建设的道路。党的十一届三中全会以来，以邓小平为主要代表的中国共产党人，通过总结新中国成立以来正反两方面的经验，解放思想、实事求是，实现了党的工作重心向经济建设的转移，通过实行改革开放，开辟了社会主义事业发展的历史新时期。1982年，邓小平同志在中国共产党十二大上发出响亮的号召，把马克思主义的普遍真理同我国的具体实际结合起来，走自己的路，建设有中国特色的社会主义。经过实践探索，邓小平同志成功地开创了中国特色社会主义道路，这条道路是实现社会主义现代化、创造人民美好生活的必由之路，是实现中华民族伟大复兴的康庄大道，是历史的结论，是人民的选择。习近平总书记也指出："坚持和发展中国特色社会主义是一篇大文章，邓小平同志为它确定了基本思路和基本原则，以江泽民同志为核心的党的第三代中央领导集体、以胡锦涛同志为总书记的党中央在这篇文章上都写下了精彩的篇章。现在，我们这一代共产党人的任务，就是继续把这篇大文章写下去。"① 中国特色社会主义是中国共产党百年探索、百年奋斗取得的最伟大成就，是几代中国共产党人接续奋斗实现中华民族伟大复兴的康庄大道，是中国共产党和中国人民团结的旗帜、奋进的旗帜、胜利的旗帜。党的十八大以来，以习近平同志为核心的党中央领导和带领全国各族人民，凝心聚力，统揽伟大斗争、伟大工程、伟大事业、伟大梦想，将中国特色社会主义推进了新时代。这个新时代是全面建成小康社会、进而进入全面建设社会主义现代化强国的时代，是全体中华儿女在中国共产党领导下勠力同心、奋力实现中华民族伟大复兴中国梦的时代，是我国日益走近世界舞台正中央、为人类作出更大贡献而提出中国方案和中国智慧的时代，在中华民族和在人类社会的发展史上都具有重大的意义。只要我们万众一心、众志成城、凝心聚力，中华民族这艘复兴的航轮就一定能在2050年驶向胜利的彼岸。

历史是人民书写的，人民才是时代的真正英雄，让我们像石榴籽一样紧紧地抱在一起，在伟大的中国共产党领导下，凝心聚力，为实现第二个百年奋斗目标，实现中华民族伟大复兴的中国梦而努力奋斗，将这辉煌的历史成就写进中华民族上下五千年的历史长卷中。

（作者单位：昆明学院）

① 习近平：在发展中国特色社会主义实践中不断发现、创造、前进［N］. 人民日报，2013－01－06.

按照新时代党的建设伟大工程的要求加强和改进高校党支部的建设

马　宁　李立琼

党的十九大提出伟大斗争、伟大工程、伟大事业、伟大梦想“四个伟大”，其中，伟大工程强调党的建设是核心。按照党的建设伟大工程的要求，要以改革创新的精神研究新情况、解决新问题，改进党支部的活动内容和工作方式，完善党支部各项制度，多形式地开展好“党员活动日”活动；从严治党，保持党员队伍的先进性、纯洁性；用完成本单位任务的实际效果来检验党支部的工作。

习近平新时代中国特色社会主义思想是马克思主义中国化的最新理论成果，也是建设中国特色社会主义理论体系的重要组成部分。党的十九大概括了习近平新时代中国特色社会主义思想的科学内涵，即“八个明确”“十四个坚持”。把加强党的建设分为政治建设、思想建设、组织建设、作风建设、纪律建设和制度建设几个方面。

一、用改革的精神研究新情况、解决新问题，改进党支部的活动内容和工作方式

在社会主义市场经济体制逐步建立和完善的情况下，高等院校作为培养社会主义接班人的主战场、主阵地，高校党支部的建设面临许多新的情况、新的问题，必须认真研究加以解决。当前要特别注意研究解决这样两种倾向：一是片面认为只要把学校的经济效益搞上去，一切问题都好办，党支部建设可有可无的思想；二是党支部建设工作不适应变化了的新情况，跳不出自我封闭、自我设计、自我评价的小圈子，搞“单打一”“两张皮”，在一片“加强”声中，削弱了党支部的建设。

加强和改进党支部建设就要使党支部在新形势、新挑战面前有所作为，把党支部建设列入整体党建工作的重点来抓，围绕抓改革、促进学校全面发展，改进党支部的活动内容和工作方式，全面推进党支部的建设。主要工作思路应该是：在指导思想上，坚持以高校的根本任务为中心，强化教书育人，把促进和保证高校的改革和发展作为党支部工作的出发点和落脚点；在班子建设上，应使党支部

与行政教学基层组织为整体，同步建设，实行交叉任职，瞄准一个目标，增强整体功能，避免分工分家；在工作内容上，党支部工作不能游离于本职业务工作之外，党建工作要紧密与业务工作结合起来，结合党支部建设的工作目标和任务，不断丰富党支部工作的领域和内涵；在运作方式上，克服“两张皮”，把党支部的思想政治工作渗透到高校的业务工作和改革实施过程中，做到政治和业务一起抓；在评价标准上，实行目标责任和任务制，把各项业务工作和改革发展的成效作为衡量党支部工作好坏的主要标准。

二、从严治党，保持党员队伍的先进性，做到虚功实做，在落实上下功夫

我们党历来坚持从严治党，对党员和党组织的活动标准高、要求严。在新的形势下，这显得尤为重要。随着改革开放的深入和社会主义市场经济体制逐步建立完善，新旧体制并存，各种非无产阶级思想观念的影响以及利益取向的强化，会使党员思想素质和道德水平下降，产生消极腐败现象的可能性增大。在这种情况下，如果不从严治党，势必导致党的威信下降。而党支部是党的基础组织，要使党的肌体健壮，从严治党必须从党支部抓起。

在肯定高校党建工作取得很大成绩的同时，我们还必须看到，一些党支部在新形势下，不知道做什么和怎么做。组织生活流于形式，读读文件、报纸，强行对党员进行灌输，笔者以为，灌输是不能采取生硬、呆板和勉强的方式，而要采取启发和激发党员内在的积极因素的方式。党支部工作针对性不强，主动性不够，不但没有影响力，更谈不上战斗力。

切实加强党支部建设，就要保持党员队伍的先进性、从思想、组织、作风几个方面加强党支部建设。努力做到虚功实做，在落实上狠下功夫。

（一）要加强党支部的自身建设

在班子建设方面：要选一个政治清醒、用人公正、办事公道、作风正派、勤政廉洁的好书记。在理论学习方面：要求有计划和安排，有指导和检查，有总结、交流和讲评，坚持用中国特色社会主义理论武装党员头脑，在提高党员思想政治素质上下功夫。在组织生活方面：要求制度健全，组织活动正常，参加率高，严格请假制度，在增强党员的组织纪律观念上下功夫。在组织发展方面：要求有发展计划，有培养教育措施，严格履行入党手续，在解决思想入党上下功夫。在管理方面：要求分类管理，有管理措施，如对外出流动的党员、出国的党员、外出进修学习的党员等，分别有一套管理制度和要求。在遵纪守法方面：要求党员遵守党纪国法、遵守政治纪律、遵守劳动纪律。

（二）完善党支部各项制度

实践证明，建立和健全与高校改革发展的新形势相适应的党员教育制度，形

成新的制度体系，是党支部建设必不可少的保证。从目前情况看，应健全和落实好以下几项制度：

（1）“三会一课”制度。也就是定期或根据需要适时召开党员大会、支委会、党小组会、定期组织党员上党课。要利用“三会一课”形式，抓好党员的理想、信念教育，帮助党员正确理解党的路线、方针、政策和学校的改革、发展情况。（2）“民主生活会”制度。党支部定期组织党员过民主生活会、开展批评与自我批评，这是对党员进行批评、监督、教育和促进党员提高觉悟的一项基本组织措施。在学校党委的正确领导下，每一位共产党员要高度重视，防止走过场，切实提高民主生活的质量。（3）实行党支部和党员的“双目标管理”和“分类升级”活动，将支部和党员纳入科学化的管理。（4）落实好“党员联系群众制度”“民主评议党员制度”“党员培训制度”和“流动党员管理制度”等行之有效的制度。

（三）开展好“党员活动日”活动

开展多种多样的党员活动，有助于增强党支部和党员的凝聚力和向心力。同时，也有助于增强党员的集体意识和正确的人生观、价值观。从昆明学院开展“党员活动日”的实践来看，主要有：

（1）“创先争优”活动。党内开展“创先争优”活动是一种行之有效的方式。党员通过争创活动，形成比、学、赶、帮、超的热潮，树立党员积极向上、开拓进取的精神风貌。（2）组织党员到省级“爱国主义教育基地”接受教育，如组织学员到中国第一座水电站——石龙坝水电站、云南机床厂、“一二·一”烈士陵园纪念馆、云南陆军讲武堂等地参观学习。组织部分师生党员重走红军长征路，参观云南省委宣传部主办的“纪念红军长征70周年展”和“新中国成立60周年成果展览”，使广大党员受到爱国主义教育。（3）组织党员观看“昆明市反腐倡廉展览”和电影《孔繁森》《生死抉择》等，使广大党员从思想上筑起一道拒腐的防线。通过以上“党员活动日”活动，避免了党员坐在会议室里形成单调、枯燥无味、内容单一、针对性不强或“热热闹闹”走过场的活动日缺陷。

（四）抓好发挥党支部的战斗堡垒作用

党支部的战斗堡垒作用表现在政治核心作用、模范带头作用、团结协调作用等各个方面。在发挥政治核心方面：要求组织好党员和群众的政治理论学习，党员要带头发言，不发牢骚、不讲怪话，坚持正确的舆论导向。善于做好思想政治工作，关心人、尊重人、凝聚人，针对党员和群众中的种种疑惑、矛盾，利用各种适当方式，帮助人们解疑释惑，树立正确的世界观、人生观和价值观。在更新观念、化解矛盾、协调关系、理顺情绪、推进学校教育教学改革上发挥作用。在发挥模范带头作用方面：要求党员把主要精力投入到本职岗位的各项工作中去，党员应带头承担和完成工作任务。在发挥团结协调作用方面：要求支部所在部门、分院党政班子团结、凝聚力强，成员间关系融洽、相互合作、互相关心、互相帮助，工作积极性高、集体战斗力强。

三、确立紧密围绕党的基本路线、为党的中心任务服务、用完成高校实际工作效果来检验支部的工作的指导思想

科学发展观的第一要义是发展，这就要求我们必须坚持把发展作为党执政兴国的第一要务，牢牢抓住经济建设这个中心，坚持聚精会神搞建设，一心一意谋发展，不断解放和发展社会生产力，为发展中国特色社会主义打下坚实基础。在现阶段党的根本目标和任务是在本世纪中叶，把我国建设成为富强民主文明和谐美丽的社会主义现代化强国。其核心集中体现在“一个中心、两个基本点”的基本路线上。因此，高校党支部建设，必须紧紧围绕党的基本路线来进行。既然党支部建设是围绕党的基本路线来进行，是为完成党的中心任务服务的，在高校这种任务应当理解为党支部建设是对党的任务的完成起保证作用，对行政组织的活动起监督保证作用，而不是起用政治组织取代行政、教学组织的越俎代庖的作用。

同样，高校党支部的工作树立为“中心”服务的指导思想，就是以完成高校的根本任务为中心，结合业务和深化改革确定党支部工作的思路，用完成高校任务的实际效果来检验党支部的工作，使党支部的工作不仅仅停留在坚持会议制度、组织政治学习、开展教育活动和安排组织生活上，而应以提高党支部建设的整体水平为目标，有力地推进和保证高校整体工作的顺利开展。

（作者单位：昆明学院）

“双联系—共建双推进”模式下的高校农村基层党建探索实践

——以昆明学院为例

李　徽

习近平总书记在党的十九大报告中指出：“实施乡村振兴战略。农业农村农民问题是关系国计民生的根本性问题，必须始终把解决好‘三农’问题作为全党工作重中之重。要坚持农业农村优先发展，按照产业兴旺、生态宜居、乡风文明、治理有效、生活富裕的总要求，建立健全城乡融合发展体制机制和政策体系，加快推进农业农村现代化。”而实施乡村振兴战略，农村基层党组织起着重要的重要。

一、农村基层党建的重要性

（一）农村基层党建在乡村振兴中的重要性

乡村振兴战略是破解“三农”问题的全面性、系统性、综合性的指导方略，其根本是在中国共产党的带领下，力求围绕强农业、美农村、富农民来谋篇布局，通过产业振兴来带动农业发展，通过乡风文明、生态文明来打造美丽乡村，通过分配结构调整来实现农民增收。作为党在农村基层工作的抓手，农村基层党建工作还需要在健全组织构架、发挥党员模范带头作用、提高战斗堡垒作用上加强，这样基层党组织才能够成为农村产业发展、乡村文明治理、农民增收致富的“引路人”和“带头人”。

（二）农村基层党建普遍存在的短板弱项

农村基层党建主要存在难选人、难用人、难活动、难执行、先锋模范不明显等五个方面的问题。一是农村人口空心化等问题造成选优配强农村基层党组织队伍有困难；二是大多村民学历较低，对党的组织建设、党纪党规缺乏系统培训，部分基层党组织成员年龄偏大，造成开展农村基层党组织业务有困难；三是在边疆贫困地区农村党组织活动场地设施不足，党建业务经费缺乏，党员分散，难以定期聚集，造成应开尽开的农村基层党组织规范活动有困难；四是部分少数民族聚居农村地区民族习俗与中央八项规定中的某些规定相悖，造成严格按照《中国共产党农村基层党组织工作条例》开展农村基层党组织建设与管理有一定困难；五是农村以户为单位组织生产经营活动，部分村集体缺乏清晰的定位与中长期的目标规划，党组织开展先进模范事迹学习不到位，造成农村基层党组织党员先锋模范作用发挥不明显。

二、高校农村基层党建“双联系—共建双推进”的时代使命

（一）农村基层党建“双联系—共建双推进”的时代命题

2016年以来，按照党中央“党建带扶贫、扶贫促党建”的总体要求，结合习近平总书记关于精准扶贫、精准脱贫的重要指示，全国脱贫攻坚主战场探索开展关于坚决打赢脱贫攻坚战和推进基层党建有机协同推进工作部署，贯彻落实以“挂包帮、转走访”为工作抓手，运用驻村扶贫工作队联系执行能力，深入开展“双联系—共建双推进”活动。2021年是巩固全面摆脱贫困，有效承接乡村振兴巩固脱贫攻坚成效，全面启动“十四五”规划之年，持续抓好农村基层党建“双联系—共建双推进”工作对于进一步巩固农村基层党建工作，开启乡村振兴在思想引领、制度引领、实践引领上具有不可替代的作用。

（二）高校农村基层党建“双联系—共建双推进”的时代意义

高等学校拥有人才培养、科学研究、社会服务、文化传承等方面突出的优势，在开展精准扶贫的过程中，作为一级主体单位成为对口帮扶工作一个特殊而又重要的组成部分，在开展精准扶贫的过程中由上级党委牵头，以“双联系—共建双推进”的模式，对帮扶点精准开展扶贫规划、产业扶贫、教育扶贫、生产就业扶贫、卫生扶贫、文化扶贫、公共基础设施建设以及扶贫宣传等工作。在精准扶贫脱贫攻坚开展过程中，全国所有公办高等院校均挂联了对口帮扶点，形成了一批东西部协助典范和成功典型经验，并在全国开展宣传和推广，打破了高校“阳春白雪”与农村“下里巴人”的鸿沟。对口帮扶点成为高校共产党人回归人民群众践行初心使命的主战场，涌现出时代楷模——农民院士朱有勇等一大批杰出代表。

（三）高校农村基层党建“双联系—共建双推进”的时代语境

在完成全面消除贫困，启动乡村振兴巩固脱贫攻坚成效的时代背景下，高校要按照“脱贫不脱钩”的要求，持续落实对精准扶贫挂联定点挂钩扶贫工作长效机制，坚持开展“挂包帮、转走访”工作，深化高校党组织与挂联点党组织、党员干部联系贫困群众制度，以“一对一”结对共建形式推进良性互动，资源互补，党建工作共同提高，以党员贫困户为重点带动增强腊哈村脱贫出列意识、动力和能力素质。并结合挂联点实际情况，坚持扶贫党建两手抓，两手都要硬的原则，保证农村总支组织建设全面进步、全面过硬，从组织、队伍、经费、服务

等方面推动挂联点脱贫摘帽，实现基层党建与脱贫攻坚“共建双推进”。

三、昆明学院“双联系—共建双推进”的探索实践

多年以来，昆明学院党委严格按照上级党委工作部署要求，先后派出6批队员到云南省市挂联点的11个行政村之一的红河州红河县垤玛乡腊哈村担任驻村“第一书记”，开展精准扶贫工作。2018年1月至2020年11月昆明学院在省市两级扶贫工作年终考评中腊哈村均获优秀等级，学校党委联系地方实际在开展“学校机关党委联系省级挂联点腊哈村党总支、学校机关党委党员领导干部联系省级挂联点腊哈村委会建档立卡贫困户群众，学校机关党委与省级挂联点腊哈村党总支结对共建，基层党建与脱贫攻坚双推进”方面取得了实实在在的成效。

（一）精准锁定党员贫困户，继续坚持“挂包帮”“转走访”的“双联系”建设

一是机关党委从3个方面做好联系腊哈村党总支工作。加强机关党委联系省级挂联点制度及未脱贫党员调研工作开展，促进机关党委针对腊哈村党总支脱贫攻坚及未脱贫党员脱贫措施完善，推进机关党委对位腊哈村党总支精准施策项目落实。

二是机关党委党员干部从3个方面做好联系腊哈村贫困户工作。精准腊哈村委会建档立卡贫困户和贫困户党员的户档信息，助力腊哈村委会相关扶贫政策宣传，自觉落实腊哈村委会扶贫政策。

（二）以增强脱贫意识、动力和能力素质为目标，开展机关党委与腊哈村党总支的“共建双推进”

一是从8个方面整合资源，共建一个坚强有力的腊哈村党总支活动平台。第一，持续促进驻村工作队建设管理，按要求在队员选派、提拔任用等方面加强驻村工作队建设，达到省委组织部干部任用考核要求。第二，拨付党费打造腊哈党总支农民讲习所，形成功能完善、管理规范的县级示范典型。第三，协助扶贫办“党建文化宣传项目”，牵头建设村史文化室，带动红河县村史室建设。第四，支持扶贫办“党建文化宣传项目”，牵头开展腊哈党总支“动力小站”等活动。第五，支持扶贫办“党建文化宣传项目”，牵头开展腊哈党总支党建文化宣传活动，营造良好的脱贫攻坚氛围。第六，拨付党费为党员活动室购买党建书柜及图书，提升腊哈党总支党员学习条件。第七，拨付党费用于腊哈党总支活动室标准化布置。第八，依托扶贫办“腊哈村村脱贫、户出列补短板项目”，支持腊哈党总支活动室配套设施集中办伙食，努力推动腊哈党总支移风易俗工作。

二是从4个方面精准施策，增强腊哈党总支脱贫攻坚意识和动力。第一，推动机关党委下属党支部与腊哈党总支下设党支部结对，强化“双联系—共建双推进”工作的组织构架。第二，依托“万名党员进党校”，拨付党费支持腊哈村党总支党

员代表（含建档立卡户党员）到学校市级挂联点禄劝县九龙乡学习脱贫攻坚经验，增强党员脱贫责任意识，为开展带头致富、带领群众致富的“双带”工程打下坚实基础。第三，依托驻村工作队定期进行“三讲三评”工作，激发党员贫困户为代表的全村村民自主脱贫内生动力。第四，依托驻村工作队督促腊哈党总支全体党员关注脱贫致富信息，让全村党员为村民群众树立脱贫致富信心。

三是从五个方面精准发力，提升腊哈党总支党员带头脱贫致富的能力素质。第一，依托驻村扶贫工作队开展“两学一做”活动，健全完善“三会一课”、民主评议党员等党内生活制度，规范党支部组织生活，建立党建工作台账，共建一支素质过硬的队伍。第二，依托扶贫办、继续教育学院“党政干部专业技能培训项目”，对腊哈党总支全体委员开展一次腊哈党总支专题业务培训。第三，用“五堂课”对标“一次党课”，“三讲三评”对标“党组织生活”，“挂包帮、转走访”对标“结对帮扶”，村内道路亮化对标“惠民事”，“党员关爱基金”捐赠对标“送温暖活动”，开展好“五个一”活动。第四，以动力小站项目对接后勤保障，产业扶贫项目对接转型发展，腊哈民汉双语幼儿园项目对接实习实训，外出务工专业技能培训项目对接创业就业，建设好“四个基地”。第五，由学校党委牵头，驻村工作队协调，邀请红河县总队长、垤玛乡党委书记、腊哈党总支书记、腊哈村第一书记等五位书记为腊哈党总支全体党员上好法制宣传、扶贫政策、家庭道德、实用技术、民族文化等“五堂课”。

（三）以拓宽农村党员拓展致富渠道为抓手，扎实做到基层党建与脱贫攻坚“共建双推进”

一是在腊哈党总支组织建设上“共建双推进”。继续强化村级扶贫产业，壮大村集体经济。拨付党费强化学校产业扶贫项目红河县垤玛乡腊哈村委会热波罗养殖合作社“总支＋合作社＋农民”做法，探索开展散养土鸡养殖试点，并在出栏后返销学校。

二是在腊哈村党总支建设上培养“农村致富带头人”的“共建双推进”。按要求，拨付党费作为基金，培养打造以村组党员干部作为主体的农村致富带头人。按照建档立卡贫困户户均标准，以自然村（组）为单位，集中发展扶贫项目，一户一策制定以稻鱼鸭养殖、村镇购物便利店、村镇集市餐饮、村镇基础设施建设施工队为内容的致富明白人、带头人计划，为脱贫攻坚提供人才支撑。

（作者单位：昆明学院）

关于提升高校基层党组织组织力的思考

靳　倩

习近平总书记在党的十九大报告中强调："党的基层组织是确保党的路线方针政策和决策部署贯彻落实的基础。要以提升组织力为重点，突出政治功能，把企业、农村、机关、学校、科研院所、街道社区、社会组织等基层党组织建设成为宣传党的主张、贯彻党的决定、领导基层治理、团结动员群众、推动改革发展的坚强战斗堡垒。"① 要深入开展高校基层党组织组织力建设工作，就必须积极探索基层党建工作新方法和新途径，求突破谋实效，发挥新时代下高校基层党组织的战斗堡垒作用。

基层党组织作为党开展执政活动的重要组成部分，伴随新时期下新的社会变化，高校基层党建工作也面临着巨大的发展挑战。例如出现党组织自身缺乏明确定位，基层党组织功能弱化，服务能力跟不上，党员先锋带头意识淡化；基层难以将政治引领功能、民主服务功能、监督管理等功能融合发挥好；在面对互联网、大数据环境下的适应能力不强等问题。这对基层党建工作的良好开展形成了重重阻碍。党的领导作为党的建设的价值目标，党建又是实现党领导工作的有力保证，两者辩证统一的结合和运用，是实现和维护基层党建顺利开展的重要保证。党建工作作为政绩考核的关键因素，是正确坚持马克思主义党建理论的延续，是加强党建组织力水平提升的要求。这对传播科学的党建意识形态，树立正确、科学的政绩观，加强组织领导力建设，促进高校各项事业顺利开展具有深远意义。

一、提升高校基层党组织组织力的作用表现

（一）提升组织力是党建工程的内在要求

《中国共产党支部工作条例（试行）》第十条第四项明确强调了高校党支部在党建工作中的任务和所应起到的作用。高校党支部是实现党的建设新的伟大工

---

① 习近平．决胜全面建成小康社会　夺取新时代中国特色社会主义伟大胜利——在中国共产党第十九次全国代表大会上的报告［N］．人民日报，2017－10－28.

程顺利开展的排头兵，党的诸多目标的实现，归根到底取决于党组织的组织力实施，更体现在党支部组织力的实施上。尤其是高校作为理论研究的场所，基层党组织的组织力建设，对于推进“组织力”理论与实践研究都具有重要作用。实践基础上的理论创新，是社会发展和变革的先导。通过实践总结出来的经验和凝练的正确理论，往往通过在全党范围内加以推广学习，就能够快速且有效地提升组织力发展，进而能有力推动党的建设新的伟大工程的进程和效率。

（二）提升组织力是全面从严治党的战略部署

中国共产党作为执政党，带领中国人民走向美好生活，实现从站起来、富起来到强起来的历程，也充分说明其决策的科学性和正确性。正确的战略部署是管理的制胜法宝，在全面依法治国的推行下，全面从严治党的实施就要求深入了解管党治党的意义，不仅要“管”全体党组织和全体党员，还要“治”好党方方面面的建设。全面从严治党一个重要的体现就是组织力的建设，加强高校基层党组织管理，是全面从严治党的题中应有之义。基层党组织组织力已成为全面从严治党不可或缺的重要内容，把握好组织力建设，不仅有助于规范当下基层党组织的活动的有效开展，同时基于高校党组织的特殊性，更能够保障全体党员接受正规的党性培养与教育，使组织生活有序开展，这也是党建工作的重要战略部署。

（三）提升组织力是培育和践行社会主义核心价值观的客观要求

中国共产党领导核心作用的发挥依赖基层党组织，基层党支部是党全部工作得以实现的基础。针对当前高校党组织的基层发展来说，以提升基层党组织建设的战斗积极性为基础来进行有效的组织建设，是当前基层党组织建设发展重点。为实现中华民族伟大复兴的中国梦、实现中国特色社会主义建设，需要开展好一系列党建工作，做好思想引路者；需要充分调动基层党员的积极性，激发基层党员的工作热情，进而促进基层党组织健康发展。高校各级党组织和党员同志要始终把好高校教学和科研的政治关，将培育和践行社会主义核心价值观根植于人才培养全过程；要充分弘扬优秀的师德师风，执行立德树人的根本任务，巩固意识形态建设的战略高地。因此，提升组织力、规划好具体的实施方案就是培育和践行社会主义核心价值观实现的有效途径，也是实现社会主义核心价值观的重要需求。当然，高校在进行教学、专业建设等过程中，也要结合自身的实际情况，建立一套适合自身发展、目标清晰的党组织建设体系，不可盲目照搬照抄，同时，提升党员、领导干部对党组织的深刻认识，加强党性修养，注意结合党建的需求，稳步提升组织力。

二、提升高校基层党组织组织力建设的着力点

（一）着力强化基层党组织功能，提升统筹规划与贯彻力

基层党建要年年抓、时时抓、处处抓，不仅要常抓不懈，还要注重抓的实效

性。各个高校要根据自身发展的实际情况，确定行之有效的基层党支部建设规划方案，不盲目、不随意照搬套用，科学统筹安排、高效组织贯彻，实现主体功能最大化发挥，才是保证基层党支部建设工作的有序展开的法宝。要想做到科学地统筹规划，首先，要强化全体党员的主人翁意识；其次，党组织负责人要深入理解把握党中央政策的精神内核，依据教师职业特性，借鉴多元课堂模式，创新传达方法，深入浅出地向各个党员同志传达党中央的主张和决定；最后，党员要时刻把提升政治意识和党性修养铭记于心，做到高效接收信息，辩证地分析问题，按要求坚决贯彻执行。在党建工作中，高校基层党组织要严格按照规定办事情，做到奖罚分明，提升高校基层党组织在党员群众中的威信，强化党员的纪律观念，提高高校基层党组织的组织能力。当然，将统筹规划落实到位才掷地有声，倡导真正的“实干”精神，凡事“要落到实处”，不怕麻烦与困难，抓住落实的各个环节，做好落实的相关工作，才能更好地贯彻党的路线方针政策，才能更好地体现高校政治引领的作用。

（二）着力巩固基层党组织核心地位，提升管理能力

高校基层党组织在谋求发展的道路中，充分发挥党支部主体作用，提升高校基层党组织的管理能力，巩固好自身的核心地位，是实现党建的前提。党支部书记可以充分运用自身专业优势，促进其对基层党组织的有效管理，高校党委也可结合各高校自身实际情况，加强对基层党支部的管理。要想管理和发展基层党组织，首先，要注重党建工作考核评分指标的修订，充分考量指标的可行性，提高党建工作在学院评比中的分值和占比。以二级学院党委为有力抓手，对基层党组织的管理进行双向监督，提高基层党组织的管理能力。其次，将抓党建工作列为基层党组织负责人年度述职报告的重要考核指标，强化党组织负责人的责任意识，注重基层党组织带头人队伍建设和培养，进一步强化基层党组织的发展。最后，与时俱进地创新工作方法和开展组织工作，充分调动组织内部党员同志的积极性和创造力，注重高质量发展。

（三）着力落实基层党组织的管理，提升监督与执行力

要提升组织力建设，就要充分发挥党员的模范带头作用，不仅要要求党员同志在“学”上做表率，更要在“行”上下功夫。党员就像一面旗，身体力行地带领人民群众不断前行，执行好才能做好表率，才能更好地接受人民群众的监督。党的十九大报告强调，不断完善党内、外监督体系的设立和建议渠道的开设，是落实党建工作的有效监督渠道。基层党组织监督力的提升，可以既对党员采取有效约束，又能强化党内教育管理的严肃性。监督好为更好地执行打下基础，执行力是党组织贯彻落实党的方针政策的关键，要想执行好就要做到：首先，强化党员的身份属性，提高其身份认同。其次，积极宣传优秀党员同志的先进事迹，让大家意识到榜样的力量，意识到优秀就在身边，并非遥不可及，进而

实现自身价值。最后，可多开展创先争优活动，以活动激发党员的积极性，不断挖掘党员身上的闪光点，提升执行力。

（四）着力打造优质基层党组织，提升领导力与影响力

组织力建设的程度直接作用在高校各项事业的发展状况上。高校党支部作为实现基层政治领导的基础力量，如何在日常工作中落实好党的路线方针政策，如何在各个部门各个领域贯彻落实好始终跟党走的思想，成为党建工作领导力和影响力考察的重要方面。真正做到把每次的支部活动做到有目的、有意义、有氛围；把每一次的谈话真正做到入脑入心；在每一次的活动中把每个党员的作用发挥出来，让其积极参与其中，将把支部作为“家”、把“家”打造得更好更优作为组织建设的目标。基层党组织对每个党员要有严格的政治标准和纪律要求，要把要求具体落实到位，领导要带好头，每个党员要树立好政治形象、职业形象和社会形象，人人争做优秀党员，以优质促高效，以领导促影响。

中国共产党的百年奋斗历程告诉我们，人民和历史选择中国共产党是历史的必然。要发展好这个大党，就要重视党组织组织力的建设。组织力的强弱关乎着党的战斗力和凝聚力的强弱，党支部作为高校党建的重要阵地，尤其是思政教育更要走在宣传党的先进理论和落实党的政策的前列。了解基层党组织在高校各项党政工作中的重要作用，就需要高校从多个角度出发提升基层党组织的组织力，解决高校基层党组织在处理各项工作时出现的问题，从而彰显基层党组织在高校综合发展中的作用。提升高校党组织组织力已迫在眉睫，把好高校政治、思想引领，也成为越来越多高校要深入研究的问题。

（作者单位：昆明城市学院）

大学生铸牢中华民族共同体意识的对策研究

刘蒋萍

随着我国经济的迅速发展，各民族之间的交流、交融日益频繁，铸牢中华民族共同体意识是事关民族团结、社会安定有序及国家统一的关键。然而，民族地区的特殊性使铸牢中华民族共同体意识面临一定程度的挑战。我国少数民族主要分布在边疆地区、偏远山区，分布环境较为落后，但是其战略地位十分重要。同时，国内外消极因素的干扰使得铸牢中华民族共同体意识受到严峻的挑战。民族地区的大学生长期生活在民族地区，部分大学生受到来自经济全球化、错误思潮等影响，这阻碍了其铸牢中华民族共同体意识。青年兴则国家兴，青年强则国家强，当代大学生担负着民族团结、国家统一及实现中华民族伟大复兴的使命，培育大学生铸牢中华民族共同体意识是一项迫在眉睫的任务。

2019 年 10 月，中共中央办公厅联合国务院办公厅印发《关于全面深入持久开展民族团结进步创建工作铸牢中华民族共同体意识的意见》指出："新时代民族团结进步创建工作要坚持以铸牢中华民族共同体意识为根本方向……强调要加强中华民族共同体教育，引导各族群众不断增强对伟大祖国的认同、对中华民族的认同、对中华文化的认同、对中国共产党的认同、对中国特色社会主义的认同。"这"五个认同"是民族地区高校思政课铸牢中华民族共同体意识的核心内容和着力点。

一、完善民族政策

党和国家依据不同民族地区的特点，制定出符合当地实际情况的民族政策，并且不断巩固和完善。我国的民族政策与时俱进，既要促进民族地区的经济文化及生态的协调发展，又要增强人民的归属感、获得感和幸福感。

完善民族政策，坚持民族区域自治制度是建设社会主义现代化强国的重要举措。在校外，政府要将党和国家的政策、方针与少数民族地区的实际情况相结合，积极发挥民族地区的各方面优势，保障少数民族政治权利和自由，维护国家安定有序。中华民族共同体是 56 个民族的共同体，促进各民族之间的共同发展与繁荣，是我们党长期坚持的目标。尽管现阶段民族地区的发展与东部地区存在一定的差距，但是国家通过实施西部大开发战略、“一带一路”建设等举措，达到保障边疆经济繁荣稳定的目的，从而实现民族利益的最大化。

二、增强大学生的政治认知能力，提升政治素养

（一）加强理论教育

大学生铸牢中华民族共同体意识关键点在于对大学生进行理论教育，将理论内化于心、外化于行。加强大学生理论教育，尤其是政治理论及民族理论的教育，有利于促进思想政治理论教育事业的发展。提升大学生品德素质及道德修养，树立坚定理想信念，对铸牢中华民族共同体意识具有重要作用。高校是中华民族共同体意识培育的主要阵地。因此，高校应该开设相关的政治理论课及民族理论课，并且聘请相关的专家学者对理论知识进行讲解，引导学生进行课堂分析及课堂讨论，使学生增强铸牢中华民族共同体意识。除此之外，在课程结束后以知识竞赛的形式对学生进行引导启发，比赛成绩优异者颁发奖状及奖金。同时，还可以将课堂内容制作成以“中华民族共同体意识”为主题的小册子，并将小册子分发给学生进行研读。

（二）增加校外实践活动

实践是检验真理的唯一标准，中华民族共同体意识的理论知识最终要转化为实践，经过实践的检验最终达到铸牢中华民族共同体意识的目的。大学生长期以受理论教育为主，与实践较为脱节，这样的教育方法不利于学生对知识的深入理解。因此，各高校应该积极引导学生到实践中去，将理论知识与实践相互结合。首先，积极发挥高校共青团的作用，以学院或者班级为单位，采用电影周的方式，组织学生观影，主题包括“近代中华民族抗争史”“中华民族的伟大复兴之路”等，观影结束后以小组为单位进行交流并书写观后感的形式增加对“五个认同”的理解。其次，举办各民族的展示活动。以中华传统和各民族的节日为依托，通过社团举办的方式，对节日的来源进行探究分析。通过对民族服饰、民族风俗习惯、饮食文化的展示，以传统运动项目竞赛的方式，真正做到尊重少数民族的文化，并且对少数民族文化进行传承和发展。最后，高校可以与各级机关部门进行协调，开展高校实践课程，定期安排大学生到教学实践基地开展实践活动。

三、深化大学生的政治情感

（一）宣传爱国主义，培育爱国情怀

自古以来，对各族人民进行爱国主义教育是推动中华民族自强不息的一种重要动力。党和国家一直非常重视大学生的爱国主义教育，要求把爱国主义教育作

为永恒的主题。大学生通过对中华民族历史和传统文化的学习，树立爱国意识，增强民族文化的自信心。大学生通过对民族地区的发展史和文明史的学习，了解到弘扬爱国主义精神的重要性；通过了解新中国成立以来党和国家对民族地区的支持及民族地区取得的历史性成就，意识到安定有序的民族环境有利于民族繁荣与发展。因此，民族地区的前途命运与国家的前途命运相互联系，不可分割，树立爱国意识是实现中华民族伟大复兴的基础。

随着互联网信息技术的快速发展，互联网在给人民生活带来便捷的同时，也受到广大知识青年的喜爱。国家及民族地区可以采用线上线下相结合的方式宣传爱国主义精神。例如，相关部门可以借鉴中国民族宗教网、中国民族网等官方网站，利用微信公众号、微博、抖音及快手等平台对爱国主义精神进行宣传。同时，还可以采用宣传标语、宣传版面、LED 显示屏等形式对爱国主义精神积极进行宣传。这种方式可以使大学生在校内校外都能进行高效学习，从而铸牢爱国意识，树立正确的社会主义核心价值观。

高校可以采用以学院或者班级为团体的组织形式，由共青团设置“民族团结教育和爱国主义教育月”，举办以“弘扬爱国精神”为主题的民主生活会、演讲比赛、主题教育班会，邀请爱国榜样定期开展讲座或者进行访谈。还可以开展“宿舍文化节”活动，以“民族梦、中国梦”为主题进行爱国主义精神宣传。通过问卷调查的方式，事前对举办活动的效果进行预估，可以根据师生的需求和意见，对活动进行设计和改进。同时，可以通过校园广播进行定期宣传，树立爱国主义核心意识，铸牢中华民族共同体意识。

高校充分发挥“人民智云”“学习强国”等主流 APP 优势，号召更多的学生积极参与到平台学习中来，以使学生全方位了解中国共产党的历史及中华民族的抗争史，从而树立爱国主义思想意识。可以采用定期抽查分数的机制，积极推动学生参与到“学习强国”APP 中来，促进大学生养成自主学习、自愿学习的好习惯。

（二）培育文化自信，增强文化认同

多元化是现代社会的一项重要特征。文化认同是最深层次的认同，加强中华民族大团结，长远和根本利益在于增强文化认同。坚定文化自信是实现中华民族伟大复兴的中国梦最基础、最广泛、最深厚的途径。“文化自信”是指主体在对自身文化产生认识的过程时，对自身文化形成一种充分的认可和肯定的意识，从而树立信心。大学生必须坚定文化自信，这既要求大学生不仅要在头脑中形成意识状态，还要表现在实际行动中。只有坚定文化自信，树立铸牢民族共同体的意识，才能促进民族团结、国家统一。因此，从高校的角度来看，高校不仅要让学生树立文化自信的意识，还要纠正部分学生以少数民族文化抵御中华文化的偏差。同时，高校应该引导大学生树立正确的思想意识，即中华民族文化是各少数

民族文化和中华传统文化在长期的社会实践中共同发展而成的。中华民族文化与各少数民族文化之间相互联系、不可分割、缺一不可。

大学生应该积极主动阅读传统文化和民族文化书籍，利用网络媒体平台进行学习，积极投身到校园文化的实践活动中，培养人文精神，树立文化自信的意识，增强文化认同感。

四、坚定政治态度

（一）培育社会主义核心价值观

素质教育要求我们要积极培育和践行社会主义核心价值观，构建社会主义核心价值体系。

社会主义核心价值观是社会主义核心价值体系的重要组成部分，是引领当代大学生树立坚定理想信念、立足长远目标的关键。十八大以来，党提出的 24 字社会主义核心价值观已成为铸牢中华民族共同体意识的重要内容。

高校的思想理论政治课教学是大学生学习社会主义核心价值观的主要方式，一方面可以正确把握社会主义核心价值观的内容，提高学习的效率性；另一方面，通过课堂教学环境，积极引导学生坚定理想信念，树立正确的人生观、价值观。培育社会主义核心价值观不仅应体现在书本教学中，还应体现在大学生的社会实践中。高校应该与相关部门进行协调，设立专门的实践教学基地，定期带学生走访实践基地，促使学生形成、树立正确的人生观、价值观，养成良好的行为习惯。

（二）树立法治意识

法律是维护公平正义的最后一道防线，拿起法律的武器来保障民族团结是铸牢中华民族共同体意识的法律保障。随着社会的发展，大学生应该积极弘扬法治精神，坚守法律底线。高校应该积极引导学生遵守校纪校规，将法治意识内化于心、外化于行；应该加强普法宣传，将法治学习教育融入教材；应该聘请相关领域的专家，以宪法为核心，结合民族地区的实际特点开展主题讲座，将理论与实践相结合，采用案例、视频等方式进行教学；应该以学院或者班级为单位，定期举办以宪法为主题的公益活动、文艺活动等，让学生感受到不仅在校内可以学习到法治精神，在课堂外也能体会到法治精神。同时，应充分运用校园公告栏、LED 电子显示屏等平台，对法律法规进行校园宣传，营造学法、知法、守法、用法的良好氛围。

（作者单位：楚雄医药高等专科学校）

“西畴精神”指引下的西畴跨越式发展探究

尹秀娟

一、“西畴精神”产生的背景

西畴县面积1506平方公里，其中99.9%都属于山区，喀斯特地貌占75.4%。全世界石漠化面积约为2200万平方公里，中国就有200万平方公里，是世界上面积最大、分布最广、类型最齐全的喀斯特地貌国家，其中以滇桂黔地区最为突出，是石漠化重度区，西畴县就处在石漠化最为严重的地区。西畴县人均耕地不足0.8亩，是全国石漠化最严重的县之一。当地老百姓的生活是一种“看山愁，看水愁”的局面。恶劣的自然环境，加上特殊的历史背景加剧了西畴人民住房难、出行难、饮水难、上学难、就医难、增收难等“六难”问题，1978年，一个联合国外科文组织地质专家考察团到西畴考察后，带队的奥地利岩溶学专家菲利普·本鲁恩曾断言——“这是一个基本失去人类生存条件的地方”。

但是，西畴人民是坚强不屈的，西畴县是一块“红色”的奋发有为的土地。1955年，毛泽东同志对西畴县呈报的《一个混乱的合作社整顿好了》一文作出重要批示，并收录在《中国农村社会主义高潮》一书中，成为全国农业合作化运动的一面旗帜，“西畴精神”的“种子”就在这里。

在西畴人民准备建设家园时，战争却来了。西畴县先后经历了20世纪50年代的援越抗法、60年代的援越抗美，特别是70年代末到90年代初的对越自卫反击战，西畴人民“一切为了前线、一切为了胜利”，义无反顾、全力以赴地投入到支前参战中，为保家卫国、捍卫民族尊严做出重大的牺牲和重要贡献。直到1991年中越关系恢复正常化之后才将重心转移到经济建设的轨道上来，所以西畴的发展比其他地区足足晚了10多年。

面对如此的困境，西畴人民不悲观、不气馁，以“逢山开路、遇水架桥”的坚毅勇气，以“石漠压顶不弯腰、贫困面前不低头”的顽强精神，以“誓把劣势变优势、誓把差距当潜力”的执着信念，众志成城向大山进发、与石漠抗争、向贫困宣战，搬开石旮旯要土地、凿开顽石修公路、掀开石窝窝建小水窖、因地制宜植树造林……创造了“搬家不如搬石头，苦熬不如苦干；等不是办法，干才有希望”的西畴精神。西畴人民在战天斗地当中求变，在摆脱温饱的过程当中形成了西畴精神。

二、“西畴精神”的发展

西畴县的人均耕地只有0.78亩，要想靠这点土地养活全县人民基本是不可能的，所以，1990年的冬天，党员干部带着蚌谷乡木者村300多名群众，在乱石丛生的摸石谷点燃了炸石造地的第一炮，300多名群众，奋战105天，垒起保水保土保肥的“三保”台地600多亩，当年种下的杂交玉米实现亩产400多公斤，产量翻4倍，一举甩掉了“口袋村”的帽子。榜样的力量是无穷大的，附近的村村寨寨也像木者村一样自发行动起来，掀起了炸石造地的热潮。从20世纪90年代初起，历届县委、县政府带领群众共治理石漠化140多平方公里，建成“三保”台地10多万亩，人均增加耕地0.4亩以上，最让人震撼的数字，莫过于搬石造地垒成的石埂，加起来长达5万多公里，连起来可绕地球一周以上！

先后修挖了3000多公里的简易公路，西畴县99.9%的面积是山区，老百姓多数居住在大山深处，他们深知只有修路才是唯一的发展出路。在开山辟路的过程中，西畴人民不畏艰辛、不惜代价，用双手谱写了一个个感人至深、催人泪下的故事。

“冬春见水贵如油，夏秋见水遍地流”，是石漠化地区缺水的真实写照。面对吃水难题的困扰，党委政府积极动员群众建水窖“栽水吃”，到目前户均拥有1~2口小水窖。一方面号召群众大力植树造林、封山育林、退耕还林，改善生态环境；另一方面大建沼气池，解决砍树烧火等问题，西畴县也是全省沼气池示范县。

通过西畴人民的不懈努力，西畴县从根本上解决了温饱问题。

三、新时代“西畴精神”的发展

（一）新时代西畴精神之脱贫攻坚精神

从20世纪90年代起，特别是实施国家“八七”扶贫攻坚计划以来，西畴人民用勤劳的双手孕育形成了“苦熬不如苦干，等不是办法，干才有希望”的西畴精神。进入新时代，西畴县坚决贯彻习近平总书记关于脱贫攻坚的重要论述，西畴精神也在决战、决胜脱贫攻坚当中谋变，被赋予了新的时代内涵，新时代西畴精神是脱贫攻坚精神。

建立脱贫攻坚的作战体系，强化基层的战斗堡垒作用，党组织与群众想在一起，苦在一起，干在一起，压实责任体系。把整个西畴精神贯穿于脱贫攻坚的始终，既创造精神，又用精神不断激发群众的内生动力，用身边的西畴精神典型人物教育群众，增强群众自强、诚信、感恩的意识。

按照中央的要求，首先是坚持扶贫对象精准、措施到户精准等（实施六个精准）；其次做到中央的五个一批（发展生产一批，易地搬迁一批、生态补偿一批、发展教育一批、社会保障兜底一批），并探索出了 1 + 4 + N 的脱贫政策体系，确保有能力发展的档卡户能够摆脱贫困，也确保没有能力（劳动力）脱贫的档卡户，至少能享受社会保障兜底；坚持“志”“智”双扶，通过新时代文明实践中心来抓两头，促中间，培训先进典型文明，带动档卡户脱贫，通过培训，也激发了贫困户的内生动力。

西畴县创造了 20 多项典型的脱贫攻坚长效机制，在解决两不愁、三保障的同时，解决群众最迫切的修路问题，县委政府出台了补助政策，对道路进行硬化，与群众达成了占地不补、占田不补、占林不补、占房不补的协议，哪里的群众积极性最高，政府就先支持谁，极大地调动了群众的积极性。

2013 年以来，县财政投入补助资金 2. 2 亿元，带动群众自筹资金 7. 6 亿元，投工投劳 400 多万个，硬化公路 2290 公里，真正达到了四两拨千斤的作用。

村民每人每天五分钱，一年下来 18 元，政府再采取“以奖代补”的方式，聘请建档立卡户担任保洁员，既实现了居住环境整治，又解决了建档立卡户就业增收的难题。“幸福超市”采用积分动态管理机制，通过劳动换取积分，再到幸福超市换取需要的生活用品，破除群众等靠要的思想。为何取名为“幸福超市”？本意就是让老百姓通过劳动获取幸福，体会幸福是靠奋斗出来的。

在脱贫攻坚当中，通过龙头企业，以村集体经济进行二次分配，贫困户能够多分一些，并通过入股的方式，把资金资产化，量化到集体。成立就业协会，提高就业组织化机制，全县 73 个村（社区），都成立了就业协会，通过就业协会，有规模地组织群众外出务工。2020 年外出务工人员虽然受疫情影响，但不降反增，全县外出务工人员增加了 1. 12 万人。西畴县积极探索实施产业 + 就业 + 消费“三重”增收机制，促进产业发展，稳定增加就业，提高就业组织化，同时，产品出来以后，还建立消费扶贫的机制。

西畴县积极实施五种合作模式，建立未贫先防保险机制。未贫先防保险机制是指建立防止返贫保险，每一户 150 元，如果群中出现因灾、因祸、因病、因学、造成贫困的，可以报保险。

与此同时，西畴县还坚持小县办大教育，穷县办富教育的教育扶贫理念。把县乡最好的地块用来建设学校。教育投入是地方财政收入的 3 倍以上，阻断贫困代际传递现象。通过村规民约减少群众的支出，实际上也就是增加他们的收入、减少他们的支出，比如不允许赌博，防止红白事大操大办等。现在家家都有增收业，户户都住安居房，人人都有好保障（医疗保障，教育保障，社会保障）家家吃上安全水，村村都有新变化，群众有很高的获得感和幸福感。

西畴县在脱贫攻坚当中取得如此的成效，离不开各级党委政府，特别是国家高检院、上海虹口区、云南省水利厅、云南省人民医院、云南省冶金集团等挂钩帮扶单位的关心和关怀，所以，在2018年底，西畴县顺利在全州率先脱贫摘帽。

西畴县取得脱贫攻坚的成效，还离不开一条——就是各民族群众拥护核心，扎根边疆，心向中央。西畴脱贫是各民族共同团结奋斗、共同繁荣发展的结果，西畴县各民族，始终坚决贯彻习近平新时代中国特色社会主义思想，始终拥护党的核心，使各民族共居共学，共事共乐，牢固树立了中华民族共同体意识。这也是国家践行不让一个民族落伍，不让一个民族兄弟掉队庄严承诺的体现。

（二）新时代西畴精神之新发展

新时代西畴精神不仅体现在脱贫攻坚上，还体现在发展上。新时代西畴精神践行习近平总书记的绿水青山就是金山银山的新理念，通过采取创新石漠化治理的新模式，探索石漠化地区发展的新路子——“六子登科”模式。

“六子登科”模式成为有效治愈“地球癌症”的石漠化治理有效路径，让西畴县森林覆盖率由20世纪90年代初的25.5%增长到了53.3%，让西畴县成为真正的喀斯特绿洲，为贯彻“绿水青山就是金山银山”理念交出了满意的答卷。

西畴县还把过去的建小水窖转向五小水利工程综合建设，从引水、建水、蓄水、管水、活水五个方面创新治水改水机制。全县建成“五小水利”工程4.3万件，既解决了老百姓的安全饮水问题，又解决了部分农田灌溉问题。通过石漠化综合治理的发展，让秃岭荒山变绿水青山，让绿水青山真正成为金山银山。

新时代西畴精神推动新发展，坚定不移贯彻创新、协调、绿色、开放、共享的新发展理念，让西畴的人均GDP每年增加10%以上，老百姓的收入平均每年增加15%以上，地方财政收入从以前的7000多万元，增长到了如今的2.5个亿。

党的基层战斗堡垒作用是新时代西畴精神的核心，西畴精神是由党组织带领群众创造出来的，先后探索出了“十有十强”基层党组织规范化建设模式，充分发挥领头雁的带头作用。“人人派单、一人一档、九步工作法”的“119”党风廉政建设派单模式，推进各级党委主体责任层层落实，厘清责任，明确主体，精准履职。“1243”巡察模式的推行，使群众的信访案件下降40%，把群众想反映的问题直接在基层解决。

（三）新时代西畴精神之边疆治理

新时代西畴精神还体现在边疆治理当中，党的十九届四中全会提出，要提升边疆的治理能力和水平，所以西畴探索出了“五治融合”举措，加强乡村治理体系建设。西畴曾被列为全国乡村治理体系的治理示范县，为全国提供了示范作用。通过探索“四诊疗法”“四防管控”的社会治理模式，让全县实现了90%以上的村寨能够连续十年矛盾不出村，连续十年不发案，呈现出民风淳、治安好、发案少、人心安、大联防的西畴新现象，这被作为新时代的枫桥经验在边疆民族地区加以推广。

2021年，西畴开启社会主义现代化治理新征程，首先是全面巩固拓展脱贫攻坚成果，制定了18条防止返贫措施、10条边缘致贫帮扶措施、9条确保易地搬迁稳得住、能发展的措施，坚决巩固好脱贫攻坚成果。接下来是推动乡村振兴，特别是发展产业振兴。例如发展生态水果，绿色加工，康养旅游业等。实现乡村振兴，西畴还要走城乡宜居化发展道路，实现城乡一体化。采取“三美三宜”的方式，建设宜居家园。除此之外，还要提升乡村治理的能力，共建共享美丽新家园。

四、“西畴精神”的时代价值

新时代的号角已吹响，西畴人民众志成城，实现了从“三餐不继”到“丰衣足食”，从屋漏房斜到安全稳固住房，从人背马驮到四通八达，从难以养家糊口到收入持续增长，从愁医愁学到文明健康，从满目疮痍到山清水秀的伟大跨越。

“西畴精神”唤起了群众自力更生干事创业的磅礴力量，奏响了一曲曲解决温饱问题的奋斗凯歌，铸就了一条条经验，创造了一个个人间奇迹！2017年3月20日，《人民日报》头版头条刊登了以西畴精神为内容的文章，新华社、新华每日电讯、《农民日报》《云南日报》等媒体纷纷报道，让西畴精神享誉云岭大地，乃至全国。2020年7月30日，云南省委下发《中共云南省委关于学习弘扬新时代西畴精神的决定》，要求在全省组织开展新时代西畴精神学习活动，大力弘扬新时代西畴精神。2020年9月，云南省委授予了新时代西畴精神群体“云岭楷模”荣誉称号。西畴精神成为脱贫攻坚的一种价值追求和特色标识，展现出旺盛的生命力和持久的感染力。

伟大的民族需要伟大的实践，伟大的时代需要伟大的精神，伟大的梦想需要伟大的创造。中国特色社会主义事业是一项前无古人的创造性事业，只有坚持弘扬以爱国主义为核心的民族精神、以改革创新为核心的时代精神，才能使全体中国人民继续保持昂扬向上的精神状态，为实现中国梦注入强大的精神力量。站在新的起点，开启新的伟大征程，今天，我们靠什么来战胜各种风险和挑战，继续创造新的奇迹？答案是以西畴精神、杨善洲精神等，这凝聚成了强大的中国精神。精神的种子一旦萌芽，就有顶起巨石的力量。中国人民弘扬伟大的民族精神、时代精神，共同团结奋斗，中华民族伟大复兴的中国梦一定能够实现。

（作者单位：中共西畴县委党校）

关于高校构建和谐校园的理论思考

李立琼　顾燕兰

和谐校园是和谐社会的重要组成部分，高校构建和谐校园既是构建和谐社会的本质要求，也是高校改革与发展的内在要求。民主法治、公平正义、诚信友爱、充满活力、安定有序的校园是和谐校园的主要特征。构建和谐校园是一项复杂的系统工程，要从坚持以人为本，建立和谐的建校理念；加强人际沟通，建立融洽的人际关系；倡导先进文化，营造和谐的人文氛围；加强制度建设，建立科学规范的治校机制等方面着手。

构建和谐社会是全人类的共同目标和理想，也是我国实现社会主义现代化目标的内在要求。按照系统论的观点，社会由诸多的子系统组成，唯有各子系统和谐，才能实现社会和谐。高校作为教育和社会大系统中的一个子系统，担负着培养担当民族复兴大任的时代新人、培养德智体美劳全面发展的社会主义建设者和接班人的重任，应自觉承担建设和谐社会的历史任务，努力构建和谐校园，为构建社会主义和谐社会作贡献。

一、高校构建和谐校园的必要性

重和谐、尚中道是中国文化的基本精神。不论是儒家的修身、齐家、治国、平天下，还是道家的道法自然和无为而治，无一不把追求和谐当成终极目标。法家则主张利用严格的规章制度来消除社会各阶级之间的矛盾，以有效、稳健地建成和谐社会。墨家的“兼爱”“非攻”的思想追求的也是一种和谐的人际关系和社会关系。2004 年，党的十六届四中全会首次完整提出“构建社会主义和谐社会”。可见，和谐社会是中华民族从古至今一直追求的目标。构建和谐校园既是构建社会主义和谐社会的重要组成部分，也是高校自身发展的内在要求，没有和谐的校园，便没有学校的持续、稳定、高效发展。

（一）构建和谐校园是构建和谐社会的本质要求

社会的和谐首先是观念的和谐和思想的和谐，是文化和价值观的和谐，肩负着传承文化和创新文化的高校在其中发挥着重要的作用。这是因为，高校是思想意识集中地、理论阵地和辐射源，它不仅能为社会提供人才和科学技术的支撑，而且能为社会的发展提供思想保证、精神动力、智力支持，营造良好的文化氛围。所以，和谐校园是和谐社会的重要组成部分，高校构建和谐校园，在构建和谐社会中具有举足轻重的作用。高校如果把和谐校园构建好了，进而发挥其示范和辐射作用，就能有效推动整个社会的和谐。

（二）构建和谐校园是高校改革与发展的内在需要

高校构建和谐校园，是提升学校品位、丰富学校内涵、争创学校品牌、增强学校竞争实力的需要。当今时代，国际竞争越来越突出地表现为综合国力的竞争、科学技术的竞争和人才的竞争。随着经济全球化浪潮的进一步加剧，世界范围内的高等教育竞争也日益激烈。高校要顺利地实现规模扩张和质量提升，建设成为高水平的大学，必须正确处理好各种关系，妥善协调各方利益，保持办学规模、速度、质量、效益协调发展，以教师为本、以学生为本，以提高教学质量和育人为中心。构建和谐校园，可以充分发挥学校的组织功能，排除和避免学校成员之间和个体内心的冲突，使其认识一致、感情融洽、行动协调，增强组织的凝聚力、向心力，这必将为高校的改革与发展、大学生的成人成才注入活力，提高教师教书育人的积极性和大学生学习的主动性，从而提高教育教学的质量，增强学校可持续发展能力，以保证学校在高等教育激烈竞争的严峻形势中有自我生存与发展的空间。

二、高校和谐校园的主要特征

和谐作为一种思想，并非指完全统一，而是指事物协调、均衡、有序的发展状态，即“和而不同、求同存异”。具体延伸到和谐校园，主要是指学校协调、均衡、有序的发展态势。也就是说，校园内学生、教师、管理人员和其他教辅人员之间和而不同、互相尊重、平等互利、团结友爱，学校的各种要素之间处于相互依存、相互协调、相互促进的状态。那么，高校和谐校园应具有民主法治、公平正义、诚信友爱、充满活力、安定有序等几个方面的特征。

（一）民主法治的校园

民主法治是和谐校园最根本的指导原则和最重要的运作机制。俗语说：火车跑得快，全靠车头带。构建大学和谐校园的关键是要有一个好的领导班子，能以和谐的理念和方法实施人文化的民主管理，依法治校，正确处理学校与国家、社会的关系，合理安排学校的规章制度、规则程序、合作参与、责任分担、利益共享等问题。只有将民主法治引入学校事务治理的过程中，才能有效克服官僚作风可能造成的弊端，从而提高社会结构的协调性和社会发展的合理性。

（二）公平正义的校园

公平正义是和谐校园的基本原则。和谐校园的公平正义，就是学校把各种任务、要求和教师、学生的感情、利益、发展需要结合起来，在合理合法、坚持原则的基础上，创造各尽所能、各得其所的激励和分配机制，使学校各方面的利益关系得到妥善协调，各种矛盾得到及时有效的化解。在校园内，不论什么人，都可以通过公平竞争获得自身的利益，促进学校和个人共同发展。

（三）诚信友爱的校园

诚信友爱是和谐校园的道德基础。和谐校园就应该是师生员工团结互助、诚实守信、平等友爱、和睦相处的校园。这样的校园可以最大限度地减少学校各种内耗和摩擦，构筑起良好的人际关系，从而有利于个体的身心健康和事业的成功，使学校成员之间形成巨大合力，实现学校整体利益的最大化，增加学校的价值认同和凝聚力，使人们在彼此信任和相互关爱中，感受到做学校一员的骄傲和自豪，感受到做人的价值和尊严，体验到生活的美好和人生的幸福。

（四）充满活力的校园

充满活力是和谐校园的重要标志。充满活力，意味着学校能够最广泛、最充分地调动各方面积极因素，使一切有利于学校发展的创造思想和愿望得到尊重、创造活动得到支持和鼓励、创造才能得到发挥、创造成果得到肯定。

（五）安定有序的校园

校园运行安定有序是学校全体师生普遍的渴望和需求。校园安定有序，就是学校的规章制度健全、管理完善，教育教学秩序良好，师生员工安居乐业，校园保持安定团结。这不仅可以为师生提供一个安定有保障的生活环境和一种有安全感、信任感的心理氛围，而且可以发挥学校对社会的影响教育功能。

三、高校构建和谐校园的思路

构建和谐校园是一项艰巨而又复杂的系统工程，学校需要努力探索构建和谐校园的新思路、新途径。

（一）坚持以人为本，建立和谐的建校理念

学校管理的核心是对人的管理。人有思想，有感情，有种种复杂的心理状态。因此，构建和谐校园，学校领导应坚持以人为本的理念，把人的生存和发展作为最高的价值目标，一切从人民群众的需要出发，促进人的全面发展，实现好、维护好、发展好人民群众的根本利益。在学校管理中，教师和学生是学校的主体、发展的主体、管理的主体要素。坚持以人为本，就是坚持以师生及其发展为本，确立其在管理中的主体地位，尊重理解、信任依靠、关心爱护、主动服务师生，为师生的发展创造条件，尽最大努力满足师生的发展需求，切实保障教师在经济、政治、文化方面的权益，充分调动师生的积极性、主动性和创造性，促进师生自由全面的发展，实现学校的长远发展目标。

在市场经济的影响和冲击下，大学不再是传统观念中的所谓“净土”，师生的认知、情感、行为因素等构成的动态系统越来越复杂。在大学管理中，如何使学校全体成员有共同的目标、价值观、使命感，理想、信念一致或相似，增强学校认同感，是构建和谐校园的思想基础。这需要学校采取各种措施，通过多种途径来进行。比如，通过有计划、有步骤地组织教师深入学习，强化对教师的思想政治教育、职业道德教育等，提高教师的思想觉悟水平和道德素质，使教师具有共同的理想和信念，树立正确的世界观、人生观和价值观，促使教师人际关系和谐，并根据社会发展需求和本校实际，尊重民意，广集民智，在民主的氛围中动员广大教师参与学校教育目标的制定，使教师从学校目标中看到自己的切身利益，引导教师根据学校目标和自身实际，确立恰当有效、境界较高的个人目标，使学校目标和个人目标有机融为一体。如果师生从思想上、情感上认同自己的学校，就会积极投身到学校改革与发展的实践中去，使学校充满活力。

（二）加强人际沟通，建立融洽的人际关系

人际沟通是人与人之间直接进行的信息交流，具有心理联系、行为协调、心理保健等功能，是人际关系维持和发展的基本手段。校园的人际关系主要包括师生之间的关系、教师与教师之间的关系、学生与学生之间的关系。然而，大学里的人际关系怎样呢？师生关系本是学校最基本的人际关系，但在传统的“师道尊严”的影响下，师生之间缺乏双向的情感交流和平等的合作沟通，严重地削弱了教育效益。教师与教师之间的关系由于大学专业多、分科细，系室部门较多，加上竞争机制的引入，教师之间为聘任考核、职称晋升、科研课题申报等都存在竞争，加之“文人相轻”传统的影响、教师承担教学和科研的任务重等原因，教师之间平常交往少，沟通不多。学生与学生之间的关系，由于各自有不同的生活环境、生活习惯、家庭状况，在交往中有很多不确定因素，变化快，倾向性不鲜明，容易产生怀疑、猜忌的心理，危害着本来就脆弱的人际交往能力，影响了学生之间的正常交往。

要构建和谐校园，必须加强人际沟通，优化校园人际关系。高校应创设人际交往的条件和良好的群体心理氛围，比如，定期组织召开经验交流会、座谈会、联谊会，开展教研、文艺、体育活动，为师生提供各种交往的机会，促进知识、经验、意见的交流，加深彼此间的了解和互信，及时消除彼此间的心理隔阂，化解矛盾。积极推崇诚信友爱，引导师生按照诚信原则进行人际交往，认真践行真诚守信，相互尊重、相互支持、相互谅解，珍惜和发展友谊，增强群体归属感，从而使人际关系和谐。对于师生之间的关系，应该倡导互相平等的交流，强化教师“关爱学生，服务学生”的意识，优化教学，以诚为本，在学生心目中树立教师是引路人、帮助者、可信赖的良师益友形象。当教师之间、学校领导者与教师之间，因职称评定、业务进修、评选先进等造成竞争，或由于目标不同，利益差别、工作关系和行为方式等产生矛盾时，因嫉妒、压制别人、猜疑他人或搬弄是非等产生矛盾，发生意见分歧，产生心理冲突时，应通过心理位置的互换，容人之长、容人之短、容人之过、容人之言，采取较为妥当的方式和行动进行调整和处理。“己所不欲，勿施于人”，要消除误会，防止和减少内耗，避免过激或对抗的行为，求得矛盾的解决，促进心理相容。

（三）倡导先进文化，营造和谐的人文氛围

建设先进和谐的校园文化，是构建和谐校园的动力源泉。先进和谐的校园文化既包括浓厚的学术氛围、丰富的文化生活、和谐的人际关系、文明的生活方式、良好的校园环境、共同的价值取向，还包括优美的校容校貌、特色鲜明的校园建筑、较高的绿化度和教学科研设备水平等。

师生既是校园先进文化建设的主体，也是先进文化建设的客体；既是校园文化的创造者，又是校园文化的接受者。大学生是高校校园文化最积极、最有生气、最富有好奇心和想象力、最具有实践精神和进取精神的力量，应通过开设必修课和选修课，加强对理工科学生的人文素质和人文精神的教育和培养，加强对文科学生的自然科学教育。组织丰富多样、健康有益的学术、科技、艺术、体育等活动，提升大学生的文明素养、审美能力、艺术修养、拼搏精神和团队意识。构建先进和谐的校园文化，必须坚持用校园文化所蕴含的人生信仰、道德观念、审美情趣等文化因素引导人、塑造人，坚持校园文化建设与人才培养目标相融合、与教师教育事业需要相融合，努力改善和优化学校心理环境，提高教师的思想素质，创建良好的集体心理气氛，形成具有良性竞争又团结协作的学术环境。此外，还应把校园环境的建设纳入文化的氛围，赋予其文化的内涵，就像著名教育家苏霍姆林斯基所说的那样，“让学校的每一面墙壁都开口说话”，使师生从中受到熏陶和感染，促进学校物质文化环境与精神文化环境的和谐发展，为学生成长和教职员工的发展营造舒适优美的校园环境和宽松和谐的人文氛围。

（四）加强制度建设，建立科学规范的治校机制

加强制度建设是构建和谐校园的重要保证。制度建设包括学校管理方面的规章制度，各部门职责的规章制度、党风廉政建设的规章制度和学校安全稳定的规章制度等方面。构建和谐校园，要把制度建设始终贯穿于学校建设与发展之中，建立健全科学的制度体系，完善领导体制，规范治校机制。一方面要通过制度创新不断完善党委领导下的校长负责制；另一方面要切实加强领导班子尤其是党政一把手的思想和作风建设，提高领导班子的团结力和战斗力。用制度来规范和调节各种关系，使学校一切活动有制度可依、有制度可循。建立公正、公开、透明的管理机制，健全决策落实机制和责任追究制度，加大对制度执行情况的监督检查力度，定期对重要决策的执行情况进行跟踪反馈。从高校的特定环境来看，还需要重视学校学术组织的建设，正确处理好行政权力与学术权力的关系，充分发

挥教职工大会、学术委员会、工会、共青团、学生会等组织的作用，使社会主义民主得到充分发扬。只有这样，才能切实提高治校的科学化、民主化、规范化，从制度上保证校园的公平正义。

总之，教育承担着构建和谐社会的重要责任。构建和谐校园，有利于建设和谐社会，适应时代的发展要求；有利于促进师生全面发展，实现学校管理目标，提升学校办学效益。但构建和谐校园是一项艰巨而又复杂的长期工程，需要随着教学、科研和学校的发展而不断推进，我们要始终用和谐的理念推进学校持续稳定健康的发展，以服务求和谐，以发展促和谐，以制度保和谐。

（作者单位：昆明学院）

媒介融合语境下大学生媒介素养教育探析

李　杉　马晓丹

媒介素养是指人们对各种媒介信息的解读和批判能力以及使用媒介信息为个人生活、社会发展所用的能力。媒介素养的实质是信息接收者怎样正确处理与媒介的关系问题。随着媒体技术的快速发展，传统媒体与网络媒体、移动媒体等正在融合，越来越多的信息正在以数字化的形式、通过各种数字媒介渠道被传送到受众。大学生也常常是新媒体的尝试者和信息的传播者。与此相应，媒介素养教育，就是指导学生正确理解、建设性地享用大众传播资源的教育，通过这种教育，培养学生具有健康的媒介批评能力，使其能够充分利用媒介资源完善自我，参与社会发展。

一、大学生媒介素养教育现状及存在的问题

作为一个求知欲强、易接受新生事物的知识分子群体，大学生有着较高的文化素养和思维、情感和心理需要，同时，通过网络表达自己观点和看法也是大学生自我认知、自我实现的需要。在网民身份识别中，学生所占的比例最大，占到30%，学生网民规模达到1.36亿人，由此可以说明：互联网的主要用户群是青年大学生，他们接触和使用媒介非常频繁，因此他们的思想和行为必然会受到网络舆情的影响。加强校园网络文化建设，充分发挥网络的正面作用，有利于促进大学生健康成长。

然而，大学生媒介素养现状不容乐观。目前，我国高校学生的媒介素养整体水平不高，大学生媒介素养侧重在媒介的技术层面，相当一部分学生对媒介的道德规范认识比较模糊。随着信息技术与经济、社会的迅猛发展，我国传统相对单一、同质的媒介形式和媒介内容正日趋多样化，这使得我国大学生面临着空前复杂的媒介环境。以数字技术为核心的网络媒介平台的发展，大大扩展了大学生所能接触的信息和内容。大学生在拥有更多资源条件和资讯选择空间的同时，也面临着更加复杂的成长环境。大学生渴望认知和了解新事物，并对新事物有极强的感知能力和接受能力，在行为上，他们往往表现出对旧事物的排斥和对新体验的追求。然而，大学生的心智相对还不太成熟，对信息辨析力还较弱，很容易迷失

在海量信息中。大学生们难以对媒介传播信息的方式和信息本身作出更为准确的评价，难以将自身的信息需求与媒介所提供的内容有效联系起来，难以有效地辨别信息的价值，也因此难以充分有效地利用媒介资源。这就需要高校积极探索媒介融合时代大学生媒介素养教育的教育模式，有效加强媒介素养教育，提高大学生信息辨析能力，使他们在被各种媒介信息包围的环境中作出明智的选择。

二、提高大学媒介素养的重要意义

（一）有助于增强大学生的判断意识、提高甄别和分析能力

我们所处的媒介环境分为积极的媒介环境与消极的媒介环境，信息既可能是真实的，也可能是虚假的；既可能是全面的，也可能是片面的；既可能是高雅的，也可能是低俗的；既可能是正确的，也可能是错误的；等等。提高大学生媒介素养的最重要的意义是有助于增强他们对信息的判断意识，提高甄别、分析和思辨能力，从简单地盲目接收转变到有选择地理性解读。大学生接受了相关的媒介素养教育，就可以借助自己的媒介知识，通过分析信息出处的权威性高低，寻找其他媒体进行印证，根据自己的媒介经验进行判断等方式，对接收的信息作出较为客观的判断。而这种判断的过程正是他们进行理性思维的过程，有了这样一个缓冲的区域，就能在一定程度上减少非理性行为。

（二）有利于提升高校文化层次和品味，构建和谐校园

和谐校园重点来自师生之间的和谐，而师生之间的和谐来自他们交流沟通的顺畅。实际上，因为高校连年扩招，师生之间交流沟通的时间少了、机会少了，师生的情意少了，关系似乎没有以前那么融洽了，甚至有些产生了隔膜。现在，校园网给师生之间创造了一个很好的平台，但是这个平台需要软件环境的支撑，需要师生共同提高自身的网络媒介素养，有技巧地、恰当地使用这个平台。如果师生双方都能够恰当地利用这个新的媒介渠道，那么师生之间的沟通就可随时随地进行。师生交流机会的增加，就会减少误解，关系自然就融洽，和谐校园的构建就有了基础。

三、提高大学生媒介素养教育的对策

面对日益复杂的信息传播语境与格局，开展大学生媒介素养教育、提高大学生的媒介批判能力与意识，既是当代大学生自我成长成才的需要，又是大学生完全社会化、成为信息时代合格公民的需要；既是高校的素质教育工程，又是一项社会的战略工程。

（一）高度重视对学生媒介素养教育

美国著名未来学家托夫勒认为：“谁掌握了信息，控制了网络，谁就拥有了

世界。”这就说明网络媒体在现代社会中的重要性。然而，网络信息良莠不齐，既有大量健康、进步、有益的信息，也有一些反动、迷信、低俗的内容。国内外的敌对势力也竭力利用网络信息超越国界传播的渗透性特点同我们党和政府争夺群众、争夺青年。美国前国务卿奥尔布赖特在论及我国时曾说：“中国不会拒绝网络，拒绝网络就是拒绝现代化。中国只要不拒绝，我们就有武器。”西方国家利用网络对我国进行“西化”“分化”的企图毫不掩饰。由此可见，互联网已经成为思想政治工作一个新的重要阵地。江泽民同志曾强调指出：“意识形态领域，社会主义思想不去占领，资本主义思想就必然去占领。”① 这就要求高校思想政治工作者要高度重视，始终牢固树立强烈的阵地意识，既当把关人，又当引路人，以实际行动赢得青年。当代大学生肩负着建设国家的重任，他们能否接受和怎样接受良好的媒介素养教育，树立正确的人生观和价值观，特别是在网络时代能否抵御不良文化的侵袭，这关乎整个社会的和谐发展和整个民族的未来。因此，高校要认真研究网络的特点，密切关注网络发展新动向，善于利用这个重要平台开展工作，迎接挑战，掌握网上斗争主动权。

（二）切实转变观念，坚持正确的传媒导向

高等学校的功能不仅体现在传授专业知识与培养技能上，而且体现在全面促进大学生形成正确的人生观、价值观、世界观，良好道德观，以及积极、健康向上的人格上。传媒本身所具有的宣传、教育、鼓励、引导和批评等思想政治教育功能决定了其必须努力宣传党和政府的路线、方针、政策，揭露社会丑恶现象，在高校，传媒还负有把学生的思想、行为引导到正确轨道上来的职能。

党中央高度重视网络文化建设和管理，在我国互联网等信息网络快速发展和普及、网络文化建设和管理面对前所未有的机遇和挑战的关键时刻，胡锦涛同志曾发表以创新的精神加强网络文化建设和管理的重要讲话，及时作出总揽全局的战略部署。教育部原副部长李卫红曾指出，高校思想政治教育工作要充分关注网络新媒体的影响，主动研究、积极利用网络新媒体为思想政治教育和学校稳定工作服务，不断丰富工作的新手段，开拓育人的新空间。因此，面对日益复杂的信息传播语境与格局，指导当代大学生正确理解并建设性地享用大众媒介信息和各种信息资源，使其能够充分利用媒介资源实现自我，参与社会发展，这就要求高校这一主要教育机构要担当起教育主力军的角色，切实转变观念，在政府的宏观指导下，实施媒介素养教育，努力将现代传媒与高校学生的思想政治教育结合起来。从根本上讲，就是要坚持马克思主义在意识形态领域的指导地位，坚持用毛泽东思想、邓小平理论、“三个代表”重要思想、科学发展观和习近平新时代中

---

① 江泽民论有中国特色社会主义（主题摘编）［M］. 北京：中央文献出版社，2002：407.

国特色社会主义思想统领社会主义传媒文化建设；要坚持正确的传媒导向，始终坚持把社会效益放在首位，自觉抵制西方落后文化对大学生的不良侵蚀，努力传播社会主义先进文化，塑造美好心灵，弘扬社会正气。

（三）加强网络道德教育，提高大学生网络道德素质

在通识教育的过程中对大学生进行媒介素养教育，变媒介消费的自发状态为自觉状态，提高他们的信息免疫力。在思想道德教育教学过程中以注重培养大学生对媒介社会的责任感与能动参与精神为最高追求，增加“网德”教育，促进大学生自觉树立网络自律意识，培养大学生内在的网络道德意识、道德意志和道德责任，形成正确的网络道德，教育大学生在纷繁复杂的网络文化面前坚定信念，把握方向，拒绝堕落。

四、结　语

媒介素养教育是大学生素质教育的一部分，良好的媒介素养可以提高大学生对媒介传播信息的批判能力，使他们能自觉抵制不良信息的影响。大学生通过媒介素养教育可以提高自身修养，掌握媒介传播的知识与技能，更好地参与国家和社会事务，这对增强国民素养、弘扬民族文化、推动国家和民族发展等都有积极意义。

（作者单位：昆明学院　宁波大学）

推进高校马克思主义大众化载体与路径探析

马　宁　马晓丹

高校推进马克思主义大众化，最重要的是要用中国特色社会主义理论体系武装大学生。大学生是未来中国特色社会主义事业的建设者和接班人，让他们在大学期间受到良好的中国特色社会主义理论体系教育和熏陶，打下较为扎实的马克思主义理论功底，形成良好的理论素养，他们才能更好地肩负起实现中华民族伟大复兴的历史使命，才能确保我国社会主义现代化事业后继有人，使社会主义现代化事业在中国特色社会主义理论体系指导下永续健康发展。

一、高校推进马克思主义大众化的存在问题分析

高校推进马克思主义大众化，用中国特色社会主义理论体系武装大学生，采取什么样的载体和路径最有效，这是马克思主义大众化所要研究和解决的重大课题。多年以来，理论界和教育界一直较为关注，并为之进行了艰辛探索，虽取得了较好成果，但还存在一些不足，仍需继续加强和改进。

（一）用中国特色社会主义理论体系武装大学生的教育教学效果有待提高

一是相当一部分学生对思想政治理论教育仍存在厌学情绪和冷漠态度。受“告别革命”“远离崇高”“不谈政治”“少说主义”等思潮的影响，相当一部分学生对思想政治理论教育兴趣不浓，缺课、逃课、旷课，上课打瞌睡和干其他事现象仍然普遍存在，到课率、听课率尚不理想。

二是相当一部分学生对思想政治理论教育存在排斥倾向、逆反心理和信任危机。自觉不自觉地将思想政治理论教育视为“洗脑”，讲空话、大话、套话。大学生中程度不同地存在对马克思主义的信仰危机、对共产党执政的信任危机和对社会主义制度的信心危机，对民主社会主义、新自由主义、西方价值观、人生观、政治观盲目崇拜等现象。

三是部分思想政治理论课教师的教学缺乏吸引力、说服力、感染力，照本宣科、看图说话、诠释 PPT，知识陈旧、方法简单，缺少逻辑感召力和艺术吸引力。有的年轻教师自己基本功不扎实，讲起课来底气不足，缺乏自信，没有说服力。

（二）用中国特色社会主义理论体系武装大学生的载体和路径单一，缺乏活力

用中国特色社会主义理论体系武装大学生的载体和路径过于单一、呆板，缺乏活力和效率。不仅思想政治理论课主渠道、主课堂效果不佳，而且其他渠道与阵地有的形同虚设，有的根本没有建立起来。如党团活动流于形式，社团组织作用甚微，专业课堂思想教育淡化，人文社会科学教书育人不被重视，校园文化和校园环境育人功能退化。

（三）用中国特色社会主义理论体系武装大学生尚未得到全社会的进一步配合与支持

用中国特色社会主义理论体系武装大学生是一项社会系统工程，需要全党上下和全社会的积极配合和大力支持，才能形成合力，收到良好效果，而目前效果却不容乐观。从社会大环境看，用中国特色社会主义理论体系武装大学生主要是由学校单方面支撑，而其效果被社会负面影响和党内的消极腐败现象大打折扣和消解。从学校自身的小环境看，用中国特色社会主义理论体系武装大学生主要依靠思想政治理论课教师支撑，没有得到全校上下的全力配合理解和支持。

（四）对用中国特色社会主义理论体系武装大学生的载体和路径的理论研究相对滞后和薄弱

实现当代中国马克思主义大众化，做好中国特色社会主义理论体系武装大学生工作，需要科学研究、理论指导、集体攻关、典型调查、总结经验，并将其升华为理论以指导实践。但现实状况是理论界对此研究兴趣不浓、关注不够、研究不力、投入不足、成果不多，理论研究相对滞后和薄弱。

二、推进高校马克思主义大众化要高度重视载体创新与拓展

推进当代中国马克思主义大众化的载体创新与拓展，最重要的是要从思想政治理论课单一渠道向多渠道拓展，由学校教育孤军奋战向社会系统工程拓展，在学校和全社会构建全方位、广覆盖、立体化、多渠道、网络状的大学生理论武装系统。

（一）充分发挥思想政治理论课教育教学在推进马克思主义大众化和大学生理论武装中的主渠道、主课堂作用

高校思想政治理论课教育教学，是对大学生进行马克思主义理论武装的主渠道、主阵地。一方面，高校党委要从培养社会主义建设者和接班人的战略高度重视和抓好思想政治理论课建设，从制度上确保党中央规定的思想政治理论课的课时、学分不减少，必修课地位不改变，投入有保障。另一方面，要高度重视思想政治理论课教学的改革创新，确保思想政治理论课教育教学的准确性、完整性和系统性，增强针对性、现实性，提高吸引力、说服力、感染力和教学效果，使思

想政治理论课教育教学在高校推进马克思主义大众化过程中真正起到主渠道、主课堂作用。

（二）充分发挥人文社会科学课程在推进马克思主义大众化和大学生理论武装中的教育功能

这些年来，大学的人文社会科学课程程度不同地存在两种不良倾向：一是把人文社会科学课程知识化、专业化、非意识形态化；二是有的教师在人文社会课程教学中存在盲目崇拜和宣扬西方思想文化倾向。在大学期间，无论什么专业的学生都或多或少地要开设人文社会科学课程。而人文社会科学不同于自然科学，大多具有较强的思想性和意识形态性质。因此，在大学的人文社会科学课程教学中，要潜移默化地渗透马克思主义立场、观点、方法和中国特色社会主义理论体系教育，充分发挥人文社会科学课程在推进马克思主义大众化中的教育功能和辐射作用，而不能将其非意识形态化。

（三）充分发挥学校党团活动在推进马克思主义大众化和大学生理论武装中的辅助作用

学校党团活动主要是党员团员开展组织生活、思想交流和理论学习的重要载体。但这些年来，学生党团活动的政治教育功能、理论学习功能逐渐淡化和弱化，程度不同地存在把党团活动娱乐化、边缘化、放任自流的倾向，有的则流于形式，没有实效；有的则是被冲击，没有保障。高校党委、团委要牢牢抓住学生党团活动这一载体，对学生进行政治教育，充分发挥党团活动在推进马克思主义大众化中的辅助作用。为此，一要强化党团活动的政治教育和理论学习功能，加强对党团活动开展理论学习的引导和指导；二要规范党团活动的内容，加强对党团活动的管理，确保学生党团活动的质量和严肃性；三要改进学生党团活动的方法和形式，努力提高学生党团活动理论教育的有效性。

（四）充分发挥学生社团在推进马克思主义大众化和大学生理论武装中的自我教育作用

学生社团是大学生自我教育、自我学习、自我成才的重要载体，不少学生对此表现出浓厚的兴趣。但现在的学生社团活动明显存在重学术、重交际、重娱乐、轻理论学习和理论研讨的倾向。学校要充分利用社团这个载体引导学生加强理论学习与理论研究，主动用中国化马克思主义占领学生社团这一思想文化阵地，充分发挥学生社团在推进马克思主义大众化中的自我教育作用。为此，一要积极支持和扶植理论性社团，为其选配好指导教师，扎实有效地开展理论学习与理论研究；二要引导其他社团积极开展马克思主义理论学习和研究；三要防止自由化思潮侵蚀和占领学生社团这一思想文化阵地，指导和帮助学生社团提高对资产阶级自由化思潮的识别力、抵抗力和免疫力。

（五）充分发挥校园文化在推进马克思主义大众化和大学生理论武装中的潜移默化的影响作用

校园文化和校园环境对学生具有“春风化雨、润物无声”的潜移默化的影响作用。高校领导要有意识地利用校园文化和校园环境这一载体去营造崇尚理论、学习理论、钻研理论的浓厚氛围，让校园文化和校园环境给学生以理论熏陶，从而引发和培育学生学习研究理论的兴趣。如利用学校的校报、电台、广播站、网站、墙报、宣传橱窗等不拘形式地开展理论宣传教育；经常组织各种有助于推进马克思主义大众化的理论沙龙、专题讲座、学术报告、课题研讨等活动；利用学校的展览馆、陈列室和荣誉室等展示和宣传马克思主义大众化的学习活动与研究成果；在校园设置马克思主义经典作家的名言警句、名著经典等标牌或雕塑，设置科学家、革命家等名人名家肖像，使其发挥对学生潜移默化的引导和影响作用。

（六）充分发挥专家、学者、领导等在推进马克思主义大众化和大学生理论武装中的引领作用

党政机关领导、科研院所和高校的专家学者、企业家、“关工委”中的老干部、老军人等，有的有工作实践经验，有的有很高的学术造诣和理论水平，有的有非凡的人生经历，请他们给学生讲理论、做报告、谈形势，对学生有新鲜感、权威性和吸引力，能收到事半功倍的效果。因此，高校党委要利用党和国家召开重要会议、国际国内重大事件、重要纪念日等重要时间节点主动地、经常地邀请他们等给学生做报告，既向学生讲革命传统和红色经典，又介绍理论前沿，传播最新理论成果，解答学生的问题与困惑，给学生以正确的理论引导和舆论导向。

（七）充分发挥媒体在推进马克思主义大众化和大学生理论武装工作中的舆论引导和影响作用

党报党刊、电视广播和政府网站等媒体所传播的信息和内容，大多展示的是党和国家的重要方针、政策，具有强烈的导向和示范作用，是做好大学生理论武装工作最鲜活的教材。因此，高校要充分利用党报党刊、电视广播和政府网站等媒体对学生进行正确的舆论引导和理论教育与熏陶。学校要创造条件转播央视央广新闻节目，并组织学生收听收看，班级也可以订阅党报党刊，让学生在正确舆论引导下接受中国特色社会主义理论体系潜移默化的教育和熏陶。

（八）充分发挥电视电影作品在推进马克思主义大众化和大学生理论武装中的思想感化和艺术熏陶作用

弘扬主旋律的电影、电视和政论片等集思想性、娱乐性、艺术性和理论性于一体，是对青年学生进行思想理论教育和熏陶的重要载体，用这种寓教于乐的形式对学生进行思想理论教育和熏陶最具感召力、吸引力，也最受学生欢迎。一方面，国家要多生产弘扬主旋律的影视作品，以引领社会，教育国民；另一方面，

高校要定期或不定期地给学生播放主旋律电影、电视、政论片等，让学生从中了解更多的红色经典和革命传统，并组织学生谈感想、写体会、开展影评等征文或知识竞赛等活动，使学生在轻松愉悦中受到正确引导和熏陶。

（九）充分发挥优秀文学作品和政治理论书籍在推进马克思主义大众化和大学生理论武装中的引导和影响作用

优秀的文学作品和政治理论与励志书籍在理论武装中具有不可替代的引导和影响作用。学校应创造条件引导学生好读书、读好书，从优秀文学作品和政论书籍中接受理论熏陶和教育。学校应经常在学生中开展读书活动，定期或不定期地给学生开出指定阅读书目，在学生中开展写书评、写读后感等征文与研讨活动。

（十）充分发挥社会实践在推进马克思主义大众化和大学生理论武装中的第二课堂作用

社会是大学生的最好课堂，实践是大学生学习、消化、理解理论的重要途径。学校要充分利用寒暑假、节假日，或分散或相对集中时间有组织地安排学生到企业、乡村、街道社区、军营等社会大课堂中去体验生活、调查研究、挂职锻炼，让学生在社会实践中服务社会、增长才干、经受锻炼、接受教育，深化对中国特色社会主义理论体系的理解与认识。

三、推进高校马克思主义大众化路径在于改革和创新思想政治理论课教育教学方法

高校推进马克思主义大众化，用当代中国马克思主义武装大学生，最重要的是要使作为主渠道、主课堂的思想政治理论课教学效果有提升。为此，思想政治理论课教育教学必须深化教学改革，提高教学艺术，在教学方法上有所创新和突破，创造和构建学生喜闻乐见的新的教学模式。

（一）构建既能发挥老师主导作用，又尊重学生主体地位的主导主体结合型思想政治理论课教育教学模式

首先，思想政治理论课教学要充分发挥教师的主导作用。一方面，教师要从思想上主导课堂，成为课堂教学的“主心骨”，给学生以正确的思想引导和影响。为此，教师既要以自身的坚定信仰、人格魅力和高尚品德影响学生，让学生从教师的言传身教中相信和接受所传授的理论；又要合理组织和管理好课堂教学，有效地激发和调动学生的学习兴趣和积极性，活跃课堂学习气氛，提高课堂教学效果，使课堂教学管而不死，活而不乱。另一方面，要发挥教师主导作用，不搞“一言堂”“家长制”和“师道尊严”，教师不能以自我为中心，对学生居高临下。

其次，要充分尊重学生的主体地位。一是教师要按现代教育理念要求，坚持以学生为本，尊重学生的主体地位，让学生主动参与到教学中来，全面调动学生

的积极性。教师要了解和找准学生的需要和兴奋点，认真听取学生对教学的意见和评价，从学生实际出发制定教学计划；要引导和鼓励学生走上讲台，或讲课，或发表演讲，或展示自己课件与作品；要让学生主动思考问题、提出问题、回答问题、解决问题，使学生忙起来、动起来、活起来，培养学生参与兴趣，体验参与乐趣，提高参与能力；要让学生多一些自我学习、自我教育、自我管理，使学生真正成为课堂的主人和主体。二是教师既要教学生，又要向学生学习。教师要把学生当成课堂教学的主人、主体、合作伙伴。现在的大学生信息量大、知识涉猎广泛、看问题视角多维、思维活跃等，有好多方面是教师所不及的。因此，教师既要把学生看作知识的需求者和接受者，认真做好知识传授工作；又要把学生看作知识的供给者，放下架子自觉地向学生学习，而不能把教学仅仅看作教师向学生传授知识的单边活动。教学应师生互动、互悦、互帮、互学、互相吸引，真正做到教学相长。

（二）构建既贯彻教材要求，又体现教师个人教学风格的教材体系与教学体系紧密结合型思想政治理论课教育教学模式

首先，思想政治理论课教学要完整准确地贯彻教材体系的要求，确保理论教育的完整性、系统性、权威性和准确性。思想政治理论课教学不能偏离、违背教材体系自行其是，自搞一套，更不能在课堂上传播与教材体系无关甚至相左的内容。思想政治理论课教学必须严格遵守政治纪律、遵循教材体系。

其次，坚持教材体系不能照本宣科，要求教师努力形成独具个人风格和魅力的教学体系。教师在教学中要坚持教材体系的基本要求，卓有成效地把教材体系转化为教学体系，把书面语言转化为生动活泼的教学语言，把教材内容转化为学生渴求和喜欢的知识。教师所要建立的个人教学体系主要应包括教材体系中的理论重点与难点，与之相联系的社会热点与焦点，以及教师个人研究的优势与兴奋点，努力做到教学体系既源于教材体系，又新于、活于、深于和宽于教材体系，使教学更具活力和吸引力，更有时代性和针对性。

（三）构建既坚持理论教育，又注重实践教育环节的理论联系实际型思想政治理论课教育教学模式

首先，要充分认识思想政治理论课教育教学理论联系实际的重要性。理论联系实际既是思想政治理论课的内在要求，又是提高思想政治理论课教学效果的重要途径。思想政治理论课教学如果脱离实际，停留和局限在书本上、课堂里、校园内，满足于纯理论的分析和逻辑推理，就会枯燥乏味，失去吸引力。思想政治理论课教学一定要注重联系实际，把理论和实际有机结合起来，用丰富的社会实践来充实书本知识，使理论更具时代性、针对性和鲜活性；用科学的理论来分析、解答和指导社会实践，把丰富的社会实践上升为经验，提升为理论，使理论与实际相得益彰，思想政治理论课教学才能有血有肉，更具时代性、针对性和吸

引力。

其次，要积极探索思想政治理论课教育教学理论联系实际的方法。一方面，教师要联系实际教，要把理论教学同国家改革开放与社会主义现代化建设的实际，经济全球化与世界多极化的实际，以及学生自身思想实际紧密结合起来，给学生讲清楚理论是怎样从实践中来，又怎样去指导实践、解释实践和接受实践检验的，使理论与实际水乳交融，这样才能使思想政治理论课教学既富有思辨性和理性，又具有生动性和感性。另一方面，学生要联系实际学，要把理论学习同回答、解释和解决实际问题紧密结合起来，深刻理解理论同实际之间的内在联系，从理论的高度去解释和把握社会实际问题，从对社会实践的体验中去理解和驾驭理论，努力提高自己运用所学理论观察、分析、解释和解决实际问题的能力。

思想政治理论课教学联系实际要做到全方位、多途径。从联系实际的内容看，既要联系国内实际，又要联系国际实际；既要联系现实实际，又要联系历史实际；既要联系教师自身实际，又要联系学生思想实际。从联系实际的途径和渠道看，既要通过网络媒体间接了解社会实际和国内外形势，又要通过社会调查、参观考察、从事志愿者活动等直接体验社会实际；既要探索形式多样的联系实际途径，又要推出丰富多彩的联系实际的研究成果。

（四）构建既继承传统教学方法，又注重教学方法创新的现代思想政治理论课教育教学型模式

首先，思想政治理论课教学要认真总结和继承优秀传统。我国是一个尊师重教的文明古国，历代教育家、思想家为我们创造和留下了许多优良的教育思想和教学方法。思想政治理论课教学自新中国成立以来经历了几十年的建设发展和改革创新，积累了许多宝贵经验，创造了众多优良教学传统和教学方法。因此，推进马克思主义大众化，做好大学生理论武装工作，要高度重视研究、挖掘、总结和吸取传统教育理论和教学方法中的优良传统和精华，并赋予其时代精神和现代科学元素，使教学理念、教学方法与时俱进，更科学、更完善、更现代化。

其次，思想政治理论课教学要不断创新教学方法，推进教学现代化。思想政治理论课教学既要继承传统，又要突破和创新传统，停留和局限在传统教学方法上是没有出路的。思想政治理论课教学要突破以教师、书本和课堂为中心的传统教学模式，建立以教师为主导、以学生为主体、师生互动、教学相长的新型教学模式；要破除“填鸭式”单纯知识传授的旧式教学方法，倡导“启发式”“研究型”，既重知识传授又注重能力、素质提高，既强调理论素养熏陶又重视立场、观点、方法教育的现代教学方法。思想政治理论课教学要努力运用现代科技手段，采取多媒体教学，充分利用网络资料和音像资料，提高教学手段的科技含量与现代化程度。

（作者单位：昆明学院　宁波大学）

务必坚持和发扬党的密切联系群众的作风

马 宁

密切联系群众是中国共产党的优良作风和政治优势。加强和改进党的作风建设必须坚持密切联系群众的根本工作路线。这是由党的性质和宗旨所决定的，是实现社会主义现代化的根本保证。“以人为本、执政为民是检验党一切执政活动的最高标准。任何时候都要把人民利益放在第一位，始终与人民心连心、同呼吸、共命运，始终依靠人民推动历史前进。”加强和改进党的作风建设，核心问题是保持党同人民群众的血肉联系，人民群众是我们党的力量源泉和胜利之本，一切为了群众，一切依靠群众，从群众中来，到群众中去，集中起来，坚持下去，是党的工作路线。这是对我们党百年来奋斗经验的总结和对党的执政规律、建设规律的深刻认识，对于推动社会主义现代化事业具有十分重要的意义。

一、坚持和发扬党的密切联系群众的作风，是由我们党的性质和根本宗旨所决定的

中国共产党是无产阶级政党，是马列主义、毛泽东思想和中国特色社会主义理论体系等武装起来的全心全意为人民服务的工人阶级先锋队，我们进行的革命和建设，归根到底是为人民服务的。我们的党同群众的关系，犹如鱼水之情，永远不能分离。这是我们党区别于其他政党的又一显著标志，也是我们党战胜一切敌人、克服一切困难、夺取革命和建设胜利的法宝，是我们工作中永远遵循的原则。同时，党作为人民群众利益的忠实代表，如果不接近群众、深入群众，就不能了解群众的疾苦，不能真正体察群众的要求，从而也就不能代表群众、服务于群众。这样，党就会脱离群众，人民群众就会不信任党，同党离心离德。

二、坚持和发扬党的密切联系群众的作风，是加强和改进党的作风建设的关键

在实行改革开放、建立和完善社会主义市场经济、加快社会主义现代化建设步伐的今天，我们仍然要坚持和发扬这一基本政治观点和根本群众路线。邓小平

同志曾尖锐地指出："党的组织、党员和党的干部，必须同群众打成一片，绝对不能同群众相对立。如果哪个党组织严重脱离群众而不能坚决改正，那丧失了力量的源泉，就一定要失败，就会被人民抛弃。全党同志，各级干部，特别是领导干部，必须经常记住这一点，经常用这个标准检查自己的一切言行。"① 新时期，我们党的建设面临许多新问题、新情况，正如党的十九大报告指出，党面临的执政考验、改革开放考验、市场经济考验、外部环境考验是长期的、复杂的、严峻的，精神懈怠危险、能力不足危险、脱离群众危险、消极腐败危险更加尖锐地摆在全党面前。为了保证我们党能够以新的面貌和更强大的战斗力，团结和带领各族人民完成新的历史使命，必须充分发挥党同人民群众密切联系的优势，这是加强和改进党的作风建设的关键。要贯彻好党的基本路线，实现党在社会主义初级阶段的总目标、总任务，完成历史赋予的建设中国特色社会主义生机勃勃的创造性事业，党就必须密切联系群众、依靠群众、调动广大群众的积极性、发挥亿万人民群众的聪明才智和创造力。

三、新时期坚持和发扬好党密切联系群众作风的有效途径

是否坚持和发扬党密切联系群众的作风直接关系到党的事业的成败，关系到党的生死存亡。那么，在现实的工作和生活中，我们的各级党组织和广大党员干部如何与党内外群众结合在一起，如何同人民群众同呼吸共命运呢？

（一）要尊重人民群众的主人翁地位

社会发展史首先是生产的发展史，也是物质资料生产者本身的历史。劳动群众是社会生产的主体，所以，归根到底，历史是由人民群众创造的。生机勃勃的社会主义事业也是由人民群众自己创立的。党所做的一切就使人民群众认清自己的利益，团结起来为之奋斗。现实中也确有一部分党员干部，把本来应为"主人"谋利益的权力变成了为个人谋私利、搞特权的工具，本应为群众办事却变成了让群众为自己办事。因此，要坚持和发扬党的密切联系群众的作风，必须大力提倡尊重和维护人民群众的主人翁地位，尊重和维护他们管理国家和社会事务的民主权利。在制定路线和政策时，要深入调查研究，广泛听取人民群众的多种意见，在工作中要善于集中群众的智慧，总结群众的经验，严防出现"仆大于主"的现象。

（二）要真心诚意地为人民群众办实事，全心全意为人民服务

党的性质决定了它必须把全心全意为人民服务确定为自己的宗旨。我们的党员、干部不论职位高低，都应成为人民的勤务兵。要想群众所想，急群众所急，为群众所求，时刻想着为群众排忧解难，千方百计为群众办实事。各级党员干部

① 邓小平文选（第2卷）[M]. 北京：人民出版社，1994：368.

要倾听群众的呼声，关心群众疾苦，努力践行科学发展观，为群众办实事，办好事，及时解决群众最为关心而又有条件解决的问题。对于群众中存在一时解决不了的问题，应做出耐心、合理的解释，求得群众的理解，并做到一个人解决不了，多人解决，直到群众满意为止，切忌摆架子，高高在上做官，或者许空愿，说假话，欺骗群众。

（三）要虚心向群众学习

当前，我国正处在改革和大发展的关键机遇期，社会转型期和矛盾凸显期，我们不熟悉的东西和事物很多，需要我们去研究探索。因此，我们必须加强学习。除了向书本学习以外，我们还必须向实践学习，向正在实践着的广大群众学习。我们的各级干部应当经常到群众中间去，到基层去，同群众交朋友，拜他们为师，以弥补自己的不足，增强同人民群众的感情。

（四）要在党员领导干部中深入开展“四群”教育

其一，要加强群众观点教育，这是一个理论问题。作为一名党员和党员领导干部，理论上的成熟，是政治上坚定的基础，是锐意进取的前提，是与党步调一致的保证。广大党员干部要始终牢记权力来自人民、权力就是责任、干部就是公仆、领导就是服务，进一步树立马克思主义群众观。其二，加强群众路线教育，这是一个实践问题。要坚持党的群众路线，坚持问政于民、问需于民、问计于民，使工作更加体现群众意愿，更加赢得群众的信赖和拥护。其三，加强群众利益教育，这是一个现实问题。要努力把解决人民群众最关心、最直接、最现实的利益问题作为工作的核心任务。其四，加强群众工作教育，这是一个方式方法问题。要改革和创新群众工作的方式方法，与党攻坚克难的“传家宝”相结合，与创新群众工作思维方式相结合，与加强和创新社会管理相结合，大胆探索新形势下的群众工作方法。

（五）要坚持和发扬党的密切联系群众的作风，还必须反对“四风”，即形式主义、官僚主义、享乐主义和奢靡之风

官僚主义和形式主义的危害就是脱离群众、脱离实际，官僚主义引发形式主义，形式主义助长官僚主义，已经成为影响我们事业的一大祸害，是党群、干群关系的腐蚀剂，是党风建设的大敌。我们必须坚决摒弃那种高高在上、滥用职权、瞎指挥贻害群众的工作作风，坚决剔除追求享受、贪图安逸、处处高群众一等的思想行为，以增强党的威信，赢得群众的拥护。各级领导机关和领导干部要牢固树立“权力是人民赋予的，为人民谋利益是共产党人全部活动的出发点和归宿点”的观点，自觉地从我做起，从现在做起，永远坚持和发扬党的密切联系群众的优良传统和作风，为推进社会主义现代化建设、早日实现中华民族的伟大复兴而奋斗。

（作者单位：昆明学院）

关于生态文明建设的几点思考

缪文武

生态文明建设是中国特色社会主义事业的重要内容，是关乎人民福祉、民族未来的长远大计，更与“两个一百年”奋斗目标和中华民族伟大复兴的中国梦的实现息息相关。面对资源约束紧缺、环境污染严重、生态系统退化的严峻形势，习近平总书记曾多次从人类历史发展的角度，对人与自然的关系、文明兴衰与民族命运、环境质量与人民福祉做出“生态兴则文明兴，生态衰则文明衰”的重要阐述，等等，并形成了习近平生态文明思想。习近平总书记以通俗而深刻的表达将如何处理人类生产与自然环境的关系的认识论发展到了一个新的高度，体现了党和国家对生态问题的高度重视以及勇于担当的历史责任感，对国家生态治理的未来整体发展起到了促进作用。

习近平生态文明思想是习近平新时代中国特色社会主义思想的重要组成部分，为我国生态文明建设提供了科学依据。中国特色社会主义经济建设、政治建设、文化建设、社会建设和生态文明建设“五位一体”的总体布局，是党深刻总结领导社会主义建设的历史经验、顺应国际国内大势和人民群众对美好生活的新期待提出来的。建设中国特色社会主义，必须坚持以科学发展为主题，加快转变经济发展方式，同时，将生态文明建设放在突出地位，使其与经济建设、政治建设等社会各方面建设一体化，努力建设美丽中国，推动中华民族的永续发展。

党的十七大第一次把“建设生态文明”写进党的报告，把生态建设上升到文明的高度，强调要使全社会对生态文明树立正确、牢固的观念，为后续生态文明建设工作产生深远的意义和影响。党的十八大报告指出，建设生态文明是关系人民福祉、关系民族未来的长远大计。党的十九大报告指出，建设生态文明是中华民族永续发展的千年大计，必须树立和践行绿水青山就是金山银山的理念，像对待生命一样对待生态环境。党的十九大进一步明确了到本世纪中叶把我国建设为富强民主文明和谐美丽的社会主义现代化强国的目标，十三届全国人大一次会议通过了宪法修正案，将这一目标载入国家根本法，更加凸显了建设美丽中国的重大现实意义和深远的历史意义。

一、坚持人与自然和谐共生

建设社会主义生态文明，必须深刻理解人与自然之间的关系，必须建立系统完整的生态文明制度体系。从总体上看，我国生态文明建设水平仍然滞后于经济社会发展，资源约束趋紧，环境污染严重，生态系统退化，发展与生态间的不平衡日益严重。因此，尊重自然是人与自然相处时应该秉持的首要态度。人与自然的关系是人类社会最基本的关系，人类的存在和发展都需要以自然界为依托，而也正是因为人类社会的不断进步，越来越多的人产生贪欲，但人的活动无时无刻不在影响自然，于是在对自然的过度索取的同时，人类也为自己的未来埋下了祸根。

习近平总书记指出：“人与自然是生命共同体，人类必须尊重自然、顺应自然、保护自然。”① 人应该深刻认识自然界是赖以生存和发展的基本条件，人类应该尊重自然界的创造和存在，并做到与自然和谐共生，顺应自然发展的客观规律，不能因急功近利与个人贪欲而违背自然规律。人与自然互相依存共生，人类应当在对自然一定索取的情况下对自然进行投入和建设，呵护并回报自然，为人类的在未来的可持续发展打下坚实的基础。

长时间以来，我国面临生态空间遭受持续威胁、生态系统质量和服务功能低、生物多样性加速下降的总体趋势尚未得到有效遏制等一系列迫在眉睫的生态环境问题。习近平总书记反复强调，环境就是民生。在经历了改革开放40多年的高速发展之后，我国所积累的各种生态环境问题迟迟没有得到相应的解决，各类环境污染问题成为民生之患，民心之痛。面对诸如此类现象，2015年5月中共中央、国务院出台的《关于加快推进生态文明建设的意见》对加强生态文明建设作了全面的部署，阐述了加快推进生态文明建设的指导思想、基本原则、主要目标和重要任务，并勾画了2020年资源节约型和环境友好型社会的建成的美好蓝图。经过党的领导和人民的共同努力，我国生态环境有了巨大改善，我们有理由相信，党在攻坚克难的道路上奋勇前进的步伐永不会停止。

二、树立和践行绿水青山就是金山银山理念

环境为人类的进步和发展源源不断地提供新的动力，支持着人类创造能力一次又一次的革新，因此，我们所处的环境是属于人类共同且不可多得的宝藏。习近平总书记很早就用绿水青山和金山银山来比喻环境保护和经济发展之间的辩证关系，保护生态环境就是保护生产力，改善生态环境就是改善生产力，是实现可

---

① 习近平. 决胜全面建成小康社会　夺取新时代中国特色社会主义伟大胜利——在中国共产党第十九次全国代表大会上的报告［N］. 人民日报，2017-10-28.

持续发展的内在要求。由此可见，生态文明建设功在当代、利在千秋。

自从工业革命以来，人与自然的关系也经历了巨大的变化，相较于古代人类依附自然生存，近现代人对自然的索取越来越变本加厉，甚至凌驾于自然之上。历史上的欧美发达国家无一走的不是先污染再治理的道路，但在自然环境真正受到污染之后，人们也为层出不穷的问题伤透了脑筋。在深刻认识到污染和治理必须并行的基础上，我国也借鉴了其他国家在发展过程中所积累的经验，在发展的同时不忘保护自然，努力做到像对待生命一样对待生态环境。面对现在世界上全球性生态危机频发的现象，党和国家时刻保持着清醒的头脑，绿水青山可以带来金山银山，但是金山银山却买不到绿水青山，以环境污染为前提去换取一时的经济增长是坚决不可取的。

绿水青山就是金山银山，实现的是经济社会发展与人口资源和环境的相互协调。绿水青山和金山银山不是相对立的，经济发展不应该是对资源和生态环境竭泽而渔，生态环境保护也不应是舍弃经济发展的缘木求鱼，保护和发展两者应该做到互相影响、相辅相成。我们要进一步提高思想认识，深化对生态文明建设的理解，增强在环境治理方面的责任感和紧迫感。与此同时，要加强对制度的约束和监控的监督，确保各项措施落到实处。随着经济社会的发展和人民生活水平的提高，良好的生态系统成为人们追求的生活保障，在将祖国建设成经济繁荣、环境优美、生态良好的美丽家园的道路上，我们不断追求、砥砺前行，这是每一个中国人民共同的愿望，也是建设美丽中国的根本要求。

三、推动形成绿色发展方式和生活方式

绿色发展理念是新时代中国特色社会主义思想中具有时代特色的一点，它以人与自然和谐为价值取向，以绿色低碳循环为主要原则，以生态文明建设为基本抓手，推动形成绿色发展方式和生活方式，体现了党和国家对发展要既要增长也要品质的价值追求，体现出生态文明建设在新时代中国特色社会主义建设中的显著地位。

习近平总书记强调，推动形成绿色发展方式和生活方式是贯彻新发展理念的必然要求，必须把生态文明建设摆在全局工作的突出地位，坚持节约资源和保护环境的基本国策，坚持节约优先、保护优先、自然恢复为主的方针，形成节约资源和保护环境的空间格局、产业结构、生产方式、生活方式，努力实现经济社会发展和生态环境保护协同共进，为人民群众创造良好生产生活环境①。

推动形成绿色发展方式和生活方式，实则是发展观的一场深刻革命。这就要求我们要树立正确的发展观，遵循可持续发展的原则，坚持在发展的过程中遵循

① 习近平主持中共中央政治局第四十一次学习［N］. 人民日报，2017-05-28.

尊重自然、顺应自然、保护自然的理念，正确处理经济发展和生态环境保护的关系，贯彻资源节约和环境保护的基本国策，坚决摒弃损害甚至破坏生态环境的发展模式，坚决摒弃以牺牲生态环境换取一时一地经济增长的做法，让良好生态环境成为人民生活的增长点、成为经济社会持续健康发展的支撑点。

我们党一贯高度重视生态文明建设，社会主义现代化是人与自然和谐共生的现代化，在社会生活中，全社会都应该做到将资源节约放在首位，与此同时不断推进科学技术的进步和革新，将有限的资源充分利用，在做好环保工作的同时注重源头治理，以预防为主、治理为辅的方式保护并修复自然，将利用自然修复生态系统放在首位，在为自然留下更大修复空间的同时，为子孙创造更好的生产生活环境。

四、实行最严格的生态环境保护制度

建设生态文明是一场涉及生产方式、生活方式、思维方式和价值观念的革命性变革，这样的变革必须依靠制度和法律来实现。建设生态文明，必须建立系统完整的制度体系，让制度成为保障生态环境、推进文明建设的主要因素。

完善生态文明制度体系，首先要完善经济社会发展考核评价体系。只有进一步完善体制机制，建立健全更科学的环保工作评价体系、更严肃的环保责任追究制度，才能使得良好的生态环境成为最公平的公共产品、最普惠的民生福祉。每个人要从自身的生活方式转变做起，使良好的生态环境全民共享、全民共建。

2015 年 9 月审议通过的《生态文明体制改革总体方案》明确了以八项制度为重点，加快建立产权清晰、多元参与、激励约束并重、系统完整的生态文明体系制度，加快推动生态文明体制的改革，为生态文明建设提供了有力的保障，例如在水污染治理方面实现的一些措施已经卓有成效。我国长期以来就面临着水体污染、水资源短缺、水生态退化以及洪涝等多个方面的水问题压力。在过去的 40 多年的改革开放历史中，中国的经济发展与环境污染几乎成了捆绑在一起的“利益共同体”。低技术含量的劳动密集型产业是帮助中国绝大多数城市迅速完成城镇化的重要工具，但也造成了地区环境破坏。在重大生态环境问题的背后，所暴露的问题包括部分领导干部的不作为以及人民群众环保意识的缺失等，在确立严格的生态环境保护制度之后，经过实施一系列有效安全的整治措施，治污算得上是效果显著，在水污染治理方面也取得了一定成就，然而水污染治理本身就是一个冗长而繁杂的过程，党和国家致力于促进各流域水生态系统向良性发展，此番举措对推进人与自然的和谐发展具有深远意义的。

党的十九大报告提出了一系列推进生态文明建设的指导性意见，深刻认识到了建设是环境保护工作的重中之重，而实行生态环境保护制度则是推动建设发展的必要手段。目前我国的生态文明建设还存在一定的不足，为解决各项问题，应该采取有效措施，加快建立绿色生产和消费的法律制度和政策导向，建立健全绿色低碳循环发展的经济体系；构建政府为主导、企业为主体、社会组织和公众共同参与的环境治理体系；严格保护耕地，扩大轮作休耕试点，健全耕地草原森林河流湖泊休养生息制度，建立市场化、多元化生态补偿机制等。通过这些制度设计和制度保障，形成不敢且不能破坏生态环境的高压态势和社会氛围，为建设美丽中国创造更好的环境和条件。

五、统筹山水林田湖草系统治理

走向生态文明新时代，建设美丽中国，是实现中华民族伟大复兴中国梦的重要内容。习近平总书记强调“山水林田湖草是一个生命共同体”①，在现阶段，我国正面临着一系列的环境问题，其中包括山体滑坡、水土流失、森林退化、湖泊污染等。对此，党和国家已经按照生态系统的整体性、系统性以及内在规律，在重点区域实施重大生态系统保护和修复工程，同时不断健全完善山水林田湖草系统治理和保护管理制度，不断提高生态环境的质量。为满足人民日益增长的优美生态环境需要，牢牢把握统筹山水林田湖草系统治理的新要求，加快推进生态修复和保护，坚持保护优先、恢复为主，在顺应自然的基础上更好地建设和利用自然。自然本身就具有较强的修复能力，在此基础上，进行一些人工的辅助措施，使被割裂的生态系统逐渐链接起来，使原有的自然生态廊道恢复起来。在工程正当进行时，我们应该对此充满希望，凭借持之以恒的精神和坚忍不拔的毅力将其进行到底。

习近平总书记关于“山水林田湖草系统治理”的论断，是对马克思主义自然观和方法论的丰富和发展，为生态环境的系统治理提供了科学的自然观和方法论基础。生态马克思主义是当代国外马克思主义的重要流派之一，它于全球生态环境不断恶化的背景下应运而生。我们要坚持以习近平新时代中国特色社会主义思想为指导，牢固树立“山水林田湖草是一个生命共同体”的理念，全面落实统筹山水林田湖草系统治理新要求，尽早达成建设美丽中国的美好愿望，为国家生态安全而不懈奋斗。

（作者单位：昆明学院）

① 习近平：对标重要领域和关键环节改革　继续啃硬骨头确保干一件成一件［N］. 人民日报，2019－01－24.

美丽滇池建设，展现新时代昆明新担当新作为

李　徽

美丽滇池建设的提出，是践行习近平生态文明思想，认真贯彻习近平总书记要求把云南努力建设成为全国生态文明排头兵和开展好滇池流域生态文明建设的昆明实践。

一、美丽滇池建设的理论基础和重要意义

习近平生态文明思想是新时代生态治理实践经验的科学总结和科学指南，是马克思主义中国化的最新成果，明确了“为什么建设生态文明”“建设什么样的生态文明”“怎样建设生态文明”等一系列理论与实践问题，并进一步提出以“美丽中国”建设为抓手来实践习近平生态文明思想。习近平总书记在2015年考察云南期间明确要求把云南建设成为全国生态文明排头兵；在2020年考察昆明期间，要求保护好滇池、开展好滇池流域生态文明建设。因此，美丽滇池建设是新时代习近平生态文明思想下美丽中国建设的重要组成部分，完成好美丽滇池建设任务是展现新时代背景下昆明新担当新作为的新命题新责任。

二、美丽滇池建设是新命题

在开展滇池治理与保护的30余年中，滇池流域始终面临着人口、资源、环境“三型社会”协调发展的问题，伴随着人口的增加和城市规模的扩张，滇池污染治理也从水体污染治理、水环境功能修复、区域生态补偿机制、流域生态文化建设、流域生态文明建设逐步提高到全盘统筹开展滇池流域生态文明建设的高度和视角。美丽滇池建设是时代赋予的新命题，责任重大、使命光荣。开展美丽滇池建设既能够有效承接滇池流域长期以来开展污染治理的政策措施，又能够体现滇池流域生态文明建设综合管理方案及其评估指标体系，推动昆明完成滇池流域生态文明建设的管理方式、治理模式、技术路径、法规执行等方面的理论创新与实践，破解长期困扰滇池流域内人与自然和谐可持续发展的难题，切实支撑高原城湖生态特色视角下把昆明建设成为“立足西南、面向全国、辐射南亚东南亚

区域性国际中心城市”的需要。

三、美丽滇池建设是新责任

“九湖治，云南兴；九湖清，云南美。”习近平总书记2020年实地考察滇池保护情况时再次强调生态文明建设是云南经济社会文化发展的重要抓手，各级党委政府要严明生态环境保护责任制度，体现环境治理体系和环境治理能力的现代化，切实推进美丽滇池建设，使流域内环境质量明显提升，环境功能显著恢复，人与自然和谐共生。同时，美丽滇池建设也是昆明市民乃至全国人民对于进一步提升滇池治理保护的关注重点，是生态文明建设背景下全面统筹滇池生态文明建设的重要抓手，事关滇池流域污染治理质量同步提升关键节点的重要措施，也是通过“美丽中国”国家考核的重要基础。

四、美丽滇池建设要有新担当

全面开展美丽滇池建设实践，要求昆明市委、市政府加强学习和贯彻习近平生态文明思想，提高政治站位，增强“四个意识”。只有站在整治和全局的高度将滇池流域生态环境治理与生态功能修复“内化于心、外化于行”，才能自觉担负起把滇池流域建成天蓝、水清、山绿、气清、宜居的生态新城，成为美丽昆明、美丽云南、美丽中国建设的典范。

全面开展美丽滇池建设实践，要求昆明领导干部迸发干事创业激情，坚定“四个自信”，认真比对2020年国家发改委《美丽中国建设评估指标体系及实施方案》，寻找在空气清新、水体洁净、土壤安全、生态良好、人居整洁等5个方面22个指标存在的差距和不足，创建从环境、生态、社会、文化四个维度为依托的美丽滇池评估指标体系，奋发有为地开展美丽滇池建设工作。

全面开展美丽滇池建设实践，要求昆明市民的支持和参与，大力发扬昆明精神，坚决做到“两个维护”，把生态文化传承、培育、融合贯穿始终，将身边好人好事结合生态文明新风进行梳理、宣传、教育，形成保护母亲湖人人有责、人人参与、人人尽责的良好氛围，达成山美水美人更美的价值共识，做到全社会共同支持和参与美丽滇池建设，共同践行社会主义核心价值观。

五、美丽滇池建设要有新作为

美丽滇池建设要求昆明各级政府职能部门科学决策和规划，在习近平总书记深入推进云南生态文明排头兵建设和滇池保护治理要求下，开展美丽滇池建设方案制定和美丽滇池建设实施工作，做到文明城市、低碳环保城市、森林城市、美丽河道等创建工作久久为功，同向精准发力，用咬定青山不放松的韧劲、不破楼兰终不还的拼劲落实美丽滇池建设实施工程的项目清单，成为习近平生态文明思想践行过程的“带头人”。

“十四五”开局之际，美丽滇池建设要求昆明全市上下牢牢树立时间紧迫的观念，围绕《美丽中国建设评估指标体系及实施方案》，在空气清新、水体洁净、土壤安全、生态良好、人居整洁等5个方面22个指标的美丽滇池建设工程方案指引下，抓进度、抓质量、抓效益，确保项目及时启动、严格执行、按时验收、长期监管、马上见效。这也符合由中国科学院牵头的第三方美丽中国建设2023年中期考评及2025年达标考核要求，切实实现滇池美丽的期望，使滇池重新成为昆明的靓丽名片，成为美丽昆明、美丽云南、美丽中国建设的缩影，成为习近平生态文明思想践行成效的“排头兵”。

美丽滇池建设要求昆明认真研判创建考评体系，并对内进行建设成效评价，细致研究中国科学院牵头的第三方开展美丽中国建设评价方法，在充分挖掘和弘扬滇池流域良好的生态文化、水文化积淀的基础上，以刀刃向内的魄力整改长期以来存在的陋习，以习近平生态文明思想为指导引导和提升市民生态环境建设参与率和满意度，通过开展文明城市创建、文明单位创建、文明校园创建让每一级组织、每一个单位、每一位市民能够知晓环境、生态、社会、文化四个评价维度，遵守生态文明建设相关法律及地方制度，客观理性参与美丽滇池建设，对违法违规的行为行使社会监督和公众监督职责，成为习近平生态文明思想践行的“亲历人”。

（作者单位：昆明学院）

简述“一带一路”倡议下的中国发展

杨振东　黄　杰

一、“一带一路”概述

“一带一路”是“丝绸之路经济带”和“21世纪海上丝绸之路”的简称。2013年9月7日，习近平总书记在哈萨克斯坦纳扎尔巴耶夫大学发表演讲时提出建设“丝绸之路经济带”的重大倡议；2013年10月3日，习总书记在印度尼西亚国会发表重要演讲，提出中国愿同东盟国家加强海上合作，共同建设21世纪“海上丝绸之路”重要构想；2013年党的十八届三中全会通过《中共中央关于全面深化改革若干重大问题的决定》又正式提出加快同周边国家和区域基础设施互联互通建设，推进丝绸之路经济带、海上丝绸之路建设，形成全方位开放的新格局，自此“一带一路”倡议正式进入国家层面。①

“一带一路”旨在借用古代丝绸之路的历史符号，高举和平发展的旗帜，积极发展与沿线国家的经济合作伙伴关系，将繁盛的亚太经济圈与发达的欧洲经济圈链接在一起，贯通整个欧亚大陆，“一带一路”沿线涉及亚欧非60多个国家和地区并多为发展中国家，其所覆盖地区人口的总量达44亿，大约为世界人口数量的63%之多，地区经济总量达21万亿美元，约为世界经济总量的29%。②“一带一路”作为当今全球化互助合作与共同发展的理念和倡议，中国积极主动地开拓与沿线地区和国家的经贸往来，旨在从东、西两端同时开发心脏地带的广阔市场，繁荣整个世界，共同打造政治互信、经济融合、文化包容的利益共同体、命运共同体和责任共同体，从而实现构建人类命运共同体的伟大梦想。

---

① 朱雄关．“一带一路”背景下中国与沿线国家能源合作问题研究［D］．昆明：云南大学，2016.

② 吴涧生．“一带一路”战略的内涵及面临的机遇和挑战［J］．前线，2015（9）．

二、实施“一带一路”的时代背景

（一）马克思主义理论与时俱进的根本需要

马克思主义与时俱进是马克思主义基本原理同中国当前的建设和改革的实践结合起来，同中国的优秀历史传统和优秀文化结合起来，依实事求是的品质，植根于优秀的中华文化之中，构建适合当前中国的社会主义道路[①]。当今中国正面临前所未有的大变局，党的十九届四中全会指出“坚持和完善中国特色社会主义制度、推进国家治理体系和治理能力现代化，实现‘两个一百年’奋斗目标、实现中华民族伟大复兴的中国梦而努力奋斗！”[②] 在这个过程中，要将中国特色社会主义事业全面推向前进，必须把握并紧跟时代步伐，始终站在时代前列，才是对马克思主义最好的继承与发展。而“一带一路”的发展构想就是马克思主义指导下与时俱进的最新成果。

（二）国家安全需要

十八大以来，以习近平同志为核心的党中央立足于我国经济和社会发展的新阶段、新特征，与社会主义改革开放理论一脉相承又与时俱进地以解决现实问题为导向，从实践创新出发推动理论创新，这些是“一带一路”倡议思想形成的理论来源和现实基础。[③]“一带一路”倡议有利于我国加强与南海周边国家和印度洋沿岸国家合作，获取更多政治互信，建立更密切关系。在美国拥有强大实力的海上，从东面、东南面找到突破口，进一步消除美国等国家对我实施海上封锁的压力；同时，在北面、西面通过与俄罗斯、中亚、中东等国家合作，实现与欧洲国家的连通，掌握欧亚大陆经济整合的主动权，通过政治经济的影响力，拓展我陆路安全的战略空间。从国内经济发展视角看，“一带一路”倡议不仅是我国国际战略的需要，也是我国实现区域经济社会协调发展、同步建成小康社会的重要途径。近年来，虽然我国通过西部大开发和中部崛起战略的有效实施，中、西部地区经济发展势头良好，但与东部的差距仍然较大，东部经济体量占国民经济总量比重过大，与中、西部经济和社会发展严重不平衡等突出问题已对我国经济与社会发展安全构成了巨大威胁。而“一带一路”倡议的提出，将很大程度上

---

① 高英．毛泽东思想和中国特色社会主义理论体系概述［M］．北京：高等教育出版社，2014.

② 新华网：https：//baike. baidu. com/reference/23718891/36baDdO6Wz09yLV4EfqZduTBeJEfUXx6Xf5YUTlUNB2cMZ9A_ S5eJEZKpMikuzULOxQfWdSabS1 – GLtKIcR0yFhzpJIfGrLoRyafm2FeDczRreXp_ 85Ha3aTeSA_ qIuj“中国共产党第十九届中央委员会第四次全体会议公报”，2019 – 10 – 31.

③ 刘武根．习近平“一带一路”战略思想初探［J］．高校马克思主义理论研究，2016（1）．

协调我国东、中、西部地区的协调一体化协同发展：通过发展海上通道，打开对外经贸的新路径，拉动沿线省市的经济社会发展；通过构筑陆路“丝绸之路经济带”，进一步深化我国西部大开发和陆上对西开放战略，为打破我国经济发展东西部不平衡、地区不平衡提供重要支撑，同时弥补马六甲海峡和苏伊士运河等对我国传统进出口贸易的负面影响，从而提升运输质量，降低运输成本，解开“一带一路”沿线国家贸易运输之瓶颈，带动沿线国家商品物流的拓展。

（三）历史发展需要

古老的丝绸之路是欧亚大陆经贸交互、文化交流、民族发展与融合、国家冲突与合作的亘古印记。我国自先秦起就与丝绸之路上的各个国家和民族有着密不可分的经贸与政治关系，丝绸之路的畅通造就了汉唐文明的鼎盛、华夏文明的璀璨；宋元朝及以后，海上丝绸之路逐渐兴起，某种程度上也影响了中国经济重心的南移。从中国历史来看，中国对待丝绸之路的开放态度以及西域各国的稳定与繁荣都在时刻影响着中原王朝的兴衰成败，晚清以来，中国有志之士致力于重新构建中西方平等交流的新格局，从魏源“师夷长技以制夷”到洋务运动“师夷长技以自强”。时过境迁，1978 年，邓小平同志正式提出改革开放战略思想，十一届三中全会确立了解放思想、实事求是的思想路线，中国迎来了改革开放新时代；1982 年，党的十二大提出党在新时期建设有中国特色的社会主义纲领，标志着我国的改革开放进入全面展开阶段；改革开放以来，基于中国特色社会主义发展的各阶段性特征，我们先后提出的对外开放战略包括了“全方位开放”“引进来”“走出去”等。邓小平指出：“现在的世界是开放的世界。”[①] 邓小平强调要实行全方位的开放，“开放是对世界所有国家开放，对各种类型的国家开放”。1992 年，十四大进一步提出要“积极扩大我国企业的对外投资和跨国经营”[②]，虽然人类生产力水平不断提高，对地缘的依赖性降低，但是地缘因素仍然是分析对外战略的有力手段。当前中国经济迅速复兴，整体实力的跃升使得美国等西方国家不得不将战略目光凝聚于中国，担心欧亚大陆乃至世界格局变动会给世界带来不稳定因素，而事实上，自古以农耕文明为主导的中国有史以来都是以一种睦邻友好的姿态存在于世界当中，中国农耕文化思想使其文化的基因里充满着睦邻友好的思想，无论民间“远亲不如近邻”的传统观念还是国家和平共处五项原则的提出，以及中国自古丝绸之路兴起后历朝历代都不乏对沿线国家或民族用和

---

① 邓小平文选（第 3 卷）［M］．北京：人民出版社，1993：64.

② 中共中央文献研究室．十四大以来重要文献选编（上）［M］．北京：中央文献出版社，2011：20.

亲政策解决争端，缓和矛盾，昭君出塞、文成公主等史例早已传为民间佳话[①]。此外，纵观中国凿空丝绸之路，历朝对丝路沿线各国的和平贸易往来的重视、郑和七下西洋将中国的重礼轻商交往原则远播海外、弥久百年，均是睦邻之例。

（四）构建人类命运共同体需要

首先，“一带一路”沿线多数为发展中国家，表现为基础设施落后，而且大部分国家经济发展水平都不高，都有着进一步发展和建设的热切愿望。“一带一路”沿线涉及亚欧非60多个国家和地区并多为发展中国家，其所覆盖地区人口的总量达44亿，大约为世界人口数量的63%之多，地区经济总量达21万亿美元，约为世界经济总量的29%。因而急切需要抓住机遇积极参与国际合作，积极解决各种经济问题，缓解经济危机，最终推动本国经济贸易发展。而且中亚国家具有丰富的矿产、能源、土地和人力资源，且与中国接壤，具有很大的发展优势。其次，在中亚地区及非洲北部周边环境不稳定，时常发生冲突和战争。再次，中亚、西亚地区有着丰富的矿产资源，而有的国家能源不足，所以无论安全、能源、持续发展等原因，沿线国家需要与中国这样的大国积极合作，突破各国发展瓶颈，解决能源问题，回归和平与发展的主空间，促进本国经济发展。

三、实施“一带一路”建设的现实意义

从“一带一路”倡议实施的目标和当前实施进展不难看出，对国内而言，“一带一路”建设能给我国经济发展带来巨大的利益，增强中国对外经济贸易的稳妥性，避免相互之间的贸易摩擦，同时可以在一定程度上提升中国在对外贸易交往中的安全度。与此同时“一带一路”建设发展将保障中国内陆及沿海地区利用外资的质量，扩大对外开放的规模，获得最新国际产业转移先机，由此形成我国开放与发展的新格局。此外，还将有利于推动国内劳动密集型产业向外转移，通过与周边国家在各个领域的无缝对接，优化资源配置并加以合理利用，能为中国过剩产业找到新的出口。“一带一路”经济区开放后，中国承包工程项目突破3000个。2015年，中国企业共对“一带一路”相关的49个国家进行了直接投资，投资额同比增长18.2%。[②] 2015年，中国承接“一带一路”相关国家服务外包合同金额178.3亿美元，执行金额121.5亿美元，同比分别增长42.6%和23.45%。2016年6月底，中欧班列累计开行1881列，其中回程502列，实现

① 早在《史记》中有记“鬼侯有女美，而进之于纣”讲述了商纣王纳娶方国鬼侯之女的故事；周幽王娶申戎之女为后。春秋时期又有很多中原与狄、戎等西域部落之间的联姻活动。

② 商务部：2015年我国企业对“一带一路”国家投资增18.2%［EB/OL］. http：//finance. people. com. cn/n1/2016/0120/c1004 - 28070428. html.

进出口贸易总额170亿美元。[①] 截至2020年11月，中国已经与138个国家、31个国际组织签署201份共建“一带一路”合作文件。[②]

“一带一路”以亚洲国家为重点合作方向，通过互联互通为亚洲邻国提供更多公共产品，加强中国与沿线国家的基础设施建设，改善沿线国家的基础设施薄弱环节，联手培育新的经济增长点和竞争优势，为实现发展中国家的利益提供了支持与保障。同时利用“一带一路”沿线交通设施的完善，各国可将高质量的生产能力和优质的产业，积极推广至工业沿海国家，从而实现中、西亚广大非沿海地区和国家海岸线经济带的共享，并凿通亚太经济圈和欧洲经济圈附带北美经济圈。[③]

总之，“一带一路”倡议的提出是中国政府在新的历史时期主动应对全球形势的深刻变化，兼顾陆海两个战略方向“统筹国际国内两个大局做出的重大决策”[④]。此构想将从国家层面上海陆并进，两翼展开，双向发展的模式，为我国从陆路、海路和西部、东部两个方向突破封锁围堵，实现与周边国家和地区合作提供支撑和合作基础。从国际合作视角看，“一带一路”倡议的提出，为我国跳出欧美发达国家贸易保护包围圈，加强与中亚、东南亚、中东、非洲、欧洲等国家和地区的进一步合作创造了新的空间和机遇，将使国际经济开创内陆和沿海共同发展、更加平衡的新局面，“丝绸之路经济带”东边牵着活力四射的亚太经济圈，西边系着发达的欧洲经济圈，而“海上丝绸之路”穿越太平洋、印度洋等主要贸易航道，覆盖了中东、非洲、东南亚等能源富集区。两条“新丝路”将欧亚非欧大市场有机串联起来，其沿线国家经济互补性强，在交通、金融、能源、通信、农业、旅游等各大领域开展互利共赢的合作潜力巨大，发展前景可观。

（作者单位：昆明城市学院）

① 舞动的双翼　丰硕的成果——“一带一路”建设回眸与愿景［EB/OL］. http：//www. xinhuanet. com//politics/2017－01/03/c_ 1120233965. htm.

② 我国已与138个国家、31个国际组织签署201份共建“一带一路”合作文件［EB/OL］. http：//www. xinhuanet. com/world/2020－11/17/c_ 1126752050. htm？ baike.

③ 段坤．“一带一路”战略实施面临的挑战与对策［D］．湘潭：湘潭大学，2016.

④ 卢伟．“一带一路”背景下大国崛起的差异化发展策略［J］．中国软科学，2016（10）.

实践教学篇

关于推进马克思主义理论学科建设的思考

李立琼　梁　薇

当前，马克思主义理论学科已经成为高校学科建设的重要方面。根据马克思主义理论体系和学科特点，推进马克思主义理论学科建设，需要注意把住学科边界、体现学科优势、突出学科特征、提高教师队伍素质等几个方面的问题，使马克思主义理论学科建设提高到更新的水平，为思想政治理论课提供多角度的、重要的学术支撑，为党和人民培养中国特色社会主义事业合格建设者和可靠接班人。

2005 年 12 月 23 日，国务院学位委员会和教育部下发《关于调整增设马克思主义理论一级学科及所属二级学科的通知》，将马克思主义理论学科从政治学学科中分离出来，升格为法学门类下一个独立的一级学科。2012 年 6 月，国务院学位委员会下发《关于进一步加强高校马克思主义理论学科建设的意见》（以下简称《意见》）。经过几年的实践探索，马克思主义理论学科体系、研究方向、队伍建设、人才培养等方面都取得了明显的成效。但就国务院和教育部在学科质量与学科引领作用、学科内涵建设与学科的马克思主义理论属性要求、学科队伍建设与学科发展等方面的要求而言，仍然存在较大差距。进一步推进马克思主义理论学科建设，把住学科边界、体现学科优势、贯彻整体性原则、提高师资队伍素质，是我们应当注意的几个重要方面。

一、把住学科边界

所谓学科，是指按照学问的性质而划分的门类。学科的“边界”是什么，“边界”定在哪里，是新学科建设必须高度重视并要认真研究的问题。作为一个学科必须有自己独特的研究对象和特殊的学问范围。不然，就不能成为独立的学科。马克思主义理论学科的增设是党和国家为适应新时期思想政治理论建设的需要，坚持马克思主义在高校教学和研究中的指导地位，提升高校思想政治理论课教育教学质量而建立的新学科。它资源丰富、基础宽厚、覆盖面广、内容综合，与马克思主义哲学、马克思主义政治经济学、科学社会主义、中共党史、中国近现代史等学科具有相关性甚至交叉性。如果不能把住学科边界，就无法体现马克思主义理论学科的独特性。

把住学科边界，必须遵循和体现国务院学位委员会《意见》的精神，而不是各行其是，我行我素。《意见》明确了马克思主义理论学科的地位和研究对象，即马克思主义理论学科是对马克思主义进行整体性研究的学科，是马克思主义学科体系的重要组成部分。同时，廓清了学科研究的范围，即深入研究马克思主义经典著作历久弥新的思想价值；深入研究马克思主义理论体系、教材体系、教学体系及其相互联系；深入研究马克思主义在当代发展中的重大问题；深入研究坚持和发展中国特色社会主义理论与实践中的重大问题；深入研究思想政治教育教学中的重点难点问题等，弘扬马克思主义优良学风和科学精神，不断推出经得起实践和历史检验的优秀成果，为思想政治教育提供多角度的、重要的学术支撑。

《意见》基本上划清了马克思主义理论学科与相关学科的界限。马克思主义理论学科不是专门研究马克思主义某一组成部分的，而是对马克思主义进行整体性研究；不是重点研究马克思主义理论内部各部分与各发展阶段的具体内容，而是揭示马克思主义理论各主要部分与各主要发展阶段间的内在联系；不是不涵盖思想政治理论课教学问题，而是既包括马克思主义理论及其现代化问题，也包括思想政治理论课教育教学问题。马克思主义理论学科研究特点、研究重点、研究范围的厘清，有利于学科建设的深入和健康发展。

二、体现学科优势

马克思主义理论不但具有鲜明的阶级性和党性原则，而且内在逻辑严密、自成体系。与其他哲学社会科学学科相比，马克思主义理论学科有其理论上的比较优势，最突出的，是马克思主义理论的批判性。

马克思、恩格斯在投入社会斗争洪流的时候，就明确地意识到不能抽象地、随意地谈论未来，不应该到哲学家们的书桌里去寻找一切谜底，而应该首先致力于对资本主义社会的研究，“要对现存的一切进行无情的批判”①。并在“批判旧世界中发现新世界”②。这种批判精神体现在马克思主义的一系列经典著作之中。从唯物史观形成过程中的标志性著作的书名，就可以看出马克思主义理论的比较优势：确定“市民社会决定政治国家”的命题，表明马克思摆脱唯心主义的是1843年的《黑格尔法哲学批判》及《〈黑格尔法哲学批判〉导言》；确立“异化劳动”范畴并用以解释“市民社会”，从而开始以劳动发展史作为探索历史秘密的钥匙的是《政治与政治经济学批判》；确立“物质生产”和“人民群众”的地

① 马克思恩格斯全集．第1卷［M］．人民出版社，1979：416.

② 马克思恩格斯全集：第1卷［M］．人民出版社，1979：416.

位，深化了对劳动的本质和主体的论证的是1844年马克思与恩格斯合著的《神圣家族，或对批判的批判所作的批判。驳斥布鲁诺·鲍威尔及其伙伴》，即《神圣家族》；最终确立科学的“实践观”的地位，从而标志着唯物史观诞生的是1845年《关于费尔巴哈的提纲》及马克思与恩格斯合著的《德意志意识形态——对费尔巴哈、布鲁诺·鲍威尔和施蒂纳所代表的现代德国哲学以及各式各样先知所代表的德国社会主义的批判》。批判性使马克思主义理论不终止于某一个具体的结论之中，因而具有了强大的生命力。

如今，对宏大叙事消解乃至否定的后现代主义思潮影响到人文、社会科学领域，这使一些人的思维模式由“结构”转向“解构”。马克思主义理论研究盛行晦涩文风，“问题越来越高雅，视域越来越狭窄，字眼越来越生僻，概念越来越抽象，语言越来越晦涩，文章越来越难懂”。离开对社会矛盾的揭示和解释，离开对各种社会思潮的批判和评价，如何体现马克思主义的当代价值？把事关中国前途命运的社会问题推给各门具体的哲学社会科学学科，又怎么发挥马克思主义在意识形态领域的指导地位？巩固马克思主义在意识形态领域的指导地位，发挥马克思主义理论学科对哲学社会科学的引领作用，无论是马克思主义理论研究还是学科建设都必须走出“平面化、浅表化、碎片化”的格局，既不能脱离时代，也不能落后于时代。

马克思曾经把自己的“新唯物主义”称为迎接人类黎明即人类解放的“高卢雄鸡”，强调它的改造世界的功能。马克思在《关于费尔巴哈的提纲》这个包含着“新世界观的天才萌芽的第一个文献”中说道：“对于实践的唯物主义者即共产主义者来说，全部问题都在于使现存世界革命化，实际地反对并改变现存的事物。”马克思主义理论学科建设不真正贴近、贴紧中国社会的实际，回避社会现实问题，单纯在书斋里研究理论、建立体系，学术成果只纯粹是发表论文或出版专著，则意味着马克思主义对社会现实问题，在宏观层面上所具有的对问题揭示的准确性、对矛盾批判的深刻性，以及对价值把握的科学性的优势丧失，这不仅会损害马克思主义理论的声誉，而且将导致马克思主义理论的弱化或边缘化，甚至使该学科难以成为一门独立的学科。高校马克思主义理论学科建设要在弘扬马克思主义具有的革命的、批判的精神上，尽显其理论力量和理论魅力。

三、贯彻整体性原则

马克思主义理论体系和知识体系博大精深，涉及社会、经济、政治、文化、历史、生态、科技、军事、党建等诸多领域和各个方面，其基础是马克思、恩格斯的著作，同时也包括不同历史时期不同国家的政治家、思想家对马克思主义理论的丰富和发展。其中，马克思主义哲学、马克思主义政治经济学和科学社会主义，是马克思主义理论体系不可分割的三个主要组成部分。三个主要组成部分具有相对独立的研究对象和特定的内容，但它们之间又是内在联系的不可分割的统一整体。在马克思主义理论体系中，它的世界观和方法论原则与它对经济事实的分析同它的全部结论之间，在理论上和逻辑上是严密的、完整的、一贯的，它们相互联系、相互渗透、相互论证，构成统一的马克思主义学说。列宁曾经将马克思主义哲学比作是“由一整块钢铸成”的理论体系，认为“决不可去掉任何一个基本前提、任何一个重要部分，不然就会离开客观真理，就会落入资产阶级反动谬论的怀抱”①。如果把它们其中任何一个组成部分同整体割裂开来，都会使它丧失自己的原有性质，并导致对整个马克思主义的曲解。

学科特征是学科的特色，学科特色是学科的生命线。马克思主义理论学科最显著的特征就是整体性。在马克思主义成为独立的一级学科之前，作为马克思主义“三个组成部分”的马克思主义哲学、马克思主义政治经济学、科学社会主义，是马克思主义的三个主要专业，分属于哲学、经济学和政治学。其他学科领域有关马克思主义的研究和教学内容，比如马克思主义历史学、马克思主义民族学等，则不成为独立的学科、专业，而是其所从属的一定学科、专业的一定研究方向。正是由于学科和专业设置的原因，一段时期以来，我们较为重视马克思主义各个组成部分分门别类的研究，忽视或不够重视马克思主义综合性整体性研究，造成了对马克思主义的肢解、误解和割裂，削弱或淡化了马克思主义的整体性。这正是马克思主义科学性遭到质疑、马克思主义遭遇整体性危机的一个重要原因，直接影响到马克思主义中国化、时代化、大众化的整体推进。

整体性是马克思主义的根本属性。马克思主义的本质、要义和精神实质，只有通过整体性的马克思主义才能表现出来。马克思主义理论学科建设，从建设内容上说，就是要以马克思主义理论体系为基础，把马克思主义作为研究对象并从整体上综合研究马克思主义。从建设目标上说，就是要论证马克思主义理论体系的科学性与价值性，确立马克思主义理论体系在学科领域的地位，使马克思主义理论学科成为我国哲学社会科学领域的优势学科。值得警惕的是，对马克思主义理论的研究，最为热门的是哲学，其次是政治经济学，最不景气的则是科学社会主义。可是，科学社会主义是马克思主义理论体系的纲领和核心。尽管马克思主义哲学和政治经济学都有其独立存在的价值，但在理论上却是以科学社会主义为最终归结的。离开科学社会主义，也就不存在真正意义上的马克思主义理论。

马克思主义理论学科建设要贯彻整体性原则。这就要求马克思主义理论一级学科所属的马克思主义基本原理、马克思主义发展史、马克思主义中国化、国外马克思主义研究、思想政治教育以及中国近现代史基本问题研究等六个二级学科，必须以马克思主义理论、中国化马克思主义及其所指导的实践为研究对象，

---

① 列宁：唯物主义和经验批判主义［M］. 人民出版社，1960：326－327.

决不能离开马克思主义理论、中国化马克思主义及其所指导的实践来构建学科体系。通过坚持不懈地努力，发挥马克思主义理论对其他哲学社会科学理论研究的指导作用，逐步形成以马克思主义理论一级学科、二级学科为骨干，以哲学、政治经济学、科学社会主义等分领域研究为支撑的马克思主义理论学科体系。

贯彻整体性原则，需要协调处理好马克思主义理论学科之下的六个二级学科的关系。六个二级学科是一个有机整体，内在联系十分紧密。其中，马克思主义基本原理学科和马克思主义发展史学科“史论结合”，相辅相成，相互促进，构成学科基础；国外马克思主义研究学科研究国外对马克思主义的运用及其发展状况，以吸收国外研究的有利因素为我所用；马克思主义中国化学科重点研究马克思主义中国化的历程、经验和理论创新成果，以用于指导我国社会主义现代化建设事业，解决实践中所遇到的理论和实际问题；中国近现代史基本问题研究学科与马克思主义中国化学科相结合，以促进人们对中国特色社会主义的道路自信、理论自信、制度自信和文化自信；思想政治教育学科运用以上五个学科的基础理论来研究人们思想政治素质的培育塑造问题，研究如何运用发展着的马克思主义理论武装人们的头脑问题，探索马克思主义的理论教育、政治教育、道德教育规律。二级学科各专业应开设好主干课程和马克思主义经典著作与重要文献选读课，从文本当中把握经典作家的思想，准确认识和理解马克思主义理论的科学性。

贯彻整体性原则，需要整体推进马克思主义理论学科建设，促使学科水平得到整体提升，切实培养受教育者为社会主义建设者和接班人。

四、提高教师队伍素质

《意见》指出，马克思主义理论学科建设和学位点建设，必须依托于思想政治理论课教学和科研机构，思想政治理论课教师是高校马克思主义理论学科队伍的主体。要避免在学科点的队伍中，过多地存在与马克思主义理论学科没有直接关系的教师，或者这些教师本身不是从事马克思主义理论研究和教学的，却成为学科点的主要成员，这样的结果，或与马克思主义学科建设本身的要求不相符合，或偏离马克思主义理论学科建设的方向，极其不利于马克思主义理论学科的建设，也不利于思想政治理论课的教学和改革。办好思想政治理论课与推进马克思主义理论学科建设相辅相成，而“办好思想政治理论课关键在教师，关键在发挥教师的积极性、主动性、创造性”。这就对思想政治理论课教师提出了更高的要求：不但要具有健康向上的思想道德素质和比较高的理论教学水平，能做好教书育人的本职工作，而且要具有较强的科研和学科建设能力，能承担起马克思主义理论的学科建设和学位点建设的任务。也就是说，在新的历史条件下，每一位思想政治理论课教师不仅要努力成为教学能手，还要成为科研骨干。

目前，思想政治理论课教师难以适应越来越高的思想政治素质和专业研究能力的要求。原因是多方面的，一是思想政治理论课教师长期承担着繁重的教学任务，教学经验和业务水平得到提高的同时，科研和学科建设能力明显偏弱。二是有的人只是为了谋得一份职业或者为了有一份稳定工作而从事思政课教学，他们并不具有马克思主义信仰。思想政治理论课教师如果没有对马克思主义的坚定信念，对马克思主义理论不是真学、真懂、真信，教学方法再生动，教学技巧再丰富，既不能显现马克思主义的真理光芒，也不会使马克思主义理论真正具有吸引力、感染力和亲和力，更不能培养拥护中国共产党领导和我国社会主义制度、立志为中国特色社会主义事业奋斗终身的有用人才。

推进马克思主义理论学科建设，必须提高学科建设的教师队伍素质。

第一，读原著悟原理，提高马克思主义理论素养。习近平总书记在学校思想政治理论课教师座谈会上强调："让有信仰的人讲信仰，善于从政治上看问题，在大是大非面前保持政治清醒。"只有真学了马克思主义经典著作和基本原理，才能掌握正确的世界观和方法论，解决真懂真信问题。要通过各种方式引导思政课教师，尤其是青年教师潜心研读马克思主义经典著作。通过研读经典，更深刻地领会马克思主义的本质、精华及其时代价值，消除对马克思主义科学性的各种错误认识，"在马信马""在马研马""在马言马"，增强马克思主义理论学科的归属感和建设好这一学科的荣誉感、责任感。

第二，培养学科带头人，发挥领军人物作用。"火车跑得快，要靠车头带。"要选择具有发展潜力的思政课中青年教师作为学科带头人重点培养对象。对于培养对象，不是要给予更多的名利，而是要更多地创造在实践中锻炼的条件，更多地提供参与各种学术活动的机会，更多地让其参与课题研究、课题申报。通过学科带头人的示范、领军人物的引领，培养更多的马克思主义信仰者、传播者、引路人。

第三，积聚学科力量，形成学科合力。马克思主义理论学科建设，仅靠某个或某几个优秀教师单打独斗是行不通的，仅靠办好思想政治理论课也是不行的。要整合学校师资力量，挖掘思政课程以外其他课程和教学方式中蕴含的思想政治教育元素，使各类课程与思想政治理论课同向同行，实现思想和价值的引领。建立以老带新长效机制，以课题、项目、团队建设为纽带，以中青年教师为主，建设一支老中青相结合的有潜力的骨干教师队伍。

第四，拓宽教师视野，坚定"四个自信"。习近平总书记指出，思政课教师"视野要广，有知识视野、国际视野、历史视野，通过生动、深入、具体的纵横比较，把一些道理讲明白、讲清楚”①。学校应尽可能地创造条件让教师有更多机会走出校门，走向社会，更多地参与社会实践调查研究，在深入了解党和人民伟大实践中汲取养分、丰富思想、坚定信念。有计划地把中青年教师派到全国重点马克思主义学院所在的高校重点开展理论研修，或依托高水平院校重点开展教学研修，全面提升教师理论功底、知识素养。积极支持、组织教师参加全国性、国际性的学术性会议，参加省市教育主管部门举办的培训班或研讨班，以在更大范围内交流学术，拓展教师学术视野，增强教师问题意识。如果有条件，还可以组织骨干教师赴国外调研，让他们在东西方不同制度不同发展的比较分析中增强“四个意识”、坚定“四个自信”、坚决做到“两个维护”。

总之，推进马克思主义理论学科建设，提升马克思主义理论学科质量，发挥马克思主义理论学科引领功能，不是一蹴而就的，而是一个长期探索实践的过程。我们要坚决克服“不搞科研照样可以上好课”的错误思想，自觉加强马克思主义基础理论、马克思主义中国化重大理论成果以及党史、新中国史、改革开放史、社会主义发展史的学习研究，扎实推进马克思主义理论学科建设，为课程教学奠定学术基础，用学科建设的成果服务思想理论建设和支撑思想政治理论课教育教学，实现学科建设与课程教学的良性互动，增强说服力、感染力和亲和力，不断提升高校思想政治理论课教育教学质量，肩负起为党和人民培养中国特色社会主义事业合格建设者和可靠接班人的历史重任。

（作者单位：昆明学院）

① 习近平：用新时代中国特色社会主义思想铸魂育人　贯彻党的教育方针落实立德树人的根本任务［M］. 人民日报，2019－03－19.

高校思想政治理论课实践教学方式方法改革探索研究

马 宁 马晓丹

高校思想政治理论课是高校大学生思想政治教育的主渠道，肩负着用马克思主义中国化的最新成果武装大学生的重任。实践教学是课堂教学的重要组成部分和延伸。本文提出高校思想政治理论课实践教学方式方法改革必须先处理好四个关系，并对实践教学方式方法改革进行有益探索。

2004 年 10 月，中共中央国务院发出的《关于进一步加强和改进大学生思想政治教育的意见》强调：社会实践是大学生思想政治教育的重要环节，要建立大学生社会实践保障体系，探索实践育人的长效机制。通过思想政治理论课实践教学帮助大学生学会理论联系实际的运用与创新，并在活动中学会改造主观世界、促进自身全面发展，使大学生正确认识我国国情和改革开放等现实问题，加深对理论课堂教学的认识和提高，达到学以致用的目的。因此，创新思想政治理论课（以下简称思政课）实践教学方式方法，强化实践环节十分必要。

一、探索思政课实践教学方式方法必须先处理好四个关系

（一）处理好思政课实践教学与课堂教学的关系

实践教学是思政课的一个教学环节，是课堂教学的延伸，是对理论学习环节的具体化和深化，它在课程体系中具有同等的重要性。在育人的功能上，实践教学与课堂教学相互配合，共同实现思想政治理论教育的目标，相互不能替代。课堂理论教学是实施实践教学的必要基础，后者又是促进前者的深化。同时，思政课实践教学并不是课堂理论教学的简单补充或延伸，是理论与实践结合的独立环节，它在将科学理论内化为大学生自身信念与修养以及先进文化的学习与传递等方面，具有不可替代的价值和功能。

（二）处理好思政课实践教学活动与其他思想政治教育活动的关系

思政课实践教学活动，主要是指由思政课教师组织开展的各种实践活动，旨在通过实践教学活动，提高理论教学的实效性，更好地发挥思政教育的主渠道作用。其他思想政治教育活动，是由学校党政、共青团和学生会组织开展的教育活

动，如校园文化建设、大学生暑期三下乡、就业指导与服务、职业生涯与规划等，这些活动与思政课实践活动在培养学生教育目标上是一致的，但两者是有区别的，所以要处理好他们之间的关系，充分发挥好合力作用。

（三）处理好思政课实践教学与专业教育的关系

围绕本科生培养目标，思政课实践教学与专业课、专业实践课都是学生职业素质培养的重要组成部分。在思政课教学中应实现知识、技能和情感三者的有机统一，即如何在传授知识和培养思想道德品质的同时，使学生的综合职业能力得到培养和提高。思政课实践教学由于教学时间等方面的限制，必须有效利用专业教学的平台，在教学中从实践教学内容选择、实践途径、实践目标定位等方面实现专业教育实践与思政课教育实践的融通。

（四）处理好思政课实践教学不同层次之间的关系

思政课实践教学形式是多种多样的。从开展的空间来区分，既包括思政课课堂教学中的实践性活动，也包括围绕教学进行的广义的德育活动；根据实践教学的目的，昆明学院思政课教学科研部主要做了在思想政治理论四门课程的实践教学，主要有参与型实践（如课堂讨论、辩论、参与校园文化活动等）、感知型实践（如参观、观看影视资料等）、探索型实践（如调查研究）、内化型实践（角色体验）等不同类型。在教学实践中我们要把握好这些类型的特点，坚持课堂实践和课外实践相结合、基地定点实践和全面实践相结合、课堂内容与时政热点内容相结合的原则。

二、高校思政课实践教学方式方法探索

（一）以思政课教学目标为依据，制订立体化教学计划

实践教学是思政课体系的一个重要组成部分，它的目标必须与思政课的教学目标一致，要围绕课堂理论教学，并服务于课堂理论教学，而不能游离其外。同时要适应本科办学特色与专业特色，适应学生的心理特点，在思政课实践教学中牢固树立育人的思想，遵循大学生成长规律和教育规律，确立立体化、多样化的实效教学计划，并将其纳入学校总体教学体系之中，有计划、有目的地组织实施是前提条件。

（1）把握总体目标：一是提高大学生思想政治素质和观察分析社会现象的能力，深化教育教学效果；二是将理论教学与实践教学有机结合，避免“两张皮”现象的出现；三是把教材内容与现实社会热点问题、难点问题和深层次问题通过实践使学生深入思考，破解难题；四是充分发挥学生的主体性，调动学生的主观能动性，把社会主流价值诉求变成学生的自身需要，通过实践，使思政课的教学内容真正进入学生头脑，外化为行为选择；五是帮助学生学会学习、学会生存、学会文字能力的运用、学会共处，提高与人交往、团队合作、组织管理能力

等各种综合能力；六是突出学生创新能力、实践能力以及创业精神的培养。

（2）融合思政课各门课程教学目标，发挥整体作用。高校本科思政课所包括的五门课程是一个有机的整体，虽然内容各不相同，但是最终目标都在于培养大学生成为中国特色社会主义事业的合格建设者和可靠接班人，要从整体教育教学目标出发，进行融会贯通，科学安排实践教学内容，确定实践教学重点，从而发挥各门课的合力育人作用。

（二）实现多层次的实践教学是保证实践教学的重要途径

根据思政课实践教学的特点，昆明学院每学期都制定了五门课程的教学大纲，在实践教学中注意课堂教学与实践教学相衔接、校内外实践相补充、定点实践与普遍实践相结合、角色体验与感知认知相结合、针对性实践与综合性实践相结合，尽力实现思政课实践教学与课堂理论教学的“四同”，即同对象、同目标、同进度、同考核，从而相互补充，形成合力。

（1）课堂教学实践化。在思想政治理论教学中渗透实践教学的理念和方法，即在课堂教学中创设实践教学情境，发挥学生主体作用，引导学生主动参与课堂，积极地思考问题，解决问题，并通过适当的教学方式把理论教学和实践教育课外活动和课内活动、校内活动和校外活动有机地结合起来。课堂教学实践化需要教师集体备课，精心设计和策划。根据思政课不同课程特点，可以设计和选择不同的主题和教学方法，在课堂上创造平等的教学氛围，调动学生的主动性，引导他们独立思考问题，培养他们运用马克思主义的立场、观点和方法分析和解决问题的能力。在课堂教学过程中开展实践教学活动的方式方法很好，如主题征文、主题设计、主题讨论、主题调查、主题演讲、主题辩论等。可将每班级学生分成若干小组（以10人为宜），事先设计内容让学生在课外准备，推荐各组讨论发言的代表，做主题交流发言并展示PPT，由学生主持并担任评委，教师给出评分标准，由学生评委当场打分，最后由教师点评和总结；主题征文和主题设计由教师给出征文和设计主题，学生分小组围绕主题进行课外准备、课堂交流介绍等。任课教师要善于抓住大学生关心的热点、难点、疑点问题，结合有关教学内容开展具体实践教学活动。

（2）实践教学理论化。在实践教学中把实践与理论结合起来，组织学生开展参观考察、校园文化活动、社会调查、青年志愿者活动和公益活动时，以科学理论为指导，并从实践活动中进一步深化理论认识。如教师在组织学生参观考察、社会调查研究前，给出学生调查和参观主题，供学生进行参考选题，讲授如何进行社会调查，参观时重点看和记录的内容有哪些；提供科学的调查方法、途径、过程等方面的内容，帮助学生掌握科学的研究方法和思维方法，使学生在实践中善于思考问题，收集资料，最后教授学生撰写调查报告，形成文字成果，使学生在实践中自觉提升认识。教师通过指导学生实践，深入了解学生实际，反过来有利于教师在课堂教学中做到有的放矢，实现教学与实践互补。

(3) 因校制宜。不同的高校，在学校文化、办学模式、生源基础、区位优势、师资力量、学科建设等方面均有差异。这些差异直接影响着思政课实践教学的过程和效果。因此，各高校实践性教学方式方法呈现出多元化、不尽相同的特点。所以，在开展思政课实践教学时，没有最好的模式，只有相对比较适合自己学校的模式。这就要求我们在实践教学中，要根据学校自身的特点和优势，创新实践教学途径和教学方法，充分利用学生独特的教育资源和教育素材，增强教学实效性。

(三) 师资队伍是实施思政课实践教学方式方法改革的主导

教师是教学工作的主导因素。提高高校思政课实践教学的质量，一个重要的因素就是要建设一支师德修养好、理论素质高、科研能力强、实践精神强的优秀教师队伍。

(1) 师德修养好。“学高为师，身正为范。”师德修养既是教师素质的体现，也是一种强大的力量。教师的理想信念、道德情操会直接影响到学生政治素质的养成。高校思政课教学是做人的工作，教师不仅应该是正确的世界观、人生观、价值观的传播者，而且应该是高尚道德行的力行者。教师作为“人类灵魂的工程师”，不仅要教好书，还要育好人，各个方面都要为人师表。教师只有真正为人师表，既以言传道，又以行垂范，才能使学生“亲其师”“信其道”，最终达到“敬而受教”，引起品格心理的共鸣，从而使教师在教育过程中的外在规范性和导向性作用得以发挥，真正实现师生授受关系的和谐。

(2) 理论素养高。“思政课教师的使命感和责任感首先来源于对马克思主义理论的坚定信念，以及对思想政治理论教育的事业心。教师是马克思主义的传授者，如果传授者本身不信马克思主义，不热爱思想政治理论教育这一事业，那么，他对自己的教学是不会有使命感和责任感的。”思政课教师的理论取向和价值评价，往往具有强烈的导向和示范作用。因此，思政课教师应有坚定的政治方向，既要有较强的政治鉴别力和政治敏锐性，又要有高尚的人格、强烈的事业心和使命感，不断提高政治理论水平和政策水平，全身心地投入到理论与实践教学。同时，由于思政课实践教学具有鲜明的综合性特点，只有教师具备渊博的知识、深厚的理论功底和扎实的专业知识，才能不断拓宽教学新视野，开辟实践教学新思路，使实践教学内容更充实。

(3) 科研能力强。一个不善于从事科研的教师不是一个好老师。同样，一个不善于从事教学和科研的思政课教师，不能成为一个好的思政课教师。学生实践教学工作组织和完成质量的好坏，取决于教师的业务水平、管理水平和科研能力。

(4) 实践精神强。社会实践教学的作用和优点就在于，它能把感性认识和理性认识结合起来，把教学目的和教学效果结合起来。教师应深入学生之中，了解他们的所思所想，并亲自组织和带领学生深入实践的第一线，给予学生指导、讲解、答疑，这样师生双方才能都在实践中受益，进而实现教学目标和任务。

（四）实践基地是实施实践教学方式方法改革的保障

（1）开展有效的思政课实践教学，离不开多种形式的校内外实践教学基地和社会实践基地，它是大学生社会实践内容的基本载体和社会实践能力的基本培育点，具有窗口功能、桥梁功能、教育功能和示范功能。一是建立校内社会实践教育基地，如校史展览馆、实习工厂等。二是在学校附近企业、厂矿建立实践教学基地。以上两者的优势在于便于学生就近实践，可降低时间、交通成本，以及师生外出的风险。三是在省、市爱国主义教育基地建立实践教学基地，如烈士陵园、纪念馆、博物馆等。四是在农村建立相对固定的实践教学基地，便于组织学生进行“三下乡”社会实践活动。多年来昆明学院先后在昆明市第六污水处理厂、“一二·一”烈士陵园纪念馆、云南陆军讲武堂、西南联合大学纪念馆、昆明南洋华侨机工抗战纪念馆等爱国主义教育基地挂牌，成为学校思政课师生实践教学定点实践基地。

（2）建立社会实践基地有利于使实践活动的常态化。通过实践基地建设可将思政课程学习中的校园社会实践活动和校外社会实践活动有机地结合起来，将分散实践和寒暑假期实践相结合。随着社会实践的深入，越来越多的高校已经认识到大学生社会实践不是一个阶段性、临时性的工作，而是一个长期的、贯穿全年的常规工作，以前的社会实践活动大部分是在寒暑假期进行，平时甚少。固然在假期集中开展社会实践能促使学生合理利用假期实践积累社会经验，提高实际能力，但它缺少连续性和时间上的持续积累。因此，实践教学基地的建立可使大学生社会实践活动常态化，贯穿于整个思政课程全过程和每个学期。

（五）建立科学的考核机制，是探索思政课实践教学方式方法改革的重要环节和教学质量的重要保证

考核既是一把“尺子”，又是一根“指挥棒”，它既能检验社会实践是否按“教学大纲”要求的教学任务、目标、内容、步骤和教学的方式方法执行，了解与掌握学生参与社会实践活动的情况和取得的效果，又能引导教师、学生乃至社会重视社会实践活动，激励广大学生广泛参与社会实践活动。如果不加以考核，难免会弄虚作假，流于形式，就会挫伤学生的积极性，严重影响思政课的社会实践活动。为此，昆明学院做了以下工作。

（1）明确了考核的主体与客体。考核主体是马克主义学院分管领导；考核客体包括思政课教研室和进行社会实践的老师和学生。

（2）建立了科学的考核指标体系。将整个社会实践教学活动，分为若干级指标，一级考核指标包括“教学大纲”指标、思想政治表现指标、创新指标、

行胜于言指标、团队合作指标、服务奉献社会指标、组织纪律（考勤）指标、完成质量指标等，再往下划分二级或三级指标。每项指标给出量化的评分点，做到科学、系统和便于操作性。

（3）程序公正、方法科学。坚持定性分析与定量考核相结合，过程考核与结果考核相结合，既要看学生社会实践调查报告和学生个人总结的真实性及水平高低，又要参照学生在社会实践中的表现，做到知行统一。如为便于核实，指导教师让学生在实践报告中必须有专门部分对调查过程进行描述和实践体会的总结。其中包括调查的具体乡村、城镇、社区、企业或学校的名称、地址，被调查人的联系电话、邮箱，在调查地点的留影，调查人与被调查者的合影资料，《社会实践单位回执单》等，以便于事后抽查，并装订成册归档。

（4）正确处理与有效使用考核结果。它主要包括四个方面：一是对考核结果的检验；二是对考核结果的分析与诊断；三是对考核结果的反馈；四是对考核工作的总结。考核结果的处理与使用是学生社会实践活动的最后环节，其工作质量高低关系到考核功能和作用能否得以实现，因此，必须切实做好。

（作者单位：昆明学院　宁波大学）

党史学习教育背景下高校“立德树人”路径研究

李海香

党的历史是最生动、最有说服力的教科书。以习近平同志为核心的党中央立足新起点、新征程作出了开展党史学习教育的重大决策，开展党史学习教育是适应时代之需。立德树人是高校人才培养的根本任务，在新的历史时期，高校要抓住党史学习教育的契机，实现党史学习教育和立德树人有机融合，积极探索新时期贯彻落实立德树人路径，将高校思想政治工作做实、做细、做出成效，担负起培养时代之需人才的使命，努力实现高校高质量跨越式发展。

一、党史学习教育是新时代的号召，新时代“立德树人”的内涵

（一）党史学习教育是新时代的号召

在中国共产党百年华诞之际，立足于中华民族伟大复兴战略全局和世界百年未有之大变局，以习近平同志为核心的党中央适时号召全党开展党史学习教育。习近平总书记在党史学习教育动员大会上强调：“我们党的百年历史，就是一部践行党的初心使命的历史。”历史是最好的老师、是最好的教科书，一代又一代的共产党人始终牢记党的初心使命、践行党的初心使命，艰苦奋斗，才能够取得今天的辉煌成就。在党史学习教育过程中要做到学史明理、学史增信、学史崇德、学史力行；做到学史悟初心，牢固树立初心观，坚定理想信念，在全面建设社会主义现代化国家新征程中践行初心，积极响应新时代的号召，努力成为能够担当民族复兴重任的新时代人才。

（二）新时代“立德树人”的内涵

立德树人自古有之，对于国家、社会、个人的发展都具有重要作用。随着人类社会的不断变化发展，立德树人的内涵和要求也随着时代的变化而发展。在奴隶社会主要以礼、乐、射、御、书、数“六艺”为教育内容，培养为奴隶社会服务的人才；到了封建社会，教育内容极大丰富和发展，具有鲜明的阶级性和严格的等级性，培养为封建统治阶级服务的人才；在今天，党带领人民经过艰苦卓绝奋斗，最终迈入了新时代。在新的历史时期，习近平总书记结合新

情况、新实际不断丰富了立德树人内涵。党的十八大报告指出：把立德树人作为教育的根本任务。在党的十九大报告中，习近平总书记指出："要全面贯彻党的教育方针，落实立德树人根本任务，发展素质教育，推进教育公平，培养德智体美劳面发展的社会主义建设者和接班人。"2018 年 9 月 10 日，习近平总书记在国家教育大会上强调："坚持党对教育事业的全面领导，坚持把立德树人作为根本任务。"2021 年 4 月 19 日，习近平总书记在清华大学考察时再次强调："坚持把立德树人作为根本任务，着力培养担当民族复兴大任的时代新人。"习近平总书记关于立德树人的论述内涵丰富，深刻回答了"培养什么人，怎样培养人，为谁培养人"的问题，习近平总书记强调"人无德不立，国无德不兴"，德对于个人的发展，乃至整个社会和国家的发展都至关重要。立德树人，立德是首位，是树人的基础，无德一切无从谈起，树人是立德的目的和落脚点。习近平总书记从三个层面深刻阐释了新时代立德内涵：国家层面要明大德、社会层面要守公德、个人层面要严私德。树人就是要培养德智体美劳全面发展，能够担当民族复兴大任的时代新人。新时代立德树人就是要坚持党对教育事业的全面领导，全面贯彻党的教育方针，推行"五育并举"，培养坚信共产主义远大理想和中国特色社会主义共同理想、德智体美劳全面发展、担当民族复兴大任的社会主义接班人和建设者。习近平总书记提出的将立德树人作为教育的根本任务是育人和育才的辩证统一，是教育理论的创新和发展，是习近平新时代中国特色社会主义思想的重要组成部分，是马克思主义中国化的最新成果，为高校人才培养提供了根本遵循。

二、党史学习教育与高校"立德树人"之间的逻辑关系

高校要在党史学习教育的新时代号召下，理清党史学习教育与高校立德树人之间的逻辑关系，深刻认识和把握党史学习教育在高校立德树人中的价值作用，二者辩证统一于高校人才培养过程中，相辅相成、相得益彰，共同致力于时代之需的建设者和接班人的培养。

（一）党史学习教育是高校"立德树人"的新引擎

党史学习教育为高校"培养什么人"提供了育人指引。党的百年历史就是党带领人民践行初心使命的历史，党始终坚信共产主义远大理想，始终坚守"为中国人民谋幸福，为中华民族谋复兴"的初心使命。坚持党的领导、坚定理想信念、坚守初心使命三位一体，为高校"培养什么人"提供了育人指引。开展党史教育有助于高校大学生进一步深入认识和理解党的初心和使命，树立正确的初心观；有利于高校培养始终牢记党的初心使命、坚持党的领导、勇于担负民族复兴大任的时代新人，培养在建设中国特色社会主义事业中接续践行党的初心使命的建设者和接班人。在中国共产党成立之初，中共一大 13 名代表在面对时局的

变化和权力的更迭时，并非都能够始终坚守和践行党的初心使命，他们有的始终坚守和践行党的初心使命，有的迷途知返，有的逐渐背离党的初心使命，走向敌对面。其中，张国焘、陈公博、周佛海等三人逐渐偏离党的初心使命，最终叛党变成反革命，陈公博和周佛海甚至变成了汉奸，他们的结局都以悲剧收尾。沈玄庐，是中国共产党最早的党员之一，是早期马克思主义思想宣传者，参与早期的建党活动，面对时局变化，在参加国民党一届三中全会时公开背叛党的宗旨使命，后发表了许多反共言论，最终被开除党籍，遭人暗杀，死于非命。再观之苏联社会主义事业的最终走向失败，一夜之间解体，究其缘由也是因为苏联共产党在执政以后逐渐忘记和偏离初心使命，违背了所背负的历史使命。在开启全面建设社会主义现代化国家新征程，面对风云变幻的国际形势，以及应对突如其来的新冠疫情时，开展党史学习教育，对高校培养坚定共产主义远大理想和中国特色社会主义共同理想、始终牢记和践行党的初心使命、时代之需的建设者和接班人至关重要。

党史学习教育为高校“怎样培养人”充实了育人资源。党史是一本系统的、生动的、内容丰富的教科书，凝聚着党的初心使命，一代又一代的中国共产党人始终围绕着“为中国人民谋幸福，为中华民族谋复兴”这一初心使命奋勇前进。中国共产党自成立至今，取得了新民主主义革命的胜利，无数仁人志士，抛头颅洒热血，最终实现民族独立；取得了社会主义革命的胜利，开启中国特色主义新篇章。党带领人民艰苦奋斗，实现了从站起来到富起来，再到强起来。中国共产党的历史清楚深刻地回答了中国共产党为什么能、马克思主义为什么行、中国特色社会主义为什么好等基本问题。深入开展党史学习教育，能让高校大学生切实清楚明白中国共产党为什么能、马克思主义为什么行、中国特色社会主义为什么好。向高校大学生讲述各个时期中国共产党人不怕牺牲、艰苦奋斗的革命精神，革命优良传统和感人事迹，使高校大学生深刻认识党的初心使命，进一步体会党和人民不懈奋斗的艰辛历程，提升高校大学生的共情能力，使其自觉投身中国特色社会主义建设之中，为实现中华民族伟大复兴努力奋斗，让青春奋斗的风采绽放在梦想的星空。

党史学习教育为高校“为谁培养人”明确了育人原则。党史是中国共产党领导人民艰苦奋斗、砥砺奋进、践行初心和使命的历史。党来自于人民，始终坚守和践行“为中国人民谋幸福，为中华民族谋复兴”的初心使命，百年党史蕴含着党性和人民性的辩证统一，为高校“为谁培养人”明确了育人原则。首先，党史学习教育为高校“为谁培养人”明确了党性原则，即高校要始终坚持和加强党的领导，坚定社会主义办学方向，坚持立德树人的根本任务，把握新时代使命，思国家之所需，思社会之所需，培养中国特色社会主义事业合格建设者和接班人。其次，党史学习教育为高校“为谁培养人”明确了人民性原则。习近平总书记在党的十九大报告中强调“党的初心和使命是为中国人民谋幸福，为中华民族谋复兴”。因此，高校人才培养要认真贯彻党的教育方针，坚持立德树人的根本任务，坚持为人民服务，办人民满意的教育，引导高校大学生树立以人民为中心的思想意识，使之成为服务人民、一心向党，为实现中华民族伟大复兴而努力奋斗的优质人才。

（二）“立德树人”是开展党史学习教育的目的和归宿

立德树人是高校人才培养的出发点和落脚点，高校开展党史学习教育的目的和归宿就是立德树人，学习党史是为了更好地走向未来。在迎来党百年华诞之际，我国脱贫攻坚取得全面胜利，开启了全面建设社会主义现代化国家新征程，全党全国各族人民向着实现第二个百年奋斗目标奋勇前进。开展党史教育立足新起点、新征程，让学生明白新时代所肩负的历史使命，把握社会发展的历史方位，深刻总结历史经验，有助于高校培养一心向党、永远跟党走，坚定理想信念，牢记初心使命，德智体美劳全面发展的新时代人才。

三、党史学习教育助力高校“立德树人”新路径

高校要积极响应新时代的号召，认真贯彻落实党史学习教育，探索研究立德树人目标实现的路径。高校要坚持党的领导，充分挖掘党史学习教育的育人资源，将党史学习教育和高校立德树人有机融合，抓住党的光荣传统和优良作风教育这条主线，彰显思政课立德树人的价值导向，加强教师队伍建设，培养德智体美劳全面发展的新时代人才。

（一）坚持党的全面领导，贯彻落实党史学习教育，为高校立德树人提供根本保障

坚持党对高校教育事业的全面领导，坚持以习近平新时代中国特色社会主义思想为指引，深入学习党的十九大，十九届二中、三中、四中、五中全会精神，认真贯彻落实党中央及各级党委关于党史学习教育的决策部署，牢牢把握立德树人在高校教育教学工作中的核心地位。在党的领导下，切实加强高校基层党的组织建设、思想建设、队伍建设和作风建设，全面提升高校大学生的政治素养，切实推行“五育并举”，培养德智体美劳全面发展的新时代高素质人才，为建设中国特色社会主义事业，实现中华民族伟大复兴提供智力支撑和人才保障。

（二）将党史学习教育与高校思政课有机融合，充分发挥高校思政课的主阵地功能

历史是最好的教科书，高校要坚持党对高校教育事业的全面领导，将党史学习教育贯穿于立德树人全过程，充分挖掘党史学习教育在立德树人中的重要价值，将党史学习教育内容有机融入思政课堂，充分发挥思政课立德树人的主阵地功能，以系统的课程教育讲好历史这本最好的教科书，使高校大学生真正能够做

到学史明理、学史增信、学史崇德、学史力行，切实提升高校大学生的政治理论素养。党史学习教育对高校大学生的思想品格塑造具有重要作用，党史学习教育理论具有强大的解释力、说服力和感召力。将党史学习教育、高校思政课堂、高校立德树人目标有机融合，将党史学习教育作为高校思政课教学体系中的核心构成，在党史学习教育融入、嵌入、渗入高校思政课上下功夫，完整、系统、有效地开展党史学习教育，让高校大学生树立正确的党史观、正确的初心观，深刻领会中国共产党为什么能、马克思主义为什么行、中国特色社会主义为什么好等党的重大理论问题，牢固树立共产主义远大理想，坚定中国特色社会主义共同理想，坚守和践行党的初心使命，以高昂姿态自觉投身于全面建设社会主义现代化国家的新征程。

牢牢抓住党的光荣传统和优良作风教育这条主线，彰显高校思政课立德树人的价值导向。在党的百年奋斗历程中，一代又一代的中国共产党人为共产主义远大理想、为人民幸福、为民族复兴，抛头颅、洒热血，英勇奋进，不畏艰难险阻，顽强拼搏，涌现了一大批视死如归的革命烈士、一大批顽强奋斗的英雄人物、一大批忘我奉献的先进模范、一大批无私奉献的时代楷模，形成了一系列伟大精神，共同构筑了中国共产党人的精神家园，为立党兴党强党提供了强大的精神支柱。习近平总书记指出："包括抗战英雄在内的一切民族英雄，都是中华民族的脊梁，他们的事迹和精神都是激励我们前行的强大力量。"① 在高校思政课教学中，要结合学校发展实际和发展规划，抓住党史学习教育的契机，把革命烈士、英雄人物、先进模范、时代楷模的伟大事迹全方位、多角度、多形式呈现出来，使党的光荣传统和优良作风成为新时代高校大学生的精神指引。高校大学生通过党史学习教育，不仅能够在理论上回答好"我是谁、为了谁、依靠谁"这道历史考题，也能够从实践的角度回答好这道历史考题。努力向英雄人物、先进模范、时代楷模看齐，继承和弘扬红色基因，在实践中磨砺艰苦奋斗、不畏困难、奉献社会和为民服务的良好品格，提升迈进新时代、开启新征程的勇气和魄力。

加强高校思政教师队伍建设，为高校党史学习教育有效开展、实现立德树人目标任务提供人才保障。立德树人是高校人才培养的根本任务，党史学习教育是时代的号召，为有效开展党史学习教育助力高校立德树人，加强高校思想政治工作队伍建设必不可少。结合时代之需，努力建设一批具有马克思主义理论素养，政治信仰坚定，坚守和践行党的初心使命，结构合理的高素质人才队伍。高校思政教师要将思想政治教育工作融入人才培养的各个环节，以塑造灵魂、塑造生

① 习近平．在颁发"中国人民抗日战争胜利70周年"纪念章仪式上的讲话［N］．人民日报，2015－09－03（002）。

命、塑造人才为抓手，加强师德师风建设，坚持以人为本，全心全意为学生发展服务，切实培养时代之需的人才，为建设中国特色社会主义事业和为实现中华民族伟大复兴提供人才支撑。

（作者单位：楚雄医药高等专科学校）

高校思想政治理论课实践教学需要注意的几个问题

李立琼　马　宁

高校思想政治理论课是落实立德树人根本任务的关键课程，而实践教学是思想政治理论课教学过程中不可或缺的重要环节。思想政治理论课实践教学内涵的界定、实践教学宗旨的体现、实践教学与理论教学关系的处理以及实践教学育人功能的增强等是每一个高校思想政治理论课教师需要关注的问题。

自 2004 年中共中央、国务院《关于进一步加强和改进大学生思想政治教育的意见》到 2018 年教育部《新时代高校思想政治理论课教学工作基本要求》等一系列文件下发以来，高校思想政治理论课实践教学引起了各方面较多重视，各学校针对新形势下思想政治教育面临的新情况、新问题、新要求，纷纷制定实践教学方案，组织实施实践教学，在理论上提出不少有益的见解，在实践中创造了不少好的做法，但仍然存在不少模糊认识，这在一定程度上制约和影响了思想政治理论课实践教学效果。为了进一步提升大学生对思想政治理论课实践教学的认同感、接受度和践行力，笔者认为，在制定实践教学方案、实施实践教学时需要注意以下几个问题。

一、界定思想政治理论课实践教学内涵

尽管目前高校在思想政治理论课开展实践教学的必要性及其基本形式已经形成了许多共识，但很长一段时间内人们对实践教学的理解确实存有分歧。正确认识高校思想政治理论课的实践教学形式，树立正确理念，是更有针对性地开展实践教学的前提。

从思想政治理论课近年的实践教学来看，存在把实践教学内涵界定过宽或过窄的情况。要么把不属于思想政治理论课实践教学活动的形式，比如，把学校团委独立组织的大学生暑期“三下乡”活动、思想政治理论课教师主导的案例教学活动等纳入实践教学活动之中，以不属于思想政治理论课实践教学的活动取代真正意义上的实践教学，导致思想政治理论课实践教学的泛化倾向和随意性；要么认为只有走出课堂、走出学校、走向社会的社会实践活动才是实践教学，导致

思想政治理论课实践教学活动的弱化，不能保证参与上的广泛性、时间上的连续性，束缚了思想政治理论课实践教学形式的多样化发展。

实际上，实践教学是关于“应该做什么”和“怎么做”的问题，而不是关于“是什么”的问题。思想政治理论课实践教学，指的是围绕思想政治教育教学的目的而开展的、在思想政治理论课教师指导下的、学生亲身参与和体验的实践活动。它既包括为认识探索理论和规律而开展的研究、探索、思考等必要的验证性实践，也包括为解决实际的社会问题，提高创新能力而开展的综合性、设计性、研究性、探索性实践，还包括以了解社会和国情、了解地方经济状况，提高全面素质为宗旨的体验性实践。它是以激励大学生们主动参与、主动思考、主动创造为基本特征，以促进学生整体素质为目的的全新教学形式。

思想政治理论课的实践教学的实践形式应该是广义上的，它既可以体现在课堂教学之外，又可以体现在课堂教学之中。它不仅应包括社会实践，还应当包括课堂实践、科研实践等多种形式。它所要联系的历史实际、社会实际、学生思想实际，通过报刊、网络、图书等途径也能得到，而不需要一定到社会中去、到某一特定基地去。如果仅仅把思想政治理论课实践教学的内涵定位在社会实践上，甚至认为思想政治理论课的实践教学就必须离开课堂、离开学校到社会中去，就极大地限制了思想政治理论课实践教学的内涵和外延，也限制了学生通过其他方式参与教育教学的途径。

二、体现思想政治理论课实践教学的宗旨

马克思主义者和中国共产党人领导和推进的社会实践既定的价值目标和过程、成果、特点所包含和体现的马克思主义理论，决定了高校思想政治理论课各门课程教育教学的根本目的、内容体系和基本要求，也决定了实践教学的宗旨。《新时代高校思想政治理论课教学工作基本要求》在阐述设置思想政治理论课的宗旨时指出：“承担着对大学生进行系统的马克思主义理论教育的任务，是巩固马克思主义在高校意识形态领域指导地位、坚持社会主义办学方向的重要阵地，是全面贯彻党的教育方针、落实立德树人根本任务的主干渠道和核心课程，是加强和改进高校思想政治工作、实现高等教育内涵式发展的灵魂课程。”这个根本宗旨当然也是思想政治理论课实施实践教学的宗旨。

根据教育部对高校思想政治理论课的最新设置，本科思想政治理论课包括“思想道德修养与法律基础”“马克思主义基本原理概论”“中国近现代史纲要”“毛泽东思想和中国特色社会主义理论体系概论”“形势与政策”等五门必修课程。这些课程本身的属性要求在总体设计上不能没有实践教学。每门课程要从其特定的内容体系、课程标准和基本要求上承担起对大学生进行马克思主义理论教育的任务。思想政治理论课的课程教育教学就是要把这些内容表达出来，使大学

生在理论层面上接受相关的马克思主义理论教育。因此，思想政治理论课实践教学要分析课程教学内容体系与其所反映的相关社会实践之间的内在逻辑关系，揭示课程内容所包含的社会实践理性及其理论的精神实质。如“马克思主义基本原理概论”的实践教学，应当关注从整体上阐明马克思主义是当时无产阶级进行政治斗争的实践的理论结晶及其在中国革命、中国社会主义建设、改革开放实践中合乎逻辑的发展；“中国近现代史纲要”和“毛泽东思想和中国特色社会主义理论体系概论”的实践教学，所要关注的应当是系统阐明马克思主义基本理论与中国革命和建设的实践尤其是与改革开放的伟大实践相结合的过程、成果及其规律与特点之间的内在逻辑关系。

三、处理好实践教学与理论教学的关系

由于受到传统教育教学观念的束缚和影响，有的教师重视思想政治理论课理论教学而轻视实践教学，有的教师在追求教学形式多样化的同时又出现片面强调实践教学的倾向。实际上，思想政治理论课实践教学与理论教学是既相互区别又相互联系的两个教学环节，统一于思想政治理论课的教学过程。

思想政治理论课实践教学与理论教学两者之间是相互区别的。各门课程的理论教学一般都是根据教学大纲的要求，以教师讲授为主，重在传授理论和知识；而实践教学以实践活动为载体与形式，强调学生参与，在亲身体验和身体力行中加深对所学理论知识的理解和把握，并将其内化为自己的思想和行为。在实践教学中，教师的角色定位不在于讲授理论、传道授业，而在于组织活动、指导实践；学生不在于被动地接受理论灌输，而在于主动地参与实践，从实践中觉悟理论、深化认识、升华情感、磨炼意志。

思想政治理论课实践教学与理论教学两者之间又是相互联系、相辅相成的。一是两者有着共同的教学目标，都是为了提高大学生的马克思主义理论素养，帮助他们树立正确的世界观、人生观、价值观，培养德智体美全面发展的社会主义合格建设者和可靠接班人。二是两者的教学内容相互渗透、相互促进。理论教学是实践教学的必要准备，没有理论教学，单纯的实践教学很难使学生真正系统地掌握马克思主义基本理论，“没有革命的理论，就不会有革命的运动”。但是，“理论一旦脱离实践，就会成为僵化的教条，失去活力和生命力。实践如果没有正确理论的指导，也容易‘盲人骑瞎马，夜半临深池’。理论对规律的揭示越深刻，对社会发展和变革的引领作用就显著”。作为理论教学的延伸与拓展，思想政治理论课的实践教学重在帮助学生巩固和深化课堂学习效果，强化学生对教学重点难点问题的理解和掌握。由此可见，思想政治理论课理论教学和实践教学在内容设计上应该相融，在环节安排上应该贯通。

理论是灰色的，生活之树常青。由于大学生在具有强烈自主性的同时，通常

又具有易冲动和盲目从众的特点，使他们易把对复杂社会存在的一些阴暗面以及一些对马克思主义理论、对党和国家的路线方针政策的误解和歪曲当成真实。要改变大学生存在着的种种认识上的误区，只靠理论教学是难以奏效的。而成功的实践教学可以引起学生系统学习理论的兴趣，进一步巩固理论教学的成果，检验理论教学的成效，为理论教学改革提供参考。对待实践教学和理论教学的关系问题，在认识上要避免两个误区：一是避免只有实践而没有教学。在学生的实践中由于教师的缺位或教的不足，全部交由学生在实践上自行建构应然性的思想观念，实际上是高估了学生的自觉性与主动性。二是避免两个课堂的分离。要充分认识到实践教学只是思想政治理论课教学的一种形式，实践教学固然重要，但不等于实践教学可以高于或取代课堂教学。反过来，实践教学更贴近社会现实，更能唤起学生的课程参与热情，并且能够更好帮助学生了解和洞察社会，体验民情民意。

四、增强实践教学的育人功能

2005 年 1 月，胡锦涛同志在全国加强和改进大学生思想政治教育工作会议上对思想政治理论课的性质做了深刻的揭示，他说："培养什么人、如何培养人，是我国社会主义教育事业发展中必须解决好的根本问题。大学生是国家宝贵的人才资源，是民族的希望、祖国的未来。要使大学生成长为中国特色社会主义事业的合格建设者和可靠接班人，不仅要大力提高他们的科学文化素质，更要大力提高他们的思想政治素质。只有把这项工作做好了，才能确保党和人民的事业代代相传、长治久安。"

2019 年 3 月 18 日，习近平总书记在学校思想政治理论课教师座谈会上的讲话中指出："办好思想政治理论课，最根本的是要全面贯彻党的教育方针，解决好培养什么人、怎样培养人、为谁培养人这个根本问题。""我们办中国特色社会主义教育，就是要理直气壮开好思政课，用新时代中国特色社会主义思想铸魂育人，引导学生增强中国特色社会主义道路自信、理论自信、制度自信、文化自信，厚植爱国情怀，把爱国情、强国志、报国行自觉融入坚持和发展中国特色社会主义事业、建设社会主义现代化强国、实现中华民族伟大复兴的奋斗之中。"

思想政治理论课是落实立德树人根本任务的关键课程，具有思想性、政治性和理论性。这就决定了其鲜明的育人功能，即政治功能、思想功能和德育功能。其政治功能就是让大学生在实践中感知与造就其无产阶级的政治素质，深刻地理解历史和人民是怎样选择了马克思主义、选择了共产党、选择了社会主义、选择了改革开放，从而更加自觉地继承革命优良传统，弘扬以爱国主义为核心伟大的民族精神和以改革创新为核心的时代精神，坚定信念、立志成才，报效祖国、报效人民，从而树立起坚定的政治方向；其思想功能就是在以社会为教育环境的实践教学中，让大学生进行亲身体验，在直接感受中，把先进的思想意识、人生价值通过教育手段传递给大学生，提升他们的精神品位，丰富他们的心灵世界，构建他们的精神家园；其德育功能就是通过道德实践，不断帮助大学生提高道德认识、陶冶道德情感、锻炼道德意志、坚定道德信念、培养道德行为习惯，并使之逐步内化为个体良好的道德品质，转化为道德行为。

应该说，近些年来高校思想政治理论课实践教学普遍得到了重视，教学效果是明显的，但也还存在一些问题。教师大多把注意力集中到实践教学形式的探索以及教学手段、教学方法改革等具体环节上，而对于一些基本理念层面的问题，如思想政治理论课的基本功能、学术支撑等问题却缺乏反思。这种舍本逐末的做法将导致思想政治理论课实践教学的目标模糊、功能错位。一部分教师在实践教学过程中，在基本信念和立场上有失偏颇，不注重对学生进行主流意识形态的引导，专题讨论、情景模拟仅仅停留在事实的表面，参观、调查活动一定程度上存在“放羊式”的现象。一些教师为了赢得学生的好评，不惜牺牲思想政治理论课的思想性、政治性，迎合学生的感官享受，甚至借现实生活中的某些消极社会现象大发牢骚来吸引学生眼球；有的则表现出“市场化”倾向，大肆渲染社会上流行的各种时髦流派和思潮，回避、淡化甚至掩盖思想政治理论课的意识形态功能，使思想政治理论课迷失了自己的功能定位。诸如此类的做法，使思想政治理论课实践教学表面上搞得热热闹闹、形式多样，实际上把思想政治理论课实践教学与一般性的学生课外活动和社会实践活动混为一谈，淡化实践教学的教育教学本质，使学生不仅不能运用马克思主义的基本原理、基本方法理性认识和分析社会现存的热点焦点问题，增强社会责任感和历史使命感，反而容易造成学生思想上的混乱，甚至产生抵触情绪，使实践结果与实践教学宗旨背道而驰，消解了思想政治理论课的价值引领功能。

当前，我们正处于科技和生活日新月异的时代，面对的又是年轻的“00 后”学生，必须适应时代变化和学生的要求，改变刻板单一的教学方式，以学生所喜欢的方式来组织和实施实践教学。只有在理论学习的基础上引导学生带着疑问去参加各种形式的、丰富多彩的实践教学活动，通过学生亲身感受和体验来验证马克思主义基本理论的科学性和指导性，才可能增强思想政治理论课的思想性、理论性和亲和力、针对性，发挥其应有的育人功能。比如，有计划地选取一部分教材内容由学生自学讨论、自学自讲，给优秀学生登台展示自己的机会，也使其他同学看到在认识和把握某个问题上的多种程度和角度；选择观看纪录片《百年中国》《复兴之路》《伟大历程》或电影《厉害了，我的国》《建党伟业》《建军大业》《建国大业》，参观红军长征纪念馆、新农村建设示范村，走访先进社区，参加英雄人物和时代模范先进事迹报告会等，指导学生观后讨论、交流，并在此基础上撰写提交手写稿观后感，帮助引导学生从中国共产党为争取民族独立、为人民解放和国家富强、为人民幸福而不懈奋斗的光辉历史中汲取无数革命先辈艰苦奋斗、不怕牺牲的崇高精神，从英雄人物和时代楷模的身上感受道德风范，自觉抵制拜金主义、享乐主义、极端个人主义、历史虚无主义等错误思想，自觉树立和践行社会主义核心价值观。通过有计划、有组织地参与各种志愿者服务、敬老帮困助残活动，使大学生在“贡献国家，服务社会”的实践活动中，形成尊老敬贤、助人为乐的传统美德，树立艰苦创业、自强不息的精神，增强战胜困难和挫折的能力，增强社会使命感、责任感。

毋庸置疑，在经济全球化、信息网络化、文化多样化、价值取向多元化的今天，大学生要获得各种知识和信息已非难事，他们获取信息、材料的途径和渠道有时比教师还要多、还要快。然而，现实世界的变幻不定、大学生社会阅历的肤浅和理想信念的“尚不坚定”，常常使他们难以弄清真伪是非，甚至在价值判断、行为选择上出现偏差。高校思想政治理论课要增强其价值引领功能，离不开教育主管部门、学校党委对实践教学一以贯之的高度重视和支持，离不开教学单位“实践教学体系”的建立和完善，更离不开实践教学活动中思想政治理论课教师与学生的密切配合。

（作者单位：昆明学院）

高职大学生理想信念教育分析

刘冬丽

青年兴则国家兴，青年强则国家强，青年理想信念坚定，国家才有扬帆远航的不竭动力，民族才能永远屹立在世界之林。加强高职大学生的理想信念教育，提升理想信念教育的实效性有其现实迫切性和时代价值。目前我国高职大学生理想信念教育存在诸多问题，加强高职院校大学生理想信念教育的主要阵地不仅要在课堂内，也要在课堂外。

当前，世界形势风云变幻，思想文化激荡碰撞，不断激发大学生投身改革开放建设事业，凝心聚力共筑中国梦，把他们培养成为中国社会主义事业的建设者和接班人，这是新形势下加强和改进高校宣传思想工作的主要任务之一。理想信念教育是思想政治教育的核心。促进理想信念教育水平的进一步提高，有利于构建社会主义和谐社会，有利于促进大学生的健康成长，更有利于中华民族的伟大复兴。在这种大环境下，本文从分析目前我国高职大学生理想信念教育存在的问题出发，提出了加强高职院校大学生理想信念教育的主要方法。

一、目前我国高职大学生理想信念教育存在的问题

（一）部分高职院校对大学生理想信念教育仍然不够重视

当前，虽然国家对大学生思想政治工作高度重视，但还有部分高职院校缺乏对学生进行理想信念教育的观念，认为学生只要具有专业技能，顺利进入社会找到工作即可。

（二）部分高职大学生政治理论缺失

中国特色社会主义理论体系无论在过去，还是在将来，都是领导我国人民走向繁荣富强的指明灯和方向盘。但是随着科学技术的发展，大学生获得信息的渠道更多更广、接收的信息量也越来越多，部分学生政治理论缺失，容易迷失方向。

（三）部分高职大学生的理想信念和民族传统渐淡化

目前，不少大学生热衷于出国留学，对国学及中国传统的文化知识及底蕴认

识不够，没有从内心真正认识中国传统文化的精神内涵。另外，由于受到部分媒体的过度宣传，高职大学生的心中的民族传统观念被淡化，使部分大学生认为理想信念太远，过分强调自我，社会责任感下降。

二、加强高职院校大学生理想信念教育的主要方法

（一）加强高职院校大学生的思想政治理论教育

思想政治理论教育是以马克思主义为核心的理论教育，要按照教学大纲和教学计划要求对大学生进行马克思列宁主义、毛泽东思想和中国特色社会主义理论体系的理论教育，使大学生系统掌握、领会其基本原理和精神内涵，帮助他们树立正确的世界观、价值观、人生观，能够正确处理人生中遇到的困难和问题。在教学中加大对学生掌握党的基本理论及纲领、中国革命及建设的理论、中国国情和形势政策的教育，增强大学生实现中华民族伟大复兴的共同理想信念，增强学生自身的责任意识，坚定中国共产党的领导，使社会主义核心价值观润物细无声地影响当代大学生的精神追求，并外化为行动指南。

（二）深化高职院校思想政治理论课的教学改革

思想政治理论课体现了高校的本质要求。加强高职大学生理想信念教育，高职院校思想政治理论课教育要紧跟社会发展，及时结合实际，与国际局势发展、我国现代化建设等紧密结合，对教学内容进行改革。用党的创新理论武装当代大学生。既不丢“老祖宗”，又能不断推陈出新。同时，高职院校思想政治理论课教育要依据学生的学习特点，制定符合各层次学生有效学习的课程体系，并以思想政治理论中的理想信念教育作为核心教育内容，重点进行爱国主义教育，教育学生要遵守基本的道德规范。另外，高职院校思想政治理论课教育要不断拓展灵活多样的教学方法与手段。依据不同年级、不同专业的学生，采取不同的教学方法进行教学，如开展讨论、专题讲座、专题演讲、辩论、社会实践等活动。

（三）积极组织高职院校大学生的社会实践活动

对大学生进行理想信念教育，社会实践是一个重要的渠道，学生在参与的各种社会实践活动中，能够接触社会、了解国情、锻炼毅力、培养品格、提高交际能力等，不断坚定崇高的理想信念。大学生缺少的是共鸣，缺乏的是舞台，通过社会实践活动并加强活动后的宣传和总结工作，不仅可以让他们体会到自豪和骄傲，还可以让他们得到精神上的享受，这对于增强大学生理想信念的教育效果作用巨大。

（四）加强高职院校校园文化建设

在大学校园里，学生只有处在一个文化氛围浓厚、具有良好学习环境的校园中，才能受到潜移默化的影响，并树立起正确的人生观、价值观。通过有效的手

段建设校园文化，营造一个正确的理想信念教育氛围，让学生在良好的学习生活环境中不断提升自身的文化知识及技能水平。

（五）高职院校要有效利用网络课堂的舆论影响力

在全球化时代，网络上信息纷繁芜杂，并夹杂着西方各种不良社会思潮，这些负面信息对于世界观、人生观以及价值观都还没完全成熟的大学生来说具有一定的负面影响，容易迷惑和误导大学生群体。因此，要开展理想信念教育，坚决抵制不良信息的传播和西方意识形态的渗透。学校要充分利用和发挥微信、QQ等学生群体利用率高的平台，对学生的自我控制力进行培养，让学生了解网络，并在网络学习的过程中有效辨别信息，形成正确使用网络的安全法治意识，自觉杜绝和预防网络成瘾和社交障碍等问题，使高职大学生能够适应网络生活环境，让理想信念教育在网络教育中占据重要领地。

（六）高职院校理想信念教育必须制定相应的规范制度

如果只是将高职院校的理想信念教育作为一项可有可无的课程，没有实际的课程安排及规范制度，那么理想信念教育就会成为一纸空文，就会成为一个空壳。因此，谈理想信念教育的时候，应当要避免出现空谈教育这一现象的出现，要将理想信念教育以制度的形式确定下来，重视学生个人理想教育，逐步引导其向社会理想升华。

（作者单位：西双版纳职业技术学院）

基于线上平台的思政课实践教学和学分认定的模式研究

王 良

实践教学作为大学思想政治理论课（以下简称“思政课”）中的重要内容之一，如今已成为思政课教育教学改革的重点环节。

思政课是高校思政教育的主渠道和主阵地，是落实高校立德树人任务的重要手段。在增强思政课的思想性与理论性的同时，加强高校大学生实践能力的培养，已成为思政课教师的共识。中央宣传部、教育部印发的《普通高校思想政治理论课建设体系创新计划》中，明确指出要“坚持理论与实际相结合，注重发挥实践环节的育人功能，创新推动学生实践教学和教师实践研修。……坚持教师讲授与学生参与相结合，注重师生教学互动，教师充分调动学生学习的主动性和积极性。坚持课堂教学与日常教育相结合，积极拓展思想理论教育渠道，创新发挥第二课堂的教育作用。……坚持校内与校外相结合，注重资源整合，探索建立全社会关心支持思想政治理论课建设的长效机制”，强调了理论和实践、课内和课外结合的重要性和必要性。在思政课教学过程中，师生实现互动，教师充分调动学生学习的主动性和积极性，至关重要。探寻一种新模式有效培养和提升高校大学生思想政治理论相关实践能力，达到对培养和教育效果的学分认定和管理，成为当下思想政治教育课程改革的新问题和新方向。

一、目前的思政课实践教学存在的问题

第一，思政课实践教学师资严重不足。思政课是面向全体高校学生开设的必修课。随着我国高等教育招生规模的不断扩大，在校大学生人数与日俱增，但思政课教师人数增长缓慢。一般的本科院校，特别是独立院校为解决生师比失衡的问题，思政课教学普遍采用大班或者中班教学的形式。此举虽然勉强完成了思政课的理论教学任务，但实践教学却因思政课教师严重不足而大打折扣，且与相关文件中关于实践教学不能采取课堂教学方式的精神不符。

第二，思政课实践教学时间过短。思政课实践教学承担着帮助学生树立正确的世界观、人生观、价值观，以及提高学生运用马克思主义的立场、观点、方法

分析和解决各种问题的能力的任务。因此，思政课实践教学应当贯穿学生从入校到毕业的全过程，但目前思政课实践教学仅局限于开设思政课的几个学期，时间太短，不利于学生良好行为习惯的养成。

第三，思政课实践教学流于形式。具体表现是：（1）思政课实践教学缺乏独立、完整、详细、可操作的教学计划。（2）因受场地、经费、时间、学生安全等因素的制约，思政课实践教学往往无法顺利进行。（3）思政课实践教学形式单一，主要是组织学生收听观看音视频或者参观实践教学基地，并在活动结束后由参加活动的学生上交一份实践报告，这无法使学生真正领悟到开展思政课实践教学的意义。（4）校内思政课实践教学基地缺乏，校外思政课实践教学基地距离学校较远，制约着思政课实践教学的顺利开展。（5）学生参加思政课实践教学的考核成绩占思政课总成绩的比例不高，无法调动学生参与思政课实践教学的积极性和主动性。由此可见，目前这种流于形式的教学模式，严重制约了思政课实践教学质量的提升。

二、基于线上教学平台对思政课实践教学模式改革

2020 年，由于新冠肺炎疫情的影响，高校无法按时开学，于是多数高校以线上教学方式，坚持完成教学工作，这也给探索思政课实践教学改革模式提供了新的契机。

笔者所在高校在 2020 年上学期开设有“中国近代史纲要”“马克思主义基本原理”和“毛泽东思想与中国特色社会主义理论体系概论”三门课程，三门课程均在学校的教学平台上开展了线上教学，至上学期期末，三门课程分别实现课程观看次数 317175 次、258927 次和 406177 次。以“马克思主义基本原理概论”为例，学习总人数 4093 人，学习总时长达到 1179 天，师生在线讨论次数 7255 次，参与讨论人数 2871 人，3578 人完成全部课程内容学习，完成率 86%。

由此可见，除部分学生因受硬件或网络条件所限无法完成线上学习以外，线上教学基本可以实现对绝大多数学生的覆盖，也可以实现任课教师和学生的基本沟通，并且可以从后台了解学生学习情况。

如果在现有的网络平台上进一步完善学生的个人信息记录，就可以建立起学生的“思想政治教育实践学习档案”。同样类型的思政课学习档案，在昆明以及云南其他一些州市高校中都有所尝试，如楚雄师范学院就有这样的学习档案。但纸质档案的问题在于管理、储存和查阅都需要消耗一定资源和成本，且涉及的学习内容要在设计表格一开始就基本确定下来，灵活性会受到很大限制。而因疫情期间开课的需要，各高校基本都开通了线上教学平台，配合学生现在智能手机的普及，将学习实践、学习档案电子化、网络化、随身化已基本不成问题。在此档案的基础上，通过和新增课程相似的方式就可以建立起多种类型且可以灵活组合

的“实践教学项目”。并且在现有的教学平台的功能范围内，就可以实现教学沟通、学习过程痕迹记录、学习成果认定、成绩核算、信息归档和查询等全套功能，并不需要再次花费过多的系统建设成本。

“实践学习档案”除了包括学生的基本情况和信息以外，主要的内容就是“实践教学项目”，这类项目可以涉及多种同的实践活动。比如，学校组织的各类思政大讲堂、论坛、时事政治和形势与政策讲座，或者是由学校组织的校内外的各种志愿者工作，抑或是校外建设的红色教育基地，都可以在活动现场放置二维码，学生听讲座、参与活动、参观校外基地，都可以通过手机扫描二维码，进入相应的“实践教学项目”，根据项目要求，完成诸如撰写学习心得体会、撰写通讯稿、图文推广红色文化等各种方式，提交和展示实践成果。再或者由学校马克思主义学院或思政课教学部门开列思政课课外书单，并在图书馆相应书籍中加入二维码，学生通过借阅书籍，扫描二维码，进入该书“实践教学项目”，完成借阅期内的多次阅读打卡、读书笔记、读后感、在线讨论或线下读书会，作为实践成果记录。所有思政课相关教师或辅导员，也可以开设“实践课题项目”，由学生选择参与。学校也可以通过建立校外实践教学基地的方式，为学生推荐调研、扶贫、志愿、宣讲等实践活动单位，由单位相关负责部门根据学生参与实践活动的次数、情况、成绩做出评定，计入实践成果记录。

实践活动项目的形式可以多种多样，除以上提到的这几种之外，还可根据现实情况、地方特点进行调整和创新，方法不一而足。在具体设计中，可以将设定项目类型和成绩标准相对应，而具体内容可以开放新增权限，由思政课教学部门、教师和学生自主建立。

通过电子化“实践学习档案”的建立，实际上是将第三课堂——实践课堂和第四课堂——网络课堂结合起来，使思政课实践教学可以：（1）跳出现有的第一课堂和第二课堂的教学形式、场地、资源的限制；（2）兼具系统性和灵活性，更加适应实践教学统一性和分散性的特点；（3）合理实现很有效的教学资源配置；（4）与各学院各专业开展的“课程思政教育”实现联动。这样能够真正实现课堂教学与日常教育相结合、理论与实际相结合、教师讲授与学生参与相结合、校内与校外相结合。最重要的是，通过“实践学习档案”的管理，形成的是以学生为主体的实践学习模式，学生在这样的模式下可以根据自身的情况和性格兴趣特点，自主选择和组合想要完成的实践项目，真正体现了实践教学中“实践”的特性。

三、引入项目管理机制建立实践教学成绩认定体系

建立线上“实践学习档案”，是从技术上搭建起了思政课实践教学的平台，但是要实现对学生实践学习的有效管理，还需要引进一套完整可行的内容管理和成绩认定机制。根据“实践教学项目”的设置，引入项目管理机制，正好可以

将这种网络“实践教学”的内容和形式有效衔接起来。

项目管理在现代的管理方式中是运用科学的理论和方法对项目进行计划、组织、指挥、控制和协调，实现立项时确立的目标。对项目进行管理，是从管理层面实现分散管理和灵活组织，这是一种动态的资源优化方式。将其引入实践教学的管理中，主要基于两方面考虑：一方面，针对独立院校的办学条件和一般思政课教学部门的实际情况，在人力、物力、财力都有限的情况下，组织大规模的同一性实践活动并不现实，同时，从学生的参与程度和体验感、获得感上来说，也会使实践教学质量下降。这样不如“化整为零”，让学生分散，自主选择加入具有一定组织性的项目，或自己组成项目组，承接某一实践课题。这样就避免了，大家一拥而上集中在某个活动上，占据大量资源的情况。另一方面，在现有的师资力量下，分散加入项目或项目组的学生，能够充分得到项目管理教师的指导。而原有的分到各个不同部门来进行认定的实践内容，可以按照实践项目的统一管理体系，实现“化零为整”，让不管是思政课教师、还是专职辅导员，甚至是在开展“课程思政”教育的专业课教师或者是校外实践单位的管理人员，都统一纳入到项目管理的师资力量当中，完成统一的实践教学结果认定。

具体操作方法，可以是由学校根据“实践教学项目”的方式进行种类划分，并且与成绩核算方式形成对应关系。比如，思政课外书籍的阅读、学习和讨论，以书数量为标准，完成一定数量书籍的自学，可以获得相应成绩结果。所有思政课任课教师，都可以指定一本或多本课外书籍的阅读，定期（一般以一学期为限）审核所负责的书籍学生参与阅读的情况，并给出评定结果，计入学生个人的“实践学习档案”。或者，由学生根据“实践教学项目”给定的要求，结成人数有限的项目组，由学生根据项目内容，完成各自相关工作，将工作成果汇总后上传至“实践学习档案”，由有相关资质的教师或辅导员来进行项目审核，批改作业、查看活动记录、给出成绩。部分承担相关社科科研课题的教师，可以将自己的课题的子课题作为“实践教学项目”，公布到“实践学习档案”的项目选择中，招收学生，参与科研辅助工作，教师根据学生完成的子课题或阶段工作，给予参与的学生“实践”成绩认定。

四、结　语

2020 年的疫情，给思政课实践教学带来的既是挑战也是机遇，这让思政教育工作者们看到了实践教学改革的前景。我们应该适时抓住这次机遇，形成学生以参与项目完成实践学习、教师以管理项目完成实践教学，学生和教师都“有的放矢”的局面，也让我们找到了一条实践教学改革的新思路，让高校思政课真正入脑入心，使大学生能够在实践中获得正确分析现实社会中存在的各种问题的能力。

（作者单位：昆明城市学院）

“模拟法庭”教学实践活动的几点思考

徐　琦

“思想道德修养与法律基础”（以下简称“修养与基础”）是高校思想政治理论课的主干课程之一。如何讲解好课程中的法律知识，引起同学们对这门课程的足够重视，让这门课程从良好思想品德形成上更好地引导学生，使学生通过对课程的学习能更好地奠定他们的思想意识形态基础，更好地成长为国之栋梁等也成为我经常思考的问题。

“修养与基础”的后半部分内容涉及众多法律知识，涉及面广，知识点多，相对于非法律专业的同学来说记忆枯燥的法律条文是一件很难的事情。实际教学中曾出现过这样的局面：台上教师讲得津津有味，法律条文讲解得深入浅出，但台下的学生却听得是索然无味，甚至更多学生只能死记硬背条条框框，一旦碰到实际案例，就无所适从。针对这一普遍状况，教师如何在教学中怎样应用艺术化的教学方法、现代化的教学手段，再现教材的科学内容，把教材体系转化为教学体系，就成了大家应该认真思考的问题。我个人认为，在讲解“修养与基础”法律部分时应把握这样一个原则：教学有法，教无定法，贵在得法，有利于学生学习的就是好方法。因此，开展“模拟法庭”教学实践活动就是一种好的方法。实践证明“模拟法庭”教学实践活动有利于提高学生的实践活动能力，强化法律知识的深刻记忆，有利于创新思维的培养。因为在“模拟法庭”的实际辩论中，同学们提出的某些观点往往是任课教师预先没有考虑到的，同时有利于调动同学们的学习兴趣，让同学们成为当事人，感受到学习的乐趣、成功的喜悦，并且能培养他们的合作精神。怎样开展“模拟法庭”的教学实践活动呢？我认为应从以下几方面入手。

一、“模拟法庭”开庭前的准备

“模拟法庭”开庭前的准备工作非常重要，这是实践活动能否成功的关键。因此，要深入细致地做好大量的前期准备工作。

（一）案例的准备

一个好的案例不仅能充分调动同学们的学习兴趣，使法律知识在生活中的作用凸显出来，而且能在调整法律的尺度规则、道德评判的标准、人生价值观等多方面进行鲜活的教育，真正做到从理论到实践，从思想到行动的有机结合。所选案例如果精彩适当，就能够为整个课程的讲解起到画龙点睛的作用。因此，案例的选择应当具备以下几个特征。

1. 社会性

当今社会高度信息化，人类获取知识信息的渠道无所不在。当下众多学生作为“个体”而存在，在分析问题时更多地带有非常鲜活的个性成分，并且这些见解在当代大学生中具有一定的代表性。譬如，某些女大学生认为只要有钱，被包养作“二奶”未尝不可，只要不破坏别人的家庭就可以；钱如果给得足够多，就算破坏了又怎样？这就是典型的功利主义者。更有甚者，还有某些同学（包括当今的某些成人）打着爱与被爱是人的基本权利的幌子，在感情上与多人交往，这就是时下盛行的所谓“感情快餐”。这其实违反了《中华人民共和国民法典》中“配偶有相互忠实的义务”这一强制性规定。针对这些社会现象，我选择过这样一个案例：蒋某与其夫黄某于 1993 年结婚，婚后感情不和分居。1996 年，黄某认识了张某，并与张某同居。2001 年 4 月 22 日，黄某患肝癌去世。在办理丧事时，张某当众拿出黄某生前的遗嘱，称她与黄某是朋友，黄某对其财产作出了明确的处理，其中一部分指定由蒋某继承，另一部分总值约 6 万元的遗产赠给她。此遗嘱经公证机关于 2001 年 4 月 20 日公证。遗嘱生效后，蒋某控制了全部遗产。张某认为，蒋某的行为侵害了她的合法权益。按《中华人民共和国民法典》等有关法律规定，她有权获得黄某的遗赠财产。张某请求法庭判令蒋某给付遗嘱中的遗赠 6 万元。接下来请学生们扮演控辩双方进行模拟法庭实践活动。由于该案例是现实生活中常见到的事情，拉近了理论教学与实际生活的距离，获得了较好的教学效果。

2. 可操作性

由于非法律专业的学生没有系统地学习过法律课程，在掌握法律知识的广度和深度上存在一定的局限性。如果准备的案例过于专业化、理论化，那么学生就难以根据已有的知识体系进行分析、推理，也就难以达到激发学生的兴趣、培养他们的求知欲的目的。所以，准备的案例可以是能直接运用法律原则寻找答辩理论依据的，而不仅仅局限于只能在法律专业中实体法上寻找答辩的法律依据。如在上述案例中，模拟原告方可运用《中华人民共和国民法典》与《中华人民共和国民法典》的法条直接主张自己的诉讼要求，而模拟被告方可运用法律原则中的公序良俗原则进行答辩。这个案例事实上法院的判决也是适用了公序良俗原则进行判决，所以模拟法庭案例的准备应具有可操作性，让同学们不仅能从法条上直接找到辩论的理论依据，还能直接运用法律原则寻找答辩的理论依据。

3. 教育的典型性

社会上的热点问题，人们关心的焦点话题很多。如上学难涉及乱收费问题、就业难涉及大学生找工作难的问题、就医难涉及医患纠纷问题、房价虚高涉及房屋纠纷问题等。怎样选择典型的案例以达到教育教学的目的呢？案例的选择既要来源于生活，又要贴近学生实际。如可选择有志青年艰苦创业过程中坎坷的人生经历作为典型案例，以此激发他们战胜困难的信心，树立坚强的意志力。也可选择医患纠纷的案例，使学生明白碰到医患纠纷如何维权。这样，既能使学生学到法律知识，又能起到很好的教育作用。同时强调法治社会是“以事实为依据，以法律为准绳”的社会。所以，在推进法治建设过程中，作为21世纪的当代大学生，除了学习必需的专业知识外，学会做人、生存、求知、交往也同样是必须具备的重要生存条件，也就是人们常说的应具备德商、能商、智商和情商。所以，作为“修养与基础”教师，不仅仅是为了理论教学，还应该将法律知识的学习与思想教育结合起来，并且贯穿于始终。

（二）“模拟法庭”开庭前的观摩学习

要开展“模拟法庭”的实践教学，除了选择好案例外，还需要组织同学进行观摩学习。因为“模拟法庭”活动的开展，所需法律知识涉及程序法和实体法。这就要求首先要学习《中华人民共和国民事诉讼法》，如《中华人民共和国民事诉讼法》第一百二十条第一款规定“人民法院审理民事案件，除涉及国家机密，个人隐私或者法律另有规定以外，应当公开进行”，第一百二十二条规定“人民法院审理民事案件，应当在开庭三天前通知当事人和其他诉讼参与人。公开审理的，应当公告当事人姓名、案由和开庭的时间、地点”，第一百二十三条第二款规定“开庭审理时，由审判长核对当事人，宣布案由，宣布审判人员、书记员名单，并告知当事人有关的诉讼权利义务，询问当事人是否提出回避申请”，等等。从以上法条可看出，同学们在观摩学习前要对《中华人民共和国民事诉讼法》进行学习并且要理解相关条文的具体规定。其次是对实体法的学习。对于一个案例，程序法更多的是针对审判人员的适用；而实体法对于各当事人却是至关重要的，特别是举证、法条的引用、法规原则的适用等等。因为实体法运用得是否得当，可能会影响法官对整个案件的判断。所以，要求同学们在观摩法院的开庭审理时，首先要熟知程序法，其次要理解实体法，再就是在开庭审理的过程中认真做好记录，观摩整个案件审理步骤，以便在模拟法庭中予以运用。

二、“模拟法庭”实践活动要注意做到以下两点

（一）做好记录

同学们在进行“模拟法庭”的实践活动中，虽然观摩了真实的法庭审理，但在实践中，仍然会存在很多细节上的问题。比如诉状书写的规范与否、诉讼请

求是否恰当、证据准备得是否充分、实体法中法条引用得是否准确、答辩状中的答辩是否有创新之处，等等。作为教师，应在充分信任学生的基础上，放手大胆地让学生自己去准备。同时还需要认识到，老师不仅是学生的引导者，还是学生活动的组织者、咨询者。所以，教师要在学生开展“模拟法庭”的实践活动中做好记录，以便能够及时地指出同学们在实践中存在的问题，并最终促进学生们学习上的进步。

（二）做好评价

《国务院关于基础教育改革与发展的决定》明确指出：“探索科学的评价方法，发现和发展学生的潜能，帮助学生树立自信心，促进学生积极主动地发展。”辩证唯物主义教育的价值观认为：教育是一种社会实践活动，它必须与社会政治、经济、文化的发展相适应，并为其服务；同时，教育又是一项教书育人的行为，它必须结合被教育对象的身心特点，促进其全面发展。所以，开展“模拟法庭”实践后，作为教师要针对本次活动进行一次总体的评价，在评价中应遵循评价的根本目的在于促进学生的全面和谐发展，而不是简单地进行优劣高下的划分。有鉴于此，教师在进行评价活动时，更要注重学生综合素质的考查，注重学生的创新精神和实践能力的培养。通过实践活动的展开，在教师的指导之下，学生能够真正地发现问题的所在，进而在未来踏入社会之后，能够更快地适应社会实践的需要，充分展现自我价值。最终，通过“模拟法庭”的实践活动和评价，可以让同学们对法庭各个模拟当事人进行全面的认识，达到庭上庭下形成互动的效果。

三、实践活动的目的

（一）引导学生自主学习

因为从整个“模拟法庭”实践活动来看，从开庭公告的撰写，到起诉状、答辩状、判决书的撰写，以及更多法庭证据的收集，再到对实体法、程序法的深刻认知，所有围绕“模拟法庭”的一系列的准备工作，都要靠学生们自己去做。从而，这样的实践活动，更能全面促进同学们对所学知识的全面运用，深化对整个审判过程中的各项重点的掌握，促进综合能力的发展。

（二）建立社会主义荣辱观教育的主阵地

当代大学生在接受课堂学习之外，还会受到课堂之外更为复杂的社会环境影响。大量的信息通过各种渠道潮水般涌入学生们的头脑，这对正在学习中的学生无疑是一件好事。但是，同学们对知识、信息的甄别能力却是有限的，我们在看到好的一面的同时，不得不顾及在大量信息中所隐藏的负面信息的影响。因此，要把“模拟法庭”实践活动与社会主义荣辱观教育紧密结合起来。当前，在大学生中开展荣辱观教育，是培养社会主义一代新人的战略举措。在开展的实践教学活动中，要融入“八荣八耻”的内容，针对学生特点，所选案例要以荣辱观教育为导向，引导同学们崇尚真善美，憎恨假丑恶，不断追求崇高的人生境界，抵制低级趣味。努力使社会主义荣辱观教育入耳、入脑、入心，使学生在实践中心灵得到净化、思想得到熏陶、认识得到升华、觉悟得到提高。

（三）提高学生综合素质

在知识经济时代，知识更新速度加快，知识交叉、渗透、融合的过程也加快了。所以，现代教育要求培育的人才必须掌握综合全面的知识。而“模拟法庭”实践教学活动的开展，迎合了社会发展趋势。因为在“模拟法庭”实践教学中，学生既要综合掌握各项法律文书的写作，又要熟知各项法律条文的实际运用，同时还要能够熟练地运用已有的各项证据进行有力的辩论和反驳。从以往的死记硬背，到今天的活学活用，实践活动的开展应该说也是教学活动的一个创新。

总之，在“修养与基础”这门课程中开展“模拟法庭”实践教学活动，我认为既能帮助学生深化知识的记忆认知，又能帮助同学们在实践中综合掌握和运用课堂所学。从小处说，既能深化知识，灵活掌握，保证学生将来进入社会能够顺利结合实际，又能在实践课堂上通过辩论和反驳，达到纠正思想认知，强化社会主义荣辱观教育的目的；从大处说，既是顺应知识经济时代的潮流需求，回应与时俱进大旗的号召，也是在探索中更好地帮助学生学会做人、生存、求知、交往，促进学生知、情、意、行的全面发展，更好地把学生培养成为真正的社会栋梁的有益实践。

（作者单位：西双版纳职业技术学院）

运用大数据提升高校思政课“到课率、抬头率、点头率”的探索实践

韩　勇

高校思想政治理论课（以下简称“思政课”）是国家意识形态建设的重要阵地，能够使大学生在人生成长的关键阶段，扣好人生的第一粒扣子，成为社会主义现代化建设合格接班人和建设者。因此，要提升思政课教学实效，学生出勤上课、上课听课、听课入脑是根本前提和有力保障。与之相对应的，便是学生到课率、抬头率、点头率（以下简称“三率”）。因此，“三率”成为影响思政课程、课堂、教学质量的普遍性和基础性因素。但是，纵观目前高校的思政课“三率”不尽如人意，本文将基于大数据研究提升高校思政课“三率”的策略。

习近平总书记在学校思想政治理论课教师座谈会上强调：“思想政治理论课是落实立德树人根本任务的关键课程。青少年阶段是人生的‘拔节孕穗期’，最需要精心引导和栽培。”因此，高校思想政治教育被称为是意识形态工作的前沿阵地，被国家定位为战略工程、固本工程、铸魂工程。自党的十八大以来，高校思政课建设和改革取得了一定成绩，特别是在习近平总书记召开学校思想政治理论课教师座谈会后，思政课迎来了发展的“春天”，广大思政课任课教师的积极性、主动性和创造性得到了充分的发挥，课堂面貌也随之焕然一新。但是，不可否认的是，高校思政课的“三率”不高的“顽疾”仍然存在，并逐渐成为阻碍思政课质量提升的关键因素。而大部分“00后”的学生都是“网络原住民”，与互联网、大数据、人工智能等有着天然的联系，对它们有着天然的认知，这是高校思政课所面临且不可回避的新问题。面对这种新的问题“堵不如疏，疏不如引”。

一、高校思政课“三率”问题突出

“三率”中的“到课率”反映的是学生是否到场听课，体现的是学生对这门课的预期和态度；“抬头率”体现学生与教师互动的频率和程度，反映的是学生对教师的态度；“点头率”反映的是学生对教师观点的认同程度，也就是对知识内容体系、立场的间接认同。

随着党和国家对思政课重视程度的与日俱增，各高校思政课课堂面貌相比之

前有了质的提升，但仍然有部分大学生在思政课堂上出现不认真听讲、抬头率低、不积极回答问题、不参与讨论、不认真完成作业、迟到早退甚至逃课等不良现象。有学者将其概括为“三率”问题，即“到课率低”“抬头率低”“点头率低”的问题。“到课率低”就意味着一些学生对课程不感兴趣，不愿来上课；“抬头率低”就意味着教师的授课单调乏味，学生对教师的授课方式和风格不太认同；“点头率低”就意味着学生课堂呈现出“不参与”的态度。

为了解决思政课“三率”问题，笔者以昆明城市学院本科生为调研对象，发放问卷共计2000份，回收有效问卷1892份。其中，关于学习思政课的目的、思政课课堂现状、存在的问题见表1、表2、表3。

表1　学习思政课的目的

	内　容	比例/%
学习目的	应对期末考试，拿到相应学分	16.00
	增长学识	21.00
	为今后入党、从政奠定良好的基础	19.00
	提高自己的思想政治素养	27.00
	有兴趣	8.00
	学校要求	9.00

表2　思政课课堂现象的现状

	内　容	比例/%
上该课程时，你的课程状态是?	几乎不听，大多数时间是在做自己的事情	3.00
	偶尔听讲，听到自己感兴趣的地方会听讲	23.00
	大约一半时间会听讲	23.00
	大多数时间会听讲	51.00

表3　思政课存在的问题

	内　容	比例/%
你认为当前高校思想政治教育存在的主要问题有?	与学生思想需求实际联系不够紧密	17.00
	内容单调枯燥，教学单一，缺乏创新，学生热情不高	21.00
	教育过程形式主义	12.00

续 表

	内 容	比例/%
	理论空洞抽象，没有或很少与实践相结合	28.00
	没有充分发挥对社会发展的促进作用	8.00
	由于教师性别、年龄等其他方面的原因	14.00

通过调查问卷，笔者根据几年来的教学经验发现“三率”呈现出逐层递减的态势，即到课率>抬头率>点头率，以笔者所教授的思政课教学班为例，到课率约为90%，其中又有约30%的学生几乎不抬头，点头率更是不到20%。

首先，到课率相对比较低。思政课学生大致分为三类：一般不到课、根据教师授课风格和课程内容或主题到课或逃课、持续坚持到课。为此，教师为保持思想政治课学生到课率的常用办法就是点名，并将学生出勤率与课程学分直接挂钩，连续缺课几次取消平时成绩。其次，抬头率相对比较低。即使教师频繁点名，强制保证学生的到课率，但学生“身在曹营心在汉”，可能人到教室了，心不在课堂上。再次，学生点头率更低。有许多学生“来了，并不一定听了；听了，并不一定满意”，对思政课的“参与度”极低，由于各种原因游离于思政课教学活动之外。

目前，思政课的“三率”不尽如人意，这与党和国家在高校思政教育方面的巨大投入和密切关注是很不相称的，“三率”问题现象的普遍存在急需引起思政课教育工作者的重视。

二、思政课“三率”问题原因剖析

首先，部分思政课教师政治信仰薄弱，言传与身教不统一。

习近平总书记在学校思想政治理论课教师座谈会上强调：“让有信仰的人讲信仰，善于从政治上看问题，在大是大非面前保持政治清醒。”部分思政课教师政治信仰不够坚定，对于所教授的内容缺乏认同，言行不一致；个别老师理想信念动摇，对马克思主义理论做不到“真懂”“真信”“真用”，课上讲授一套，课下交流另一套，给学生造成困扰。对于意识形态出现的问题不敢大胆地表明立场，大胆指出来；更有些思政课教师，公开发表或在课堂上隐秘传播错误的观点。这不仅影响了学生学习的积极性，更动摇了学生对马克思主义科学理论的信心，给学生造成了不良影响。

其次，部分思政课教师的理论素养不高，理论与实践不能统一。

习近平总书记在2016年召开的全国高校思想政治工作会议上强调：“教师是人类灵魂的工程师，承担着神圣使命。传道者自己首先要明道、信道。”教学的理论素养直接关系到学生的学习效果。一些思政课教师对马克思主义基本理论掌握不牢固，知识体系陈旧，对理论讲不清楚、讲不透彻、讲不明白，既无法回应学生的疑惑，也不能理论结合实际，回答时代的热点、社会的实际、学生的实际问题等。

再次，教师的教学方式方法僵化，内容与形式不能统一。

部分高校思政课教师讲课照本宣科，采用“满堂灌”的授课方式，认为完成教学任务就万事大吉了，抑制了学生参与教学过程的积极性。虽然各高校课堂教学实现了多媒体电化教学，但一些思政课教师只是将粉笔黑板书写文字搬到PPT上，减少了书写环节，所安排的课堂过程几乎原封不动照搬教材或大纲的顺序，形成干巴巴的政治宣言的复印件，最多插入一些电影片段，缺乏深入透彻的解释、说理过程。思政课变成教师的“独白”，提不起学生的兴趣。

第四，对学生的群体性特征了解不够，师生之间较缺乏沟通。

目前社会处于高速发展时期，不同社会群体的思想变化十分剧烈，差异也十分显著。大学生是生活在现实社会环境下的活生生的个体，现实社会中的各种问题和思想潮流，都会以潜移默化的方式影响学生对现实世界的看法，并逐步改变学生的已有价值观念。处于生命力最旺盛时期的大学生思维活跃、好奇心强，对新生事物和社会热点问题比较关注，如果所学课程内容不能及时反映这种复杂多样的社会现实，自然很难激发学生的学习兴趣。

部分思政课教师对于学生群体性了解不够，因为公共课，教授的学生来自各个专业，很多老师上完课后，离开学校，缺乏与学生的沟通交流。“现在的大学生欣赏的是在课堂上知识渊博，富有个人魅力，充满正能量，又懂他们的‘接地气’老师。课下，他们希望老师能和他们打成一片，主动关心自己，在自己迷茫和失落时能够给予在人生观和人生道路方面一些指导。”古人云：“亲其师”，方能“信其道”，如果思政课教师与学生的之间缺乏交流沟通，相互之间不了解，不接触，势必影响教学效果。

三、基于大数据提升思政课“三率”策略

2012 年，联合国发布大数据政务白皮书《大数据促发展：挑战与机遇》明确指出“大数据时代已经到来”。2015 年，党的十八届五中全会把大数据上升到国家战略层次，提出实施网络强国战略。大数据时代表现为传播主体多元化、传播受众细分化、传播内容碎片化、传播载体复杂化等特征。这些给高校思政课带来了挑战，在一定程度上弱化了思想政治教育教师信息传播主体权威地位，对思想政治教育课堂信息传播效果产生影响，对思想政治教育信息传播的价值引领作用带来冲击。当然，在带来挑战的同时也带来了诸多机遇。因此，在大数据时代来临时候要学会顺势而为，运用大数据来提升思政课“三率”。

第一，树立思想政治教育大数据思维，建立数据库。

党的十八大以来，习近平总书记多次强调推进思想政治教育与互联网融合发展，“要运用新媒体新技术使工作活起来，推动思想政治工作传统优势同信息技术高度融合，增强时代感和吸引力”①。习近平总书记的这些指示为大数据驱动思想政治教育现代化提出了要求、指明了方向。思维方式的变革是大数据给思想政治教育带来的最大变革。思政课教师，要树立思想政治教育信息传播的大数据思维。

第二，善于运用大数据分析学生的思维习惯和行为模式。

就思想政治教育而言，要善于运用大数据分析学生的思维习惯和行为模式。在保护个人隐私的前提下，通过大数据建立大学生翔实的数据库，抓取大学生现实生活中方方面面的信息。大数据可以通过校园一卡通等收集到大学生学习动态、活动轨迹、消费情况等信息数据。比如每天去图书馆多长时间，借了什么书，什么时候吃的饭，什么时候去了体育场等。通过社交软件、校园一卡通等数据源，抓取微博、微信、朋友圈、QQ 空间等遗留的数据“痕迹”，聚集个人的活动轨迹、思想动态、消费情况、论坛贴吧等数据信息，建造一个完备、翔实的思想政治教育大数据库，为下一步大数据分析、精准画像做准备，挖掘网络数据信息与人的思想波动、情感变化、行为趋向、兴趣喜好、内心需要、价值追求之间的内隐关系，为进一步开展思想政治工作提供便利之处，使得思想政治教育能够通过数据分析，及时、高效地引导学生的思想和行为。

第四，更新思政教学载体，丰富思政教育方法。

在大数据时代，创新思想政治教育载体形式。例如，随着大数据技术的推广，当前颇受欢迎的网络思想政治教育、远程思想政治教育以及手机微信、博客、网络视频和慕课等都已经开始成为当下思想政治教育载体的重要形式，这大大丰富了思想政治教育手段和工具。这些高科技含量工具及手段的出现，不仅极大地丰富了当下思想政治教育载体的内涵，而且使传统思想政治教育载体插上技术的翅膀，变得更有时代性和吸引力。

大数据可以利用数字、图画、声音等方式呈现原本深奥、单调、枯燥的思想政治教育内容，并实现其快速传播、实时共享；大数据助力社会舆情的监督和管理，能够及时了解和掌握民众的思想动态及内心呼声，有效抵制其他错误思潮的渗透，进而增强主流意识形态的凝聚力和引领力。

维克托·迈克－舍恩伯格与肯尼思·库克耶在《大数据时代》一书中指出：“大数据带来的信息风暴正在变革我们的生活、工作和思维，大数据开启了一次

---

① 习近平：把思想政治工作贯穿教育教学全过程　开创我国高等教育事业发展新局面［M］. 人民日报，2016－12－09.

重大的时代转型。”利用大数据技术对大学生以往行为数据进行分析，对学生的数据踪迹进行跟踪处理，研判未来的行为及思想动向，从而实现全程、全方位、全环境育人。从实践中看，搭建“思政课程—课程思政—三全育人”三位一体平台，把习近平新时代中国特色社会主义思想作为高校思想政治教育和课堂教学的重要内容，推动习近平新时代中国特色社会主义思想进教材、进课堂、进头脑，能有效增强大学生对习近平新时代中国特色社会主义思想的理论认同、情感认同和行为认同，使科学理论真正入脑入心，从而为培养社会主义事业合格建设者和可靠接班人奠定坚实思想基础。

（作者单位：昆明城市学院）

新时代“立德树人”视角下高校教师队伍建设具体方向探究

张铭南

2017年10月18日，习近平总书记在党的十九大报告中提出“中国特色社会主义进入了新时代”，“要全面贯彻党的教育方针，落实立德树人根本任务，发展素质教育，推进教育公平，培养德智体美全面发展的社会主义建设者和接班人”的教育工作指导要求以来，各地高校、高教组织机构深入学习研究该指示，在教育领域的改革实践中发现了诸多问题。以往高校教育注重科学研究、知识传递，虽初步开始进行了应试教育带来的固化死板教育方式的转型，却也难以逃离重书本、重记忆，轻应用、轻实践的桎梏。高等教育全面深化改革不是一蹴而就的，“改革”的第一要义，应当是正确理解高校在“立德树人”中的作用，高校承担着培养能够担当中华民族伟大复兴中国梦时代新人和中国特色社会主义合格建设者和接班人的重任。高校立身之本在于“立德树人”，高校教师是落实“立德树人”根本任务的关键力量。改良教育模式、提升教学水平，首先需要高校教师队伍的每位成员为学生立社会主义道德的“标杆”，树社会主义信仰者之榜样。因此，在新时代背景下，高校教师队伍建设还需要将“立德树人”思想融入更具体的教师职业素养、师生关系定位、教管相融等方向上，不断加以改进。

一、“新双师”人才队伍标准化

教师是高等教育的执行者，也是青年学生的领路人。曾有学者将我国高校师资储备数据同其他国外高校对比，我国在生师配比数量上略显逊色。近年来高层次人才的招纳文件比比皆是，对于高教队伍的进入门槛日益提升，要求更多在于职称、学历、研究成果等上的体现，对于教师的能力层次需求转而更侧重“双师型”人才。那么何谓“双师型”教师？当前学者尚未给出确切的定义，它既可是“双职称教师”（获得不止于教师系列职称外另一职称）、“双素质教师”（具备理论教学素质与实践教学素质的教师），也可以是“双证教师”（除教师资格外还具备其他职业证书的教师）等，对此概念的理解来自不同方向上对教师职业素养的标准要求。但无一例外均发源于社会转型、国家发展对于人才的期待。聚焦到教师队伍本身上看，教师队伍的素质直接决定着大学办学能力和水平，不同的高校存在不同的高教队伍水平之差别，从而造就了不同高校、不同学科的教育风格与教学环境差异。那么如何在参差不齐的高教队伍中衡量教师是否符合新时代“立德树人”基本要求呢？所谓“双师”，应该被更具体地定义到每一位教师的能力考察范围中去，作为基本的为人师之标准，成为新时代背景下的“新双师”定义。首先，它明确地将教师的“德育能力”列入其中，高校教育以“立德树人”为教育目标，需要拥有一批高尚品德、良好师风兼具坚定的社会主义理想信念的“以德施教”教师。其次，它严格地对教师的传导授业能力提出要求。扎实的知识体系是教师之所以为师的根本，而教育的本质是将识与教结合。身为一名教师，有责任在为学生传授知识的同时引导学生正确地践行理想信念，因此具备优秀的传授能力，这是一个宽泛的概念，它包括了课堂教学、实操能力、组织能力、演讲熏陶能力等综合能力，也可称其为“教的能力”。

故“新双师”型教师队伍建设，意在通过完善筛选机制，优化人才培养结构，细化人才培育体系，促成高教队伍“以德施教”和“以教施教”双重能力的提升，明确高教队伍的“双师”型人才标准，鼓励在职教师与拟聘人才加强这方面的能力锻炼，积极自觉地参与到标准化“新双师”队伍建设中，成为真正的有信念、有情操、有学识、有能力的“四有”教师。

二、“共情”能力培养常态化

教育是教学、育人的全过程，教师队伍建设的方向应该细化到具体的细节当中，亦如培养教师细微、具体地看到师生关系的问题，设法得到真实的反馈，在德育实践过程中不断调试教师的育人方式。

1.“共情”打造新型师生关系

在师生关系当中，若以教师为客体，主体对象就是学生，而学生与教师之间的关系却又不单是主客体的关系。随着现代化教育手段、教学氛围的变化，两者之间的关系也应该产生适应性变化。“民主、平等、和谐”的社会主义核心价值观指导下的师生关系在人格上应该是相互尊重、平等对待的，高校教师面临的对象更多是法定成年年龄以上的青年，教师与学生之间的相处更是成年人和成年人之间的相处。相处氛围是否融洽和谐，表现在老师与学生在心理上是否相互理解、相互接纳，形成一种情感共融的师生关系。这里所指的情感共融关系，如若从心理学上理解则为“共情”（也可被认为同理心）关系更为贴切。共情指的是个体可换位思考地对他人的情感、情绪状态开展识别、理解及应对，进而形成与他人相统一的情绪情感体验及行为反应。它更具体地应用到了人际交往和心理咨询的板块中去。面对新时代的大背景，“共情”则更需要成为一种媒介来维系师生关系，更贴切地说，教师应该掌握这种共情的能力，并运用此种技巧去调节师生之间的相处模式。

2. “共情”能力培养

随着互联网的不断发展，互联网能使学生接收到不止来自学校、老师、课堂等渠道的信息，还能接收到来自四面八方的信息，教师在教学过程、社会发展中扮演的角色将逐渐被弱化。下一阶段，人工智能（AI）更广泛进入人类生活，或将取代教师基本教学功能。但是AI始终是机器，鲜活的教师本身存在能与学生产生共鸣、共享、共进等情感，应对信息全球化、互联网的新时代到来的最佳方式，应该是教师本身首先具备AI不具有的功能，将自己当成另一个学生，与其一同探索当下流行的APP，了解他们口中的b站、澎湃、ins，尝试体验他们喜欢的直播、volg，将共情融入师生交往的每一步，逐步开辟新的教育模式。教师能对学生投以共情识别、共情理解，促成师生之间的互补且互嵌。课前、课堂、课余都将这种师生之间的“共情”常态化，深入对方精神世界，传递共情感受，从而获得学生的认可，获得最真实的反馈，引导学生拥有正义、乐观、仁爱、勇气等美好的品质。在师生相处的过程中“德育”自然而然地完成了，因而教师队伍专业素养应当将教师的共情能力放在首要位置，成为高教队伍培训的常态技能。

三、“教管”工作思政化

高校教师队伍包括了学科教师、思想政治理论课教师、辅导员等，因此本文提到的师资队伍建设所指对象囊括了高教队伍的所有教师。一般认知中学科教师承担知识教育任务，班主任、辅导员承担学生组织管理任务，但这样的分工，看似职责分明，实则造成了教育与德育的分离。建设适应新时代的教师队伍，需将教学与管理放到整体的系统当中去，明确高校需要培养输出“完整的人”。

1. 不断推进“课程思政”一体化建设

以“立德树人”为根本任务的教育体系中，整个教师队伍都需要与时俱进地增强“教管一体”的意识，作为教师队伍中的一分子，每位教师都应始终明确自己承担着教育与德育的双重任务，都需要自觉形成教学管理与学生管理一体思政化的工作理念。对任课教师而言，须在课堂设计中充分融合自然科学与人文科学，教学内容应具备一定的张力，让学习对象主动接受、认可，提高自己授课技巧，取得“课程思政”的良好效果。专职思政课教师则更是要充分意识到当下学生存在着对马列主义认识不足的问题，以具体的生活典型启发学生，将思政课程的思想性、导向性生活化，充分发挥思政课启人心智的效用。辅导员作为学生管理工作的一线教师，毋庸置疑不仅要履行德育职责，更需要从实践层面发现问题。当下辅导员老师更需要提高的是自身的教学水平，在管理工作中融入教学技巧，比如在日常学生管理、思想教育工作中融入情景教学、互动教学等，加强思想教育的作用。

2. 创新教师队伍建设

学校应强化任课教师与辅导员老师的合作，让教学与管理从教师队伍一体合作开始，服务于学生。创新教师队伍的师资结构配置，给教师更宽阔更自由的发展空间。其一，建立思政课导师制，要求每位思政专任教师指导学生的思政课程学习同时有更多机会了解学生动态，引导学生正向发展。其二，为辅导员老师提供教学平台增开辅导员课堂，鼓励辅导员采纳现代化教育手段，学习教学技能的同时了解时兴的公众号、直播平台运营操作方法，开发更多如“有事找发哥”“辅导员娘亲”“高校辅导员联盟”等网络思政项目。其三，完善教师队伍一体化的评价机制，通过将课程思政水平纳入科任教师评价体系，辅导员课堂评价纳入辅导员考核体系等制度手段，从学校层面强化思政元素与教管一体的有机融合，以此提升教师队伍的德育水平。

（作者单位：昆明理工大学津桥学院）

论形象思维方式在“毛泽东思想和中国特色社会主义理论体系概论”教学中的运用

马 宁

形象思维方式在“毛泽东思想和中国特色社会主义理论体系概论”（以下简称“概论”）教学中具有独到的地位和作用。将这一思维方式运用于“概论”教学之中，至少要做到：首先，引入现代多媒体教学；其次，善于使用准确、精当、鲜明、生动而又通俗易懂的语言，典型案例讨论，同时，激情教学；再次，创设情景，展开联想。

早在20世纪80年代中期，著名科学家钱学森就提出要开展思维科学的研究。因为科学的思维方式，是将主体和客体联结起来的必不可少的纽带，是人们正确认识世界、通向真理的有效工具和桥梁。然而关于思维方式的研究至今依然是我国学界的一个薄弱环节，特别是对于高校思想政治理论课教学中的思维方式研究更少。在教学中，教师往往囿于政治理论课课程的性质，加之，中国传统思维方式重视抽象思维的影响，而过于注重概念、观点、原理的逻辑分析、概括和推理，忽视了形象生动的教学。客观地讲，高校思想政治理论课教学枯燥乏味，实效性不强，亲和力不够，不能有效地吸引学生，不能不说是与这种忽视形象思维的教学定式有关。有感于此，本文拟以高校思想政治理论课的核心课程——“概论”教学为例，就如何运用形象思维方式谈点肤浅的认识。

思维包括抽象思维和形象思维。抽象思维是通过概念、判断、推理等形式认识事物的本质和规律。形象思维则是通过意象、联想、想象，在把握具体生动的事物表象的基础上，经过综合分析去揭示事物的内在本质和必然联系。不管是抽象思维还是形象思维，其过程都是从现象到本质、从感性到理性的一种认识过程，是认识的理性阶段，同样具有创造性；二者相互配合，相互渗透、相互补充，能动地反映客观存在，同时又能动地反作用于客观存在。在传统的思想政治理论课教学中，教师往往习惯于运用抽象思维方式，也积累了许多宝贵的经验（在此就不再赘述了）。但我们也发现，让学生念念不忘的甚至终生难以忘怀的并非抽象的概念和推理，而是那些具体的案例、生动的故事、鲜活的人或事。这一现象引起我们的反思，迫使我们去重新定位形象思维方式在思想政治理论课教学中的地位和作用，去思考形象思维方式与“概论”教学的内在联系。

首先，形象思维是运用直观表象进行思维活动，这有助于增强“概论”教学内容的直观性，激发学生的学习兴趣和求知欲。

认识总是借助于感官与外界事物接触而产生。通过感官，客观存在“渗入”人的意识，形成最初的认识，在此基础上，人们去选择下一步的思维和行动。这一思维特性要求，教学活动首先要能调动学生的感官，激起他们的求知欲和认同感。形象思维方式恰好适应了这一认识起点的要求。因为形象思维总是与感性形象的活动和想象联系在一起，在感性认识的基础上，通过对表象的加工改造去认识客观事物。因而，“概论”教学若能将枯燥的理论或基本原理，演绎成生动的语言、鲜活的表象，以直观教学刺激学生的感官，就有可能使学生对内容愿意“听”下去，对课程要点愿意“究”下去，而达到教学目的。

其次，寓抽象于形象之中是形象思维方式的特征之一。在联想或遐想之中，去深刻揭示事物的本质，有助于学生更准确地理解、牢固地掌握“概论”的基本观点和课程体系。

形象思维是在感性认识基础上根据需要对客体的运动、变化和发展进行分析、综合、判断、推理的摄影过程，在这个过程中典型化和本质化同步进行。这种寓抽象于形象之中的思维方式，显然有助于在“概论”教学中，揭示马克思主义中国化的过程，表达中国化马克思主义的深刻内涵。这是因为，教师若能把基本原理和理论，放在理论形成的社会历史条件的广阔时空中、实施的过程和结果中、创设的教学情景中、生动语言的表述中……形散而神聚，让学生展开想象的翅膀，在综合分析的基础上去认识事物内在本质和必然联系，学生将更易于理解和接受，并牢牢记住。

再次，形象思维寓理于事，有助于理论联系实际，增强“概论”教学的吸引力、感染力和说服力，提高教学的实效性。

形象思维是借助形象材料、表象来思维的，那么寓理于事，借用那些显而易见、人人皆知的事实或道理去观察分析问题，说明深奥的道理，启迪人们的思想，是形象思维的有效手段。例如，在讲授革命统一战线的政策和策略时，将重庆谈判和政协会议上各党派之间的交锋娓娓道来，于是统一战线的独立自主原则、原则的坚定性和策略的灵活性相结合的策略等便让学生了然于胸。这样，抽象的概念、原理变得鲜明、生动而又通俗易懂，学生还可能由此在想象的空间中纵横驰骋，联想到当前处理海峡两岸关系的政策和策略。如此，理论和历史实际、理论和现实实际紧密地联系在一起，概括而不抽象，精练而不艰深，一下子拉近了教学内容与学生之间的距离；教学的吸引力、感染力、说服力和实效性遂由教师的追求变为现实。

由此可见，在“概论”教学中适时运用形象思维方式，将抽象的概念和原理具体化、形象化，在典型的感性形象中去分析、去联想、去判断，由此及彼、由表及里、去粗取精、去伪存真，揭示客观存在的本质和内在联系，将有助于学生理解和掌握中国化马克思主义基本原理和理论，将有助于学生把书本知识转化为理性思辨能力和智慧，将有助于学生坚定理想信念，树立正确的世界观、人生观和价值观，让学生切实感到“概论”是他们真心喜爱、终身受益、毕生难忘的课程。

我国政府历来重视青少年的思想政治教育，国民教育从小学起就开设了政治课。在大学阶段，更是把思想政治理论课定位于对大学生进行思想政治教育的主渠道、主阵地。高校思想政治理论课可谓任重道远。然而，面对已经完成了中小学12年政治课学业的大学生来说，高校思想政治理论课教学至少面临两大难题：一是如何让学生继续保持对思想政治理论课的求知欲；二是在学生现有的知识水平上，如何让理论进一步升华，并且入脑入心。显然，仅靠抽象说教、逻辑推理是难以满足的。如前所述，形象思维方式的性质、特点、功效决定了其在增强学生对政治理论课的兴趣、记忆和理解等方面具有不可替代的作用。那么，应该怎样运用“形象”来思维，提高教学效果呢？

首先，引入现代多媒体教学，将“概论”教学内容转变为直观的表象材料，充分调动学生的感官和学习主动性，从感性上缩小学生与教学内容之间的距离，进而引导学生去进行理性思考。

“概论”内容博大精深，纵跨中国近代、现代和当代历史，贯通哲学、政治经济学、科学社会主义等领域，涵盖经济、政治、军事、外交、文化、教育、科技、民族、党的建设等方面，因而对学生的知识面、综合理解分析问题的能力要求比较高，若照本宣科，或拘泥于传统的“讲授+板书”的教学模式，学生接受起来相对比较困难，现代多媒体教学恰好可以弥补此不足。因为多媒体教学集文字、图片、动画、声音、视频等于一体，以图文并茂、声像俱佳、动静结合、交互性好、信息量大、直观性强等特点，最大限度地调动学生的视听感官，吸引学生的注意，使一些原本看不见摸不着的内容学生能够看得见，摸得着，从而增强学生对抽象事物与过程的理解和感受。

一是运用图片教学。将与教学内容密切相关的图片制成课件，让学生直接通过图片，快速联想，将知识点融会贯通。如：在讲授“建设社会主义新农村”时，以一个村庄为典型，将社会主义新农村建设前后的民居、公路、农田灌溉、植被等照片演示出来，让学生在接受直观材料后，去想象去理解“生产发展、生活富裕、乡风文明、村容整洁、管理民主”的建设社会主义新农村的总要求，以及走中国特色农业现代化道路的内涵。简单明晰，易于理解，可信程度高。

二是运用视频教学。“概论”内容丰富，历史跨度大，与中国革命和建设的实践密切相连。在千头万绪中如何去理清思绪呢？此时，一段简短的视频，便能唤起、激活学生头脑中原有的和新的表象，高效率地帮助学生及时掌握教学内容。如：在讲到“旧民主革命向新民主革命转变”时，插播从鸦片战争到八国联军入侵中国、从三元里人民抗英到辛亥革命等声像资料，清晰、直观、真实地再现近代中国沦为半殖民地半封建社会的屈辱历程和中国人民探求救国救民真理的悲壮历史，使学生有如“身临其境”。在此基础上，顺理成章地引导学生去分析、理解、掌握近代中国社会的主要特点和主要矛盾、中国从旧民主革命转变为新民主革命的历史必然性、资产阶级共和国方案在中国行不通、中国民主革命的领导者只能是无产阶级等理论问题。一个个观点、原理遂在学生头脑中清晰、具体、鲜明起来。

三是运用图表、结构图等。图表、结构图的最大特点就是一目了然，对比性强，因而对于一些理论性较强且难以理解的问题的讲授往往起到事半功倍的效果。如：在讲授时代主题转变时，将“战争与革命”和“和平与发展”的特点、首要目标等列出图表加以比较，就不难明了中国共产党作出改革开放等重大战略决策的缘由和意义；在讲到建设中国特色社会主义文化的必要性时，将文化与政治、经济的内在关系，以及三者与人类社会的关系的结构图展示出来，就会发现文化在社会发展的作用绝不仅仅是一种消极被动的反作用，而且是一种积极能动的内在动力。

其次，善于使用准确、精当、鲜明、生动而又通俗易懂的语言，典型案例讨论，来表达内涵丰富的理论；同时，激情教学，以真情引导学生与教学互动。

语言是教师传授知识的最基本、最主要的手段，形象思维方式在教学中的运用离不开形象生动的授课语言、抑扬顿挫的语音语调。正如有人所言，没有枯燥的课程，只有枯燥的教师。

一是善于采撷那些典型事例、典故、寓言，善用比喻、象征等手法表达教学内容。语言是教师与学生进行情感交流、思想沟通的基本工具，再生动的内容若无形象的语言也会黯然失色。如在讲到实事求是的思想路线时，引入守株待兔、揠苗助长等寓言故事，既形象地再现了主观与客观相脱离的主观主义的实质和危害，反过来又可以帮助学生去理解实事求是思想路线的丰富内涵、实质和意义。

二是力求口语化，通俗易懂。高校思想政治理论课的教学对象是学过政治课，但不够深入系统的大学生。为了让学生更快更好地掌握中国化马克思主义基本原理，在论述基本观点和原理时，应该用浅显的语言表达深刻的道理，力求口语化。

三是激情教学，声情并茂，感染学生。教学语言的生动，除了修辞外，抑扬顿挫的语音语调、快慢有序的节奏，都是语言文采不可或缺的要素。因此，激情教学是使教学富于情感的必要手段。所谓情感教学是一种身心的投入，是教师用自己的情绪感染学生的一种艺术。哪怕有时遇到“枯燥”的内容，但教师可以通过这种方式，吸引学生的注意力，也可以通过教师的“喜怒哀乐”，让学生了解教师的立场和观点。

四是进行案例教学。精选真实的事件，以此为基础设置一个具体的教学案例，引导学生针对案例进行分析、讨论、充分表达自己的见解。案例教学以其真实、直观、新颖、参与性强，深受学生欢迎。它对于学生理解新概念，掌握新内容，以达到更高层次认知的学习目标独具效果。

再次，创设情景，展开联想。以活生生的事实、景观和真切实在的亲身体验等，使理论转化为生动、鲜活的情景内容，进入学生的视听感官，成为思考的对象，在体会、想象中学习思想政治理论。

创设情景教学在“概论”形象教学中有着重要的地位和作用。因为“概论”主要讲授中国共产党把马克思主义基本原理与中国实际相结合的历史进程，充分反映马克思主义中国化的理论成果，其对于在校的大学生来说，切身的体会不多，若单纯由教师“一言堂”“满堂灌”，极有可能使学生产生空洞说教的逆反心理。反之，让学生参与到教学活动中去，在情感化的教学场景中感悟、体验，激发他们高度关注和理解教学内容，教学效果便有可能因学生的主动参与而富有实效。

所谓情景教学，是指根据教学目的、要求和内容，运用多学科多领域的技术、知识和社会信息，为开展教学活动而创设的真实的或虚拟的场景。在这个场景中，师生同为课堂主体，相互对话交流，以充满情感的氛围，生动具体的感性材料，唤起学生的想象力，激发、优化、调控和促进学生对思想政治理论的认知和情感。

创设情景教学的方式方法主要有：一是运用现代信息技术，将影视、动画、声音、课件引入课堂，创设新颖、生动的情景，唤起学生对表象不断加工，使观点、理论逐渐清晰、具体、鲜明起来；二是以图片、图画及其他道具为载体，设置与教学内容相关的场景，给学生以身临其境之感，激发学生的想象思维和创新意识，帮助学生理解教学内容，掌握课程体系；三是选择能引起争鸣的或有代表性的问题，创设辩论或演讲的场景，激励学生的探究精神，在对具体问题的辩论思考中去深刻领会其实质；四是学生自编自演创设情景，可以是对历史事件或情景的模拟再现，也可以模拟现实情景，形式上有话剧、小品、相声、唱红歌等；凡此种种，皆是让学生进入角色，感受角色，使“概论”课堂情景交融，知情结合，思维活跃。

以上各种教学思维方式不是孤立存在的，而是相互联系、相互渗透、交相为用、相得益彰的。

实践证明，将形象思维方式运用于“概论”课程，寓抽象于形象之中，形象和抽象辩证统一，不仅使“概论”课教学枯燥、乏味、抽象、难懂的局面大为改观，而且对于培养大学生创新思维，增强高校思想政治理论课的针对性与实效性、亲和力与感染力意义重大。

（作者单位：昆明学院）

高校思想政治理论课研究性教学模式的构建与实践研究

——在“毛泽东思想和中国特色社会主义理论体系概论”的教学框架内

马　宁

在“毛泽东思想和中国特色社会主义理论体系概论”（以下简称“概论”）的教学框架内，研究性教学模式的构建对教学目的的实现具有特殊性意义；研究性教学模式的实践，体现为研究性教学与各种基本教学形式的交叉互动，从而形成一种综合性教学方法体系的过程；但研究性教学也具有一定的有限性。

一、问题的提出

高校思想政治理论课，是对大学生进行思想政治教育的渠道，是帮助大学生坚定理想信念，树立正确世界观、人生观和价值观的重要途径，是社会主义高等教育的本质特征。具体到“概论”这一课程，在教育部专家组织教材编写的过程中，就确定了以下指导思想：一是结合我们党将马克思主义与中国实际结合的历史进程，讲清理论、帮助学生把握基本原理、坚定理想信念；二是努力使教材不是简单地传授知识，而是立足于帮助大学生树立正确的世界观、人生观和价值观；三是坚持理论联系实际，贴近实际，贴近生活，贴近学生，激发学生学习的积极性和主动性。由此，在“概论”的教学框架内，就给我们具体参与教学的教师提出了许多实际性的问题。其一，这是一门史论结合且以论为主的课程。那么，如何在讲课过程中达到史与论的完美结合，使学生既不感觉枯燥无味而又能达到教学目的？其二，在这一课程中，“老师讲、学生听”的单向知识传授是远远不够的，而是需要教师在与学生的互动中达到教学目的。那么，如何才能达到师生间的成功互动？因此，在“概论”的教学框架内，如何联系实际，灵活运用各种教学方法达到教学目的，是一个至关重要的问题。

二、研究性教学模式的构建

按照一般性的表述，所谓研究性教学模式，就是在课堂教学过程中创设一种类似研究的情景或途径，使学生在学科学习中（或结合其他学科）选择并确定学习的内容，自己动手收集、分析、判断大量的信息材料，进行积极的探索、发现和体现的一种教学模式。作为一个名词，研究性教学并不是新生物，而作为一种实践，研究性教学在目前各个学科的教学领域都是备受关注的一种教学模式。在“概论”的教学框架内，各种教学模式和教学方法都会从不同的角度体现出其不同的效果与意义。本文所要强调的是，研究性教学模式的构建，在许多方面体现出与“概论”教学目的的契合性，对“概论”教学目的的实现具有特殊性意义。

第一，研究性教学是一种互动型教学模式。作为一种以培养学生的“问题意识”为根本目的的教学模式，研究性教学要求师生在共同合作中去发现问题和解决问题。在这一过程中，师生之间的互相信任、真诚投入是研究性教学展开的基础。如果没有师生之间的成功互动，所谓的研究性教学就会简化为教师的单向度知识灌输，甚至沦为一种作秀式的表演。因此，成功的研究性教学所体现的是师生之间真诚的、自觉的、投入的从而深入的互动，也正是在这种互动中，学生在独立思考、相互探讨中发生思想上的大碰撞，最终在教师的引导下形成理性而成熟的世界观、人生观和价值观。在“概论”的教学框架内，这种教学模式寓教学目的于无形之中，其效果绝非枯燥无味的单向度知识灌输模式所能及。

第二，研究性教学是一种开放型教学模式。它的终极目标不是向学生灌输某种确定的知识，而是培养学生以一定的知识积累为基础的开放性问题意识，是要把学生引入对生活、对社会、对国家乃至对世界的思考和探究之中；它的实践形式不是“台上教师，台下学生”的传统形式，而是课堂之外、教材之外的更宽广范围内扩展；它的教学内容是在教材知识的基础上，通过教师和学生的共同努力搜集和整理出的更具有开放性的知识信息。在“概论”的教学框架内，这种教学模式将摒弃“从理论到理论”式的宣教，在贴近实际，贴近生活，贴近学生的基础上，激发学生学习的积极性和主动性，并使学生在拓展知识面的基础上，对抽象理论的理解更为深刻。

第三，研究性教学是一种实践型教学模式。在这种教学模式中，尊重信任学生和发挥学生的能动性是一个重要的前提。在教学准备中，它要求学生去搜集、占有大量的相关资料和信息；在教学过程中，它要求学生之间在资源共享的基础上，进行充分的交流和切磋，以至争论，从而最终达到对问题的解决。在“概论”的教学框架内，它通过实践教学全方位地训练学生观察问题与分析问题的能力，对学生综合素质的提升具有重要意义。

三、研究性教学模式的实践

在具体的实践层面，正如学者所说，与其说研究性教学是一种具体的教学操作模式，不如说它是一种态度，一种师生在教学过程中对待课程、对待知识、对待问题以及师生之间相互对待的基本态度，即一种开放的、探求的、务实的态度。因此，在“概论”的教学框架内，研究性教学并不是一种确定的教学模式，而是在各种基本教学形式的基础上，增强常规教学的研究性成分，把传统的教学形式改造成为“研究性”的教学形式。因此，研究性教学模式的实践，就体现为研究性教学与各种基本教学形式的交叉互动，从而形成一种综合性教学方法体系的过程。

第一，研究性教学与案例教学。所谓案例教学，是指教学者以既定的案例为直接对象，运用相关的理论知识和实际经验，对案例材料进行剖析研究，揭示案例中各现象之间的内在联系和本质，从而加深对理论在实际中运用的理解。由此可见，案例教学的过程本身也就是研究性教学的实践过程。在“概论”的教学框架内，案例的选择不仅要合乎教学内容，而且要体现现实感与时代感。在这一基础上，教师要注意从具体的案例中提炼出相应的关键问题，引导学生在分析、思考和讨论的过程中加深对理论在实际中运用的理解，从而达到使学生充分吸收理论的精髓所在。在“概论”的教学中，关于中国的可持续发展问题、三农问题、社会保障问题、反腐倡廉问题等等，都是比较具有现实感与时代感的案例。在确定相关案例的前提下，指导学生在查阅资料、分析研究的基础上展开成果表述和充分讨论，肯定会收到理想效果。

第二，研究性教学与专题教学。所谓专题教学，是教学者根据教学内容，选择相关的国内外热点话题，以此为中心展开专题研讨的教学方法。专题教学有两种思路。一种是教师在授课过程中以专题讲座的形式集中展开对某一问题的讲授，而后让学生展开讨论，以达到师生间的交流与互动。在此基础上，教师进行进一步的总结，以加深学生对相关理论的理解。另一种是先由教师提出一个相关的话题，而后让学生自己去搜集、准备相关的资料，并整理形成自己的一定成果。在此基础上，让学生展开成果表述，或是互相问答，或是开展讨论，最后由教师进行评点与总结，从而使学生形成对相关话题的正确认识。从一定程度上说，专题教学实际上就是一种非常标准的研究性教学。在“概论”的教学中，祖国统一问题，对外关系中的中美关系、中日关系、中俄关系问题，军队建设和国防建设问题，经济全球化问题等等，都可以开展专题教学。值得注意的是，专题教学的话题选择不能仅仅局限于现实中的热点话题。因为现实是历史的延续，对中国共产党在新中国成立之后领导中国社会主义现代化建设的历史，也可以展开研究性的专题教学，如新中国成立之后中国共产党对社会主义建设道路的探索、新中国独立自主和平外交政策的形成与发展等等，由此可以使学生在了解历史的基础上加深对现实政策和相关理论的理解。

第三，研究性教学与论辩教学。所谓论辩教学，是由教学者根据教学内容，并结合相关现实，提出相应的论辩主题，而后组织引导学生展开自由式或对立式的辩论，最后由教师进行评点与总结。论辩教学实际上是一种以对话式教学作为表现形式的研究性教学。这一教学法对于促进教师与学生、学生与学生之间的沟通，活跃课堂气氛，提高学生的学习积极性和自主思考问题的能力，具有重要作用。在论辩教学中，首先要求教师根据教材内容设计出相关的辩题，让学生在课前完成资料收集和论点梳理工作，为论辩的进行做好准备。在进行论辩时，可以展开一对一的辩论，也可以进行分组辩论。教师在此过程中起着组织者和引导者的作用。在对论辩的评价反馈中，教师要采用启发的方式引导学生的思维，在解决问题的基础上完成知识的建构。最终目的是帮助学生从各个不同的角度和不同的层面达到对相关理论的全面认识与深刻理解。在“概论”的教学中，有许多与现实紧密关联的热点话题适用论辩教学。如为什么要加快转变经济发展方式；为什么要坚持和发展中国特色社会主义；软实力也是硬道理；为什么要促进社会公平正义等问题。

第四，研究性教学与社会调查教学。所谓社会调查教学，就是教学者根据教学内容，结合现实中的社会热点，设计出相应的调研课题，组织并引导学生以若干小组等形式，展开社会调查。各小组在调研的基础上完成相应的调查报告后，再以班级为单位展开交流与讨论，最后由教师进行评点与总结。社会调查教学实际上是在使学生获得工具性知识和能力的基础上，最终体现研究性教学的目的。通过社会调查和此后的相互交流与讨论，以及教师在此基础上的评点与总结，可以使学生对相关的理论知识有更为具体、更为深刻的理解。在“概论”的教学框架内，社会调查教学直接体现了教学的根本指导思想，是理论联系实际原则的最直接实践，它引导学生直接投入到对社会问题的观察之中，能够激发学生探究知识的欲望，并激发学生了解社会现实的责任感和使命感。在“概论”的教学中，大学生就业形势与就业观念的转变问题、生态环境保护、社会弱势群体现状、拒绝毒品关爱生命及大学生宗教信仰状况问题等等，都是值得展开社会调查的热点社会问题。

四、研究性教学的有限性

在目前各个层次、各个学科的教学工作中，研究性教学备受关注。在“概论”的教学框架内，毫无疑问，研究性教学的意义是重大的。它以开阔的教学视野、开放的教学形式、平等的教学氛围、自由的交流场景和积极的思维品质为特征，拓展学生的思维视野，全方位训练与提升学生的独立思考问题、分析问题与解决问题的能力。从宏观层面而言，这不仅会有效促进“概论”的教学目的的实现，而且为学生学习其他专业课程打下了方法论方面的坚实基础。

但在研究性教学的实践中，必须予以关注的方面是，研究性教学是具有有限性的。其一，研究性教学并不具有普适性，它与传统意义上的知识传授是合作的而非排斥的。以“传道、授业、解惑”为立意的知识传授，具有以最简捷的方式和手段使学生尽快获取新的知识的优点。在“概论”的教学框架内，研究性教学的终极目标，不是要把学生培养成学术研究方面的专家，而是为了教学目的的有效实现。因此，并非教材所有的知识点都需要通过研究性教学展开。其二，如前文所说，研究性教学不是一种具体的教学操作模式，而是要把研究性教学纳入整体的教学活动之中。在“概论”的教学框架内，教学活动具有整体性，教学目标具有综合性，由此，相应的教学实践也应该具有整体性和综合性。如果研究性教学仅仅作为一种孤立的教学理念和教学实践而存在，不能与各种基本教学形式交叉互动，从而形成一种综合性教学方法体系，它在整体教学实践中的作用就会是有限的，很难从宏观上和整体上实现整个教学实践的最终目的。其三，研究性教学的实际运作是一项系统工程。在“概论”的教学框架内，它要求教师不仅要具有坚实的理论基础和渊博的知识储备，还要具有深厚的学术功底和民主平等的意识、灵活机动的交流艺术。此外，它对教学条件、考试评价机制等等都有相应的要求。因此，研究性教学的实际运作应该是在现有的条件下，强化教师的研究性意识，创造学科的研究性氛围，提升教学的研究性品质。如果不顾客观条件而使研究性教学成为一种硬性规定，可能最终会使研究性教学成为一种仪式化的表演而无益于教学目标的最终实现。

（作者单位：昆明学院）

试论用科学精神贯穿高校思想政治理论课的意义

董　丹　蒋　怡　缪文武

习近平总书记2019年3月18日主持召开学校思想政治理论课座谈会强调，办好思想政治理论课，最根本的是要全面贯彻党的教育方针，解决好培养什么人、怎样培养人、为谁培养人这个根本问题。高等院校作为培养科技人才和孕育科技成果的殿堂，科学精神培养应该成为高校教育的重要组成部分。而思想政治理论课教育理应成为培养学生科学精神，使学生接受社会主义的价值观念和体系，形成良好的道德情操和道德风貌，养成健康、积极、高尚的审美情趣，从而塑造真善美的心灵、培养真善美的人格的阵地。

一、科学精神贯穿于高校思想政治理论课教育的必要性

（一）科学精神是高校思想政治理论课教育的重要内容

高校思想政治理论课教育是思想政治教育的主渠道。从内容上看，思想政治教育包括政治观、世界观、人生观、价值观和道德观的教育；科学精神中的求是精神、无畏精神、怀疑精神、合作精神、创新精神，就是思想政治教育中所包含和渗透的内容。从实质上看，追求真理、实事求是的科学精神是马克思主义思想政治理论课的精髓。在人类历史上，马克思首次提出了科学通过技术的中介，由知识形态的生产力转化为直接的生产力的论断。恩格斯在《自然辩证法》一书中，对科学精神作了全面而深刻的揭示，他们一贯反对教条主义和形式主义，认为真理总是具体的，能够不断丰富和发展，而不是一成不变的。由此可见，马克思、恩格斯在理论和实践上，都是科学精神的典范。大学生思想政治教育要在继承我党优良传统的基础上，始终不渝地以大学生的全面发展为目标，一切从实际出发，大胆地进行改革和创新。这种在继承前人经验基础上的探索与创新，与时俱进，就是不断推陈出新，推向前进的科学精神。

（二）科学精神是高校思想政治理论课教育“三维目标”的本质要求

高校思想政治理论课教育要实现“知识与能力、过程与方法、情感态度与价值观”的三维目标，使学生获得参与社会生活必需的道德和法律、健康心理和国

情国策的基础知识，领悟马克思主义原理的基本观点和方法，学会通过网络、图书、报纸和杂志等收集资料，从社会调查、参观访问等社会实践活动中获取新知识的基本能力；使学生通过课堂学习和社会实践活动过程，了解社会科学知识的生成过程，逐步掌握自主学习、合作学习、探究学习、创新学习的基本方法，培养收集、加工和处理信息的能力，分析、处理和解决现实问题的能力，交流与合作的能力，参与社会实践的能力；使学生接受中华民族的民族精神和优良传统的熏陶，热爱祖国、热爱人民、热爱中国共产党、热爱社会主义，关心国际国内时事形势，树立建设中国特色社会主义的共同理想，逐步形成正确的世界观、人生观和价值观，培养良好的思想品德，具有振兴中华、服务人类的使命感和社会责任感。高校作为各种意识形态集聚的地方，是培养人才的主导意识形态的必争之地，高校思想政治理论课肩负着主流意识形态教育的使命，这就要求我们思想政治理论课教师必须有坚定的政治立场和信仰，且这种立场和信仰是建立在一定的理论修养基础上的。

二、科学精神贯穿高校思想政治理论课教育的有效性

（一）将科学精神的培育贯穿高校思想政治理论课教育能保证社会的可持续发展

科学精神是一个国家繁荣富强、一个民族振兴必不可少的精神，是科学技术进步与发展的灵魂，是科技发展的基本条件。大学生是国家宝贵的人才资源，高校思想政治教育，作为教育的灵魂和核心，理应承担起培养大学生可持续发展能力的重任。党的十六届三中全会指出：“坚持以人为本，树立全面、协调、可持续发展观，促进经济、社会和人的全面发展。”可持续发展是我党一直以来坚持的社会发展理念和发展战略，它是以人的可持续发展为前提的，只有具备可持续发展的人，才可能是一个能够适应频繁变化的社会的合格新人。科学技术是第一生产力，是促进现代经济发展的基础，构建现代化的市场经济体系同样需要弘扬科学精神，实现现代化经济的可持续发展更是离不开科学精神与科学素养。提高全民的科学素养，关键是提高大学生的科学素养和科学精神。这是当前切实可行而又势在必行的问题，它关系着我们国家更高层次的发展，是促进政治经济文化共同发展的重要力量。这就要求高校作为加速生产力发展的基地，在人才培养、科学研究、社会服务以及参与社会决策等新的功能拓展过程中，树立起科学教育与人文教育相融合的新理念，促进社会跨越式发展与可持续发展的统一。

（二）将科学精神的培育贯穿高校思想政治理论课教育能够促进大学生的全面发展

人的全面发展是指每个人在劳动、社会关系和个体素质诸方面的全面、自由而充分的发展，包括人的能力、才能与潜能的充分发挥，各种素质的充分、全面的发

展，主体性得到充分展现，生存、享受需求的充分满足，人格的健全与完善，自由个性的实现等方面。在科学理论的指导下，坚持科学发展观，进行大学生思想政治教育的改进和创新，是时代赋予我们的神圣使命。思想政治教育者要始终不渝地以大学生的全面发展为目标，从实际出发，大胆而谨慎地对德育的理论和实践进行探索；高校必须把培养中国特色社会主义事业的建设者和接班人作为根本任务，始终不渝地全面贯彻党的教育方针，坚持学校“育人为本，德育为先”，充分发挥思想政治理论课教育主阵地、主课堂、主渠道的作用，全方位推进大学生思想政治教育，多方面促进大学生全面发展。在思想政治教育中培育科学精神，必须以大学生全面发展为目标。科学精神对人的全面发展的作用主要体现在科学精神的人文价值和科学精神的创新属性上。高校思想政治理论教育是使学生接受科学的价值观念和体系，形成良好的道德情操和道德风貌，养成健康、积极、高尚的审美情趣，从而帮助学生塑造真善美的心灵、培养真善美的人格，从而促进大学生的全面发展。然而，塑造全面发展的大学生，离不开创新精神和创新能力培养。

科学的本质在于创新，实事求是是创新精神的实质。实事求是就是从实际出发去探求事物的客观规律，这和创新在本质上是一致的。遵循实事求是的原则，最终必然导致事业的创新。所谓创新就是在继承原有理论的基础上，发现新现象，揭示新规律，提出新方法、新途径。创新需要具有丰富的想象力、敏锐的洞察力，倡导和树立大学生求新、求异的意识，不仅有利于激发大学生在学术研究中的前沿思想，而且也有利于营造健康、和谐的学术氛围。培养大学生的创新精神，或者说创新型人才的培养，有利于全面提升人的素质。要实现创新，必须实事求是、脚踏实地，而好大喜功、急功近利常常导致形式主义和浮夸作风。在教育中要设法把这种实事求是的科学精神转化为大学生的精神品格。科学理论只有在不断怀疑自身中才能不断创新和发展。如果不是马克思对资本主义的社会制度抱有怀疑，他不可能花费毕生的精力去研究资本主义必然灭亡、社会主义必然要在全世界走向胜利的理论；如果不是爱因斯坦怀疑牛顿的绝对时空观，也就没有著名的相对论的提出；如果不是达尔文怀疑神创说，怎么可能提出自然选择的进化论。科学精神也是一种合理的怀疑精神。因此，要帮助学生树立敢于怀疑、敢于批判、敢于突破、敢于创新的科学精神，使他们不受任何教条的束缚，不崇拜任何权威，用实践去检验真理，用自己的思考去判断。因此，从科学精神的丰富内涵中不难看出，它对构建至真至善至美的精神世界、形成健康的人格、促进人的全面发展有着重要的作用。如果我们的高校思想政治理论课教育仅仅只传授基本知识，忽视科学精神的培育，是难以培养出全面发展的合格的社会主义建设者和接班人的。

（作者单位：昆明学院）

“学生参与式教学”在思政课中的运用研究

冯 丽

作为立德树人的思想政治理论课（以下简称“思政课”），不仅能引导大学生建立科学的世界观、人生观和价值观，还肩负着培育民族复兴的社会主义事业接班人的重任。为了更好地让思政课的教学内容入脑入心，提高新时代接班人的思想水平和认知能力，本文建议思政课多采用“学生参与式教学”方式，即让学生参与到教学活动中，由传统的“教师讲、学生听”变成“学生讲、教师评”的互动教学方式，可以有效调动学生的学习积极性、锻炼学生的综合能力，让他们在学习和实践中树立正确的“三观”、增长知识、提高能力。

2019 年 3 月 18 日，在学校思想政治理论课教师座谈会上，习近平总书记说：“思政课作用不可替代，思政课教师队伍责任重大。”习近平总书记阐释了办好思政课的重大意义，他说：“办好思政课，关键在教师。调动思政课教师的积极性、主动性、创造性，必须增强教师的职业认同感、荣誉感、责任感。”习近平总书记对思政课教师提出殷切希望，对思政课改革创新提出了 8 个“相统一”的要求。为提高思政课的教学实效，让思政课教学内容能够入脑入心，并让当代大学生在社会实际生活和工作中，自觉地爱党、爱国、爱社会主义，思政课教师要更注重启发性教育引导学生发现问题、分析问题、思考问题，并在不断的思考过程中水到渠成地得出结论，把思政课上成学生喜欢的课程。

一、时代新风与大学生的新动向

历史的巨轮滚滚向前，江山代有人才出，如今的大学生年轻、充满活力，他们朝气蓬勃、好学上进、视野宽广、开放自信，是可爱、可信可为的一代。今天的大学生生活在一个空前繁荣的国家，拥有史上最好的教育条件，接受最好的教育。

时代的发展，为当代大学生提供史上最完备的教育条件。尤其是移动互联网的飞速发展，为大学生创造了一个快捷、高效、免费的学习环境。2019 年我国网民人数已超过 8 亿人，网络的发达已经触及到人们生活的方方面面，而新成长的这一批年轻人可以说是伴随着中国网络的发展而成长起来的。他们具有更广阔的视野，更易接受新事物，更熟练地掌握电脑技术。智能手机的兴起，使他们有更多机会去接触象牙塔外的大千世界。这个时代的大学生具有较强的表达能力和表现欲望，渴望得到认可与赞美。十余年前，我们的信息来源主要为报纸、广播、电视等，当时大家只是以读者、听众、观众的身份被动地接收信息。而今大学生更多接触的是“抖音”“快手”“B站”“西瓜”等平台，在这类平台上，用户可以是观众，也可以作为视频的主角，还可以自编自导自演，而后上传到平台进行播出，并能快速收到反馈信息，接受打赏或者批评。由原来“接受信息”转变成“传播信息”的现象普遍可见，人人皆可以成为主播，网络主播已经越来越年轻化。

然而，当代大学生由于心智尚未成熟，面对世界深刻复杂的变化，面对信息时代各种思潮的激荡，他们需要在教师的引导下树立正确的人生观、世界观和价值观，才能有效地应对巨变。习近平总书记说：“青少年阶段是人生的‘拔节育穗期’，最需要精心引导和栽培。”①

根据当代大学生的这一特点，我们思考如何在思政课上给学生更多的展示机会。习近平总书记说：“推动思政课改革创新，不断增强思政课的思想性、理论性和亲和力、针对性。”② 以思政课为平台，给学生们更多的空间让其展示才华，这具有可行性。

二、思政课现状

时代不断发展，社会不断进步，形势不断变化，因此思政课要与时俱进，根据时代的新要求，进行必要的改革。《关于深化新时代学校思想政治理论课改革创新的若干意见》就明确指出思政课的重要意义和总体要求，国家不断鼓励思政课改进改变传统教育方式，希望用更丰富的内容、更贴近学生的案例、学生更关注的热点以及学生喜闻乐见的方式来完成思政课教学。思政课教材，每隔几年就会进行修订，可以看到思政课的内容更加贴近实际生活，更加贴近时代的变革和发展，更加贴近学生所关注的事件。在教学形式上，高校也不断地进行探索，已经发生了极大的改变，多媒体教学方式的运用，极大地丰富了学生的学习形式，学生由传统地看文字转变为看图片、听音频、看视频，学习效果有显著的提高。红色基地教育活动等实践教学活动在一定程度上也丰富了教学形式。

然而，这些改革还停留于表层，点上革新多，缺少系统革新。思政课是一个长期的课程体系，多则一学年，少则一学期。一个学期的课程，人均有一次参加

① 习近平：用新时代中国特色社会主义思想铸魂育人 贯彻党的教育方针落实立德树人根本任务［N］. 人民日报，2019-03-19.

② 习近平：思政课是落实立德树人根本任务的关键课程［J］. 求是，2020（16）.

社会实践的机会就已经十分难得，大多数学校的课堂仍是以传统的课堂讲授为主，所谓的互动也仅仅是教师提问学生回答。由于学生人数多，老师需要兼顾知识的讲述，所以课堂提问所涉及也只是少部分同学，互动活动则更少。故而，思政课改革迫在眉睫，亟待全面系统深入地推进。

三、“学生参与式教学”方式的探索与实践

为更好地调动学生学习思政课的积极性和主动性，把学生的“我来听”变为“我要听，我要讲”，更大程度地将“以教师为中心”的教学形式转变为“以学生为中心”的教学形式。我们思考将课堂更多地交给学生，给他们创造展现自我的平台。这种教学方式从“思想道德修养与法律基础”（以下简称“思修课”）课程进行尝试。思修课教师在把控好主题和主要精神的前提下，在课堂上给学生充分展现的机会，让学生成为课堂的主角，教师成为幕后的主导。

在教学改革中，笔者总结具体实施的途径如下。

（一）学生分组，布置任务

教师将班级学生分成若干小组，每组成员 7 ~ 9 人，每个小组负责思修课一个板块的知识讲解。小组内部选举出组长，组长的任务是对小组成员进行分工，统筹安排规划整个讲演活动，安排组员承担任务，内容包括梳理知识点、选择教学案例、绘画思维导图、上台讲演、回答在座同学的提问等方面。分组工作在本门课的前两周确定下来，每个小组讲解哪一章的第几节也明确告知，组长可以带领组员提前着手准备。

（二）分工协作

小组的分工协作其实是将理论运用于实践的过程。组长需积极主动地与任课教师做好交流和沟通，在该小组正式上台讲演的前一周，组长需向任课老师提交思维导图以及讲演案例。但理论是抽象的，概念是枯燥的，如果仅仅只是纯理论和概念的学习，难免提不起学生的兴趣。然而由理论知识引出的案例和话题是鲜活的、有趣的，更接近于人们的生活，教师根据小组提交的材料考查学生理论联系实践的能力，进行审核，将抽象的理论放到具体的历史背景、复杂的人文环境中讲，就会变得鲜活生动，既利于理解，也利于将理论转化为实际行动。教师根据实际情况引导学生做修改和调整。

（三）上台讲解

以小组成员所制作的思维导图为依据，2 ~ 3 名同学上台进行讲解。讲解要求条理清晰，重难点突出，语言流畅，逻辑清晰，对于重点难点或需要强调的知识点可以用案例分析的形式进行讲述。如何解读社会现象，如何实现理论与案例的有机结合，让思政课更有深度，更有温度，更有生趣。如在讲到“公共道德”

知识点的时候，学生结合当时的热点新闻——重庆公交坠江案件做了详细深入的探讨，并对案例中的司机、坐过站乘客及其他乘客道德进行了分析，有其独到的见解。而在讲树立榜样力量时，学生将学校里的优秀学生代表作为榜样，介绍了其成长过程以及优秀表现，这些鲜活的案例比在课本中所提到的案例，更让同学们觉得亲切，有真实感。

（四）学生互动环节（10～15分钟）

台上的同学将课程内容讲述完毕后，台下的同学可以对台上的同学进行提问。这是一个以游戏形式开展的互动活动。同时展示的小组若是a班的学生，他可以向课堂上b班、c班、d班的同学发出提问，此环节的设计目的是让全班同学都做好预习工作，而不仅限于上台展示的小组成员。学生组队完成一项任务，并在课堂上展示成为学习的主人，准备作业的过程是一种历练，展示后得到老师和同学的点评，触动更加深刻。

（五）教师总结（10～15分钟）

教师总结这一环节重在教师查缺补漏，对重难点知识内容加强说明。教师从总体上对展示小组进行点评，并对该小组的重难点把握以及讲演设计作出优、良、中、差等评价，同时对该章节的重难点再次进行补充讲解并予以强调。教师在教学过程中适当减少单向输入，加大学生讲演、讨论等互动内容的比重，能达到更好的教学效果。

四、“学生参与式教学”的作用和意义

“学生参与式教学”方式大大提高了学生的上课积极性，以笔者所在院校为例，取得了良好的效果。

（一）学生由“消极被动”学习向“积极主动”学习转变

传统的思政课教学是“以教师为中心”，教师讲授为主，学生被动接受教学信息，老师讲什么，学生听什么。而“学生参与式教学”的方式，学生来做课堂展示，这就需要提前对于课本知识进行预习，并把握住重点难点，对学习的要点进行梳理和整理，学生由被动学习转为主动学习。这种主动式学习可迁移到学生学习其他方面的知识，能培养学生的自觉学习能力。

（二）公共课知识与专业课知识相结合

思修课是全校学生公共基础课，在以往的教学中，教师很难考虑到不同专业学生特点的差异性，在教学方式上往往选择一种教学设计。然而在这种教学方式下，不同专业的学生在展示设计中加入其专业特点，如播音专业的学生在课堂讲解中，采取模拟新闻播报的方式，将课堂上需要讲解的知识点整理成新闻播报内容，既有简短的文摘，又有案例说明；汉语言专业学生在课堂展示中，融入中国

古典诗词文学，课程内容新颖独特，让观众印象深刻；广播电视编导专业学生在展示过程中，运用到了视频处理等技能，让观众在学习知识时眼前一亮。学生在讲述思政课，灵活运用专业知识，收效不同凡响。

（三）由“枯燥的学习”向“愉快的游戏”转变

参与式教学的一个亮点在于教学内容展示后的互动。展示小组可以从在座的学生中自由挑选听众回答问题，回答问题的正确与否和该班级的平时成绩挂钩，既能更好地调动在座学生的专注力，也能让预习工作不再局限个别小组，而成为全班同学的共同任务，有利于班级团结与合作。由于回答问题的同学代表的是班级的总分，所以也在一定程度上激发了每位同学的班级荣誉感和集体使命感。一堂让学生喜爱的思政课要有丰富的教材内容，在案例和话题的选择上，既要尽可能选择关注时事政治，聚焦社会热点，照顾现实关切，又要选择学生比较熟悉、有话可说的话题。这样才能让学生主动积极地参与思修课教学，形成良好的课堂氛围。

（四）“群众力量”和“领导能力”相结合

展示小组既需要组长的统筹安排，也需要每个组员共同努力。一方面，没有组长的统筹协调，努力挖掘每个成员的特长，做好工作的合理分配，难以形成优秀的展示成果；另一方面，没有每个组员的积极配合，共同探讨，各抒己见，展示也不会取得好的效果。所以，每个小组的台上表现都是组长领导能力和组员集体智慧的结晶。

（五）教师枯燥的授课向灵活多变的教学方式转变

教师传统的备课，一人一书即可，但现在的“学生参与式教学”更考验教师的综合能力，教师除了把握教材的重难点，引导学生完成课前的准备工作外，还需要在课堂上对于学生的表现给予点评，面对突发情况做好预判和随机应变的处理，这实际是对教师综合能力的考验，教师的生活和角色变得更为多样化。这种教学方式是一种互动性极强的教学模式，要想取得良好的教学效果，教师和学生都需要在课前做大量的准备工作，教师不仅要负责选择恰当的讨论话题并做深入研究，而且要求学生提前做好充足的准备，并对课堂讨论过程实行精心的设计，尤其在教学过程中还要对学生的讲演作出及时评价，让学生的“输出”能得到及时有效反馈。对于内容设计和讲演优秀的学生予以肯定，并让其他小组学习其方法，让这些演讲设计在学生中有效推广。对于学生不恰当表述和错误论述，教师需及时给予指出，并作出正确的表述。

五、“学生参与式教学”的教学反思与总结

“学生参与式教学”可以逐渐向“翻转课堂”教学设计转变，并与其融合，

形成更为新颖的教学改革。

思政课一般为大班教学，教学人数为100人左右，如何在思政课中开展互动教学和进行“翻转课堂”教学，一直是思政教师思考难题：人数多、班级杂、专业多、学习水平程度参差不齐、教室环境受限等多因素的制约，导致思政课多采用传统的教学形式，学生的学习主动性难以调动起来。“参与式教学”方式的尝试在一定程度上改变了思政课的教学现状，同时也是对思政课老师把控全局能力的考验，不仅要求教师有丰富的专业知识，能随机应变地回答问题、解决问题，而且需要教师像节目主持人一样去把控整个课堂的全局和活跃课堂氛围，最大限度地调动“表演者”和“观众”的积极性。

（一）积极探索思政教育的新模式

思修课教学模式的不断创新，是一个老话题，也是一个新话题，因为我们的学生在不断变化，他们接受新鲜事物的快速程度永远超过我们的想象，如果教师在教育模式上不以学生为本将会被学生抛弃，所讲授的知识也很难做到让学生入脑入心。近几十年来，影视平台是传播思想文化的途径之一，我们能看到中国影视节目不断地在做变革和更新，以适应观众的需要。思政课作为思想教育的主阵地，也需要不断地去创新和探索，以学生更喜闻乐见、容易接受的方式去影响他们、感化他们。

（二）了解学生所关注的热点话题

思修课如何关注热点，贴近时代，吸引眼球？思政课教师年龄普遍大于学生20岁以上，他们所经历的年代、经历的事情，也与学生有所不同，因此思政课教师应多了解当代青年所思所想所关注。教师若希望得到学生的认可，让学生喜欢听课、能接受教学观点与方式，则应该更贴近于学生所关注的热点问题，将当下时政、热点新闻与教材有效结合，并从学生年龄、心理、专业的特点进行突破，抓住学生的关注点，才能春风化雨般地教化学生。

（三）根据学习效果调整教学设计

“学生参与式教学”总体效果是不错的，我们可以看到大部分学生的积极性都被调动起来，但是我们也看到有少部分学生很难融入这种教学模式，他们还停留在传统的、被动的填鸭式教学形式上，无法适应新的教学模式。尤其是性格内向的学生，在新的教学模式下显得有些缩手缩脚，这时需要我们老师以及组长更多的鼓励、支持和帮助。

另一个值得我们注意的是，新时代的年轻人对新事物的接受能力较快，一方面能够很好地适应老师对于课程的新设计，另一方面也容易被出现的其他新事物和教育方法所吸引，不断追求灵活多变的教育方式。根据这一特点，教师教学工作要及时有效地进行调整，积极合理吸纳新生事物，融入课堂教学。因此，我们的创新工作是永不停步的，必须“苟日新，日日新，又日新”。

总之，提高思政课教学实效，基础在于教学内容，关键在于以理服人，贵在改进教法，需要加强教学内容和教学形式相统一，不断增强思政课的思想性、理论性、亲和力与针对性。思政课不能千篇一律，要因地制宜，因时制宜，因专业制宜，积极变革与创新，共同努力营造教师讲好思政课和学生积极学好思政课的良好氛围。

（作者单位：昆明城市学院）

哲学课中多媒体教学审美意义的关注和引导

张云萍

哲学课多媒体教学的审美意义旨在提升学生的审美价值定向，形成和发展学生的审美感知和审美体验能力，培养学生的审美情趣和审美理想，对建构将传授知识、培养能力、提升人格（即情感、态度、价值观）三者整合的教学教法改革模式，提高哲学课的实效性和针对性，增强政治理论课的吸引力有重要意义。

一、哲学课中多媒体教学蕴含的审美意义是内容美与形式美的高度统一

“真是什么？善是什么？美是什么？它们的联系与区别是什么？它们与人类总体和个体存在的意义、目的、关系如何？……仍然在不断地引人思索。对人生的哲理思辨，将永远随时代而更新，人的永恒存在将使人的自我反思——哲学永恒存在，将使美的哲学探索永恒存在。”真、善、美这些关系到人类存在基本价值的词语，总在激励人们去关注去思考这些基本而永恒的问题，关注人的生存价值与意义问题，而这些提问、思考、解答，正是人类精神得以升华、人性得以丰富完善的重要推动力量。哲学为人如何理解人生、选择正确的人生目标和把握人生的幸福，提供一些最为根本性或一般性的智慧原则。在这方面，哲学是一种使人获得幸福的智慧，它使人对人生的理解，对人生意义和人生价值的理解，都是建立在一种理性的、合理的思维模式上，用理性的思维和智慧去把握人生的价值与意义，而不是用愚妄的、非理性方式去理解人生。哲学提供着关于人生、关于生命、关于世界的终极精神关怀，所以哲学蕴含着丰富的美学价值与艺术价值，总是与美和艺术联结在一起，它能给我们带来巨大的美学享受，使我们感受到一种源自心灵深处的精神愉悦和快乐。这是哲学的内容美。在实施内容美的教育中，现代教育技术的广泛应用和不断发展，使得教学内容美与形式美的统一成为可能。两者的统一不仅可将严肃的思想政治内容以“鲜活而不苍白、生动而不呆板、亲切而不生硬”的教学形式植入青年的内心世界，使之成为深受青年喜爱的课程，而且还可以提升学生的价值定向，形成和发展学生的审美感知和审美体验能力，培养学生的审美情趣和审美理想，使学生对客观外界认识的层次得到提

高，审美感受不断加深。

二、多媒体教学蕴含的审美意义及其引导

（一）引导学生形成美的形态和结构的鉴赏以及识辨能力

人对事物的关注和认识过程，是一个由生理到心理、由感性到理性的变化过程。在这个过程中，形式美所引发的视觉（生理）关注，是一个非常重要的认知前提，它不应被忽略和低估。在哲学理论的学习过程中，借助多媒体可将自然、社会中千变万化的美的形态和结构最充分地展现出来，以培养学生的审美感知、体验和辨别能力。

在学习世界的物质统一性原理时借助观看教学片《宇宙与人》，使学生直观感受宇宙和人类的起源进化，从宏观、微观的层面由浅入深，由具体到抽象，递进地领会世界的物质性，伴随着深邃而富有哲理的境界，学生还领略了画面中几何学各种形式为基础的图案；物理化学上能力之转移，光色之变化；植物学上活色生香之花叶；动物学上逐渐进化之形体；天文学上诸星之轨道与光学；地文学云霞之色彩与变动；地理学上各方之名胜；再加上现代科技的精心制作，将宇宙、自然与人在演进过程中千变万化的美的形态和结构展现得淋漓尽致，震撼人心，摄人心魄。这些无不于哲理之中，含有美育之元素，一经教师之提醒，则学者自感有无穷之兴趣。学生的审美感知被唤起，通过审美形态教育形成学生的特殊的感受力与反应能力，产生丰富的想象和联想，形成学生所特有的审美意识与情操，进而对人的本质、人的整个生命的认知得到升华。正如蔡元培先生说："智育之课程益扩加，而美育之范围，亦随之俱广。"许多课程不是缺乏美育内容可以结合，而是教师是否善于结合的问题。

（二）引导学生形成有机的整体审美感知能力

多媒体教学手段的多元化为教学获取和传递信息拓展了无限的空间，有助于培养学生健全的审美心理结构，包括感觉、知觉、情感、想象、理解等心理能力的提高和相互协调，培养丰富的审美感知能力是审美教育最突出的特征，最后落实为某种敏锐的审美知觉和对美的欣赏力。而丰富敏锐的对美的感知能力，是积累丰富的内在情感的重要手段。对内在情感的体验、认识和积累往往是通过感官对外部自然形式和艺术形式的把握完成的。借助教学片引导学生从整体上对宇宙万物及其发展规律进行感知，使他们在感官上形成对客观世界中物质、运动、时空、矛盾等有机统一等美的活动模式的感受力，使自己的感官形成对客观世界有机统一的美的活动模式的感受力，进而在感知基础上积淀审美情感、培养和提升想象和理解能力。敏锐的感受力是通过对宇宙中最活跃、最复杂、最有秩序和多样统一性的生命活动的观察中获得的。世间万物的运动，其复杂的等级是各不相同的，运动越复杂、越主动，其生命的特征就越明显，运动是生命的标志。最复

杂的运动正是由内在力驱动的、主动积极的和自由的运动，而这种运动是生命特有的运动。在生命特有的运动中，学生不仅体会到主动与被动、前进与后退、积极与消极、动与静、生存与死亡等矛盾对立统一的运动，还领会和体验到人类在进化历程中与自然的抗衡，体现的是顽强生命力同命运的搏斗，这会形成真正的审美感知力。只有对宇宙及其世间万物的形成规律有了审美感知力，才能在艺术与自然中更好地体会节奏、韵律、对称、平衡、错综变化、和谐等运动模式，才能孕育丰富而复杂的情感。这种情感具有特定的社会内容，可以同时作用学生的感知、想象、理解等心理能力，使它们处于和谐的状态中，形成一种有机的整体反映形式。对宇宙万物及其发展规律有机和整体的反应，再经过多次的熏陶和引导，外物与内心的多次相互作用，宇宙生命运动的复杂模式与人的内在情感就会物我同一，异质同构，彼此对应，使人形成稳固的感觉，普通的感觉就会上升为艺术的审美感受力。一定的外物，则会引发特定的艺术感受——“一颗沙里看出一个世界，一朵野花里有一个天堂，把无限放在你的手掌上，永恒在一刹那里收藏”。

社会实践是塑造审美艺术情感的前提。内心情感的培养是人的生命力的组成部分。马克思唯物主义反映论认为，情感是人类在社会实践中形成的掌握现实的特殊形式之一。情感的积累是人的大脑皮层对外界刺激的特殊反映，炽热的情感是在丰富多彩的生活中孕育的。情是主体对劳动实践成果从艺术的观照态度中产生的一种肯定性评价，也就是人的自我肯定而产生的一种赏心悦目的愉快，即马克思所讲的“艺术的”掌握世界的方式。席勒在阐述审美观照的巨大作用时说：“只要光亮在人内部照耀起来，他身外便不再有黑夜；只要平静在他内部出现，宇宙中的风暴就会立即停止，自然的相互斗争着的力量也就会在稳定的界限内得到安定。”而丰富的艺术情感源于想象，所以审美教育的第三个目的就是审美想象力的培养。

（三）引导学生形成审美想象力

想象，是对原有的表象及经验进行改造、组合，重新铸成新的意象的过程。想象要有内心意向的贮藏，即众多的外界信息以心象的形式留存脑中，一遇到审美刺激，便会打开记忆的闸门，许多的图景，便会像电影蒙太奇般一一显现。储藏和再现这种内心意向的能力是一种高级能力。它可以帮助知觉选择，成为想象活动的原料。审美实践和审美经验是内心意向的基础，多媒体教学可以给学生丰富的审美实践，较多的审美刺激，广泛接触自然美和社会现象，会增加内心意向的贮藏，反过来又增加人发现美和选择美的能力。这就是“外师造化，中得心源”的结果。增加内心意向的过程，就是提高艺术修养和审美能力的过程。如果内心意向贫乏，审美想象和联想的能力也就贫乏；内心意向众多，一遇到审美刺激，就出现在心灵的屏幕上，信息密度越大，审美想象就越丰富。所以，丰富的内心意向是培养审美想象力的基础。借助多媒体教学展现中外文学名著、名人名言、警句、富有哲理的故事、生动的微视短片、寓言、趣闻、富含哲理的散文等，多渠道、多层次地增加学生内心意向的贮藏，就能提高学生艺术修养和审美能力，实现创造性的思维想象和联想。著名的美学大师朱光潜先生认为，想象和联想是一种创造性的活动。正是有想象和联想的创造性思维活动，才使人们实现知识的迁移、转化和渗透变得可能，也才能使抽象的理论学习变得具体而生动，建立对哲理的理解。理解是对知识的理性认识，只有理解了的东西，才能更深刻地知觉他。审美想象力在思维中的特殊作用，就是使人的感性与理性协调一致，使人的心理结构与知识结构更合理，有利于人的更全面发展。

学习辩证否定过程的内容时，我将雨果的不朽名著《悲惨世界》进行浓缩，让学生领略并分析小说主人公在特定背景下人生的两次质变，揭示人生历程从肯定→否定→否定之否定的辩证过程，昭示了人生历程中前进性和曲折性的辩证性统一。在亲切而形象的文学艺术境界里，借助丰富而生动的文学艺术审美实践活动对心灵的感染，借助于感性与理智沉思相统一的文学艺术意向对人类情感的提升，使学生拥有一颗能在生活世界里欣赏美、发现美、创造美的丰富而高尚的心灵（包括对良知、包容、感恩、悲悯、体恤、勇敢、责任等美德的更深理解），达到以美求真，以美求善，从而完善人格，发展人性，并把这完善着、发展着的人性对象化到生活的世界中去，改良人生。正如朱光潜先生在《诗论》中所说："读各家的书，和各人物接触，在于无形中受他们的影响，像蜂儿采花酿蜜，把所吸收来的不同东西融合成他的整个心灵。"

学习认识发展的辩证运动过程，为了使学生理解实践→认识→再实践→再认识过程的无限反复和发展的原因，我安排学生观看动画 DV 短片：世界名人——孟德尔。孟德尔（1822—1884），奥地利遗传学家，遗传学奠基人。孟德尔用八年的艰苦试验写下《植物杂交实验》，成为基因的发现者。短片中八年的艰苦试验却是在很美的意境中展现的，学生在视、听、思等环节的综合运用中理解了所学的哲理，还在美的意境中升华了学生的审美想象与情感，使他们对孟德尔执着科学探索的那份勤劳、无私、默默奋斗、不计得失由衷地钦佩。正如黑格尔所说："在审美知觉里，感性的东西是经过理性化了，而理性的东西也借情感化显现出来了。"这种理性美，表现出崇高的思想感情，对学生的教育恰如"润物细无声"。

学习"时间"概念的一维性，援引朱自清先生的散文《匆匆》，他在其中写道："燕子去了，有再来的时候；杨柳枯了，有再青的时候；桃花谢了，有再开的时候。但是，聪明的，你告诉我，我们的日子为什么一去不复返呢?"这段文字作者将景、情、理融为一体，将感性思维和理性思维融为一体，给学生一种美不胜收、哲理无穷的感受。进而我们可上升到对于一去不复返的生命，应频频驻足流连，满怀至性至情地去咀嚼、去体味、去珍爱。只有充分认识这种富含哲理的美在教学中所起到陶冶情操、完善人格的巨大作用，才能在每一个教学环节中，努力开掘，循循诱导，促使学生全身心地投入，才能逐步培养学生正确高尚的审美观。通过这种潜移默化使教育回归到它作为一种塑造完美人格与个性、实现人的全面发展的正常位置上来，启迪大学生年轻的心灵，完善大学生初始的人生，让大学生获益匪浅。

三、建构传授知识、培养能力、提升人格三者整合的教学教法改革模式

素质教育是依据《中华人民共和国教育法》规定的国家教育方针，着眼于受教育者及社会长远发展的要求，以面向全体学生、全面提高学生基本素质为根本宗旨，以培养受教育者的态度、能力，促进他们在德智体美劳等方面生动、活泼、主动发展为基本特征的教育。简言之，素质教育是要让学生在知识与技能，情感、态度与价值观方面和谐发展。而思想政治理论课在学生的情感、态度与价值观的教育上，较之其他学科就更为突出。哲学教学作为思想政治理论课的重要组成部分，同样肩负着这一责任。那么，思想政治理论课寓智育、情感、态度与价值观于一体的特点，使教学在任务繁重的情况下，又增加了难度。因此，改革教学方法的根本所在，就是要充分应用创造性思维，建构有利于实现政治课教学目标，适合政治课学科特点，丰富而又统一、协调的教学方法，建构将传授知识、培养能力、提升人格三者整合的教学教法，提高哲学课的实效性和针对性，增强政治理论课的吸引力。

（一）三者整合的教学模式展现文化育人的新内涵

文化育人不仅是一种有形知识的灌输，而且是向学生的思想理念注入人性中尚德、进取、责任、包容、感恩、良知、谦虚、勇敢、悲悯、体恤等美德，以此表达一种积极向上的意识，并潜移默化地浸润于灵魂和精神。蔡元培先生在《美术与科学的关系》一文中写道：“我们的心理上，可以分三方面看：一面是意志，一面是知识，一面是感情。意志表现的是行为，属于伦理学，知识属于各科学，感情属于美术的。”在教育领域，知、情、意分别与智育、美育和德育相对应。蔡元培先生指出：“教育学中，智育者教智力之应用，德育者教德育之应用，美育者教情感之应用是也。”好的教学通常应融知、情、意为一体，尤其在情感的熏陶和培育上，在意志的建立和引导上，应该发挥特定的作用。文化育人在于关注人性美德修为的铸就，以此彰显社会的进步。“一种理念涵养一种精神，一种文化塑造一种人才”，社会的净化只有通过文化表达的精神“过滤”，才能体现出创新力和凝聚力，素质教育的实践与推广只有通过文化的理念诠释，才能表达出适应发展的新境界。文化育人的终极目标在于铸就人性的美德。尚德，是从

心灵与人的本性层面对人的素养提升所表达的教育性，强调尚德，重要的是德润天下的精神与理念进教材、进课堂、进活动，用“德”的标准形成基本的价值判断和教育导向，并外化为行为准则，从而真正实现教育本身的内在价值与根本目标，促进大学成为科学精神、理性意识、人文理想与人文情怀的生长扩散地，成为国家和民族的精神向导。爱因斯坦说过：“只教给人一种专门知识、技术是不够的。专门知识和技术虽然使人成为有用的机器，但不能给他一个和谐的人格。”教育从最本真的意义而言，是生命与生命的碰撞，是心灵与心灵的交流。正如劳凯声教授所言：“教育的任务首先不在于教会受教育者多少知识和本领，它最基本的任务是教他们如何去发现生活世界的真诚、善良和魅力，教他们用一颗真诚的心去融入社会、理解他人、关爱生命。”因此，思想政治理论课的教学除了要用理论的深刻去引导学生外，还需要用情感的力量去感动心灵，充分发挥在从知到行的转化过程中情感所承担的“催化剂”与“调节器”的重要作用。

（二）三者整合的教学模式通过态度和能力的培养提升学生的生命质量

人的生命质量用文化的视角观察：一方面是认知技能、动手技能和创新技能；另一方面是精神信仰和尚德的价值观的确立。生命质量，首先是人的精神信仰的质量，因此，人性美德的诸要素，自然走进了生命的舞台。素质教育注重人的素质和生命质量的提升，文化育人把提升人的生命质量视为根本宗旨，即人性美德的提升，人的生命质量要表达尊严、情感、精神、信仰、责任等诸多要素，而文化育人就是从注重“态度”和“能力”建设来体现的：一个人对待人和事的“态度”，其本质表达的是情感，其动力展示的是一种情趣，其内涵隐喻着丰富多彩的想法，其灵魂散发出创造的活力；而“能力”的培养，不仅是对社会、对家庭通过活动来表达一份责任，而且还需具备支撑人性进取美德的心理素养和精神状态，“能力”的修炼是经验的结晶，表达了文化育人动态的吸取力，“能力”是思想的展示，表达了创造性学习和生活中的灵性和悟性。正是这种“态度”和“能力”的修炼，构成了素质教育的基本要素，形成了文化育人提升生命质量的保障。法国科学家和哲学家帕斯卡说得好：是思想，而并不是肉体形成人的伟大。

（作者单位：昆明学院）

新升本科高校大学生思想特点及思想政治理论课教学针对性、实效性探析

马　宁

思想政治理论课教学是高校德育的主渠道和主阵地，分析当前大学生的思想特点，探索思想政治理论课教学的特殊性和规律性，以及我们面临的新情况、新任务，对推进思想政治理论课“三进”工作（进教材、进课堂、进学生头脑）具有十分重要的意义。

当前，我国进入新时代，处在“两个一百年”奋斗目标的历史交汇期，经济成分和经济利益、分配方式、就业方式、交往方式、价值取向等发生了这样或那样的变化，这些变化对青年大学生产生了巨大影响。各种社会思潮、国际问题、舆论焦点、时事热点等都会迅速地反映到学校中，影响着大学生的思想情绪，左右着他们的观点和态度。

一、新升本科高校大学生的主要思想状态

（一）学生政治意识淡漠

社会主义市场经济体制的建立、完善，离不开人们从邓小平理论、“三个代表”重要思想、科学发展观和习近平新时代中国特色社会主义思想的高度去认识、贯彻和执行，离不开人们从理论学习和实践中结合国际国内形势去把握方向。目前有一些大学生片面认为，市场经济最主要是经济效益，政治无关紧要，甚至认为是国家领导干部的事，与己无关，学校思想政治理论课对他们来说可有可无。非马克思主义，甚至反对马克思主义的思想，在高校中也有所表现，并寻找机会与我们争夺思想阵地。

（二）学生价值观念的空前变化

市场经济条件下的社会利益分配的多层次性，使大学生面临各种价值观的选择。由于市场经济的参与前提是生产者独立自主，这在大学生价值观中大致有三种表现。其一，集体意识淡化，有以个人为中心的严重倾向。市场经济以盈利为生产目的，有些大学生也片面追求个人利益或短期利益，如在校只要学好外语、计算机和专业课，认为思想政治理论课不能为自己找到好工作和“饭碗”等等。其二，理想信念大大淡化，金钱观念却大大强化。有的学生认为，理想理想，有

利就想；前途前途，有钱就图。还有的大学生认为，理想是远的，信念是虚的，金钱是实的，要抛弃远的，扔掉虚的，捞取实的，对于社会的责任、义务和责任很少去想。其三，学生就业难，“出口”受阻，导致学生感到前途渺茫，学习思想政治理论课积极性不高，政治热情下降。这些价值观念的显现，显然背离了学校的培养目标，无疑也是学校思想政治理论课必须解决的问题。

（三）网络环境下对大学生的心理造成的负面影响加大

由于网络是个极富包容性，多元化的世界，各种不同的价值观念和行为规范混杂其间，人们通过网上虚拟的环境很容易获得现实生活中所没有的成就感和满足感，当他回到现实生活中，网络提供给他的种种“幸福”不复存在，难免产生了不被理解的内心焦灼，甚至诱发多种社会适应不良症。互联网对大学生心理的影响集中体现在部分大学生痴迷上网，从而带来一系列心理问题。我们曾经做过的一项问卷调查结果显示，昆明学院上网学生中有15%的人有网络综合征，同时网络的内容良莠不齐，好坏难辨，这些负面影响冲击着学生对现实社会的认识。1998年，美国前总统克林顿曾宣称：美国的敌人已将战场从物理空间扩展到虚拟空间。美国的信息高速公路计划提出：高速发展的全球信息基础设施将促进民主的原则，限制极权形式的蔓延。这充分暴露以美国为首的西方大国，充分利用其信息控制权和影响力，向各国传输西方资产阶级的意识形态，实现其“不战而胜”之梦想的政治图谋，使崇尚新知识，思想活跃，人生观、价值观、道德观尚未完全成熟的大学生落入陷阱。

高校扩招一定程度上使大学生生源素质下降，也使思想政治理论课教学难度加大。新升本科院校的学生中流传着一流的学生考“985”大学，二流的学生考“211”大学，三流的学生考二本院校。这些年新升本科高校学生生源多渠道，有普高生、“三校生”（职高、中专、技校）和“专升本”，办学层次有本科和专科两个层次，学生素质参差不齐，层次不一，对思想政治理论课的认识、理解也不一样，给思想政治理论课教学带来一系列的新问题。

（四）对学生授课方式发生了新的变化

随着学校改革和发展的步伐加快，特别是高校扩招后，在校生数量增加，学生原来的固定的小班级上课发生变化，逐步代之以上大课，流动性大的学习，使思想政治理论课教学管理、实施等带来新的问题，实效性减弱。

二、新情况对高校思想政治理论课教学提出的新要求

面对新时代如何发挥思想政治理论课教学的主渠道、主阵地作用，推进习近平新时代中国特色社会主义思想“三进”工作，就必须研究新情况、新问题。不断深入了解和分析学生思想状况特征，因势利导，才能做到教学有针对性。我们在新形势、新情况下对思想政治理论课教学的要求是：努力回答学生普遍关注

的重要理论和实践问题，正确把握新升本科院校学生的心理、生理、思想特点，遵循思想政治理论课教学的规律，简明扼要、通俗易懂、生动活泼，以理论与实际相结合，“走出去”与“请进来”、“大课堂”与“小课堂”相结合的多形式教学模式进行教学，教师注意对学生中流行的社会思想、热点问题、难点问题、深层次问题及时了解分析，结合思想政治理论课内容增强说服性、针对性。

三、思想政治理论课要体现针对性

教学法的针对性主要体现在针对学生的思想特点，在教学中做出相应的调整。“了解你的教学对象”是教师永恒的课题，更是思想政治理论课教师提高教学实效性、体现教学针对性的前提，加强思想政治理论课教学的针对性应做到以下几点。

（一）要充分了解教育对象，密切联系学生思想实际

思想政治理论课教师是高校马克思主义理论的传播者，要解“惑”首先要知道学生“惑”在哪里，了解学生的所思所想，了解他们对理论问题、现实问题的认识及存在的偏差，才能做到有的放矢，切实解决学生所遇到的思想和行为问题，化解学生思想上的疑难问题。教师应对学生的思想状况在了解的基础上，做全面、客观的分析，在教学过程中针对学生对一些重大政治、经济和政策问题存在的模糊认识甚至偏激倾向进行正确引导和说服教育，做出合乎逻辑的、令人信服的解释。如教师课前可采取让学生写出“你最关心的2~3个问题”，通过收集、归类、整理出带有普遍性和共性的问题，昆明学院是新升本科院校，多年来的问卷调查表明学生最关心的问题前三位之一是就业问题。思想政治理论课教学中教师就应有针对性地结合这些问题帮助学生答疑解惑，使思想政治理论课教学真正发挥育人的功能。

（二）要注意层次性原则

新升本科院校生源含有三个层次，基础参差不齐；学生的个体差异存在。因社会、家庭影响，学生群体的思想实际是划分层次的，不同时期学生具有不同的群体特点，每个时期每一个特殊群体又有不同特点，如考入的普高生素质较之于“专升本”和专科生学习好；不同年级、不同专业以及不同班级，学生的思想实际是不同的。而应用型大学的培育目标是“双超”，即理论学习和基本功要超过“职大生”，实际动手实践能力要超过重点院校本科生，这不仅决定了学生理论知识要扎实，而且强化了实践性教学环节。所以，思想政治理论课教师应依据新升本科大学的特点在教学内容的处理上、课堂教学组织方面，必须针对学生的不同类型、不同层次和个体差异选择不同的教学方法。我们的做法是对普高生源为主的班级理论教学显“浅”为宜，以达到使思想政治理论课的教学与新升本科大学学生的实际相结合，推进思想政治理论课教学“三进”工作，避免了用一

个模式、一个“药方”去面对不同的学生，并取得明显效果。

（三）要直面现实问题，提高学生的判断辨别能力

我们应当承认，社会现实与学生在校学习到的德育知识会存在不同差距，一些不良社会现象甚至会对思想政治理论课产生抵消作用。近些年来在有的大学生中出现了“5+2=0”的情况，学生在校学习了5天，周末2天休息走出校园后，因受到不良影响，出现道德和思想上的滑坡和后退现象。同时，思想政治理论课不能回避一些现实问题，要对现实问题进行分析讨论，引导学生正确看待复杂的社会现象；要从大学生的思想实际出发，紧密联系国内外政治、经济、文化发展变化的实际，了解学生关心的热点问题；要创造宽松的环境，使学生敢于发表自己对问题的真实看法，使思想政治理论课教师在教学中有针对性。思想政治理论课教师要注意疏通复杂的社会现实与理论的内在关系，运用启发式教学，调动学生的主体意识，可以用大课堂讨论的方式使学生之间相互启发、学习，通过分析、讨论，帮助学生掌握辨别美丑、判断对错、区分善恶的能力，真正做到理论联系实际。

（四）积极引导学生参加社会实践

思想政治理论课教育的根本目的在于使学生形成科学的世界观、人生观、价值观。这一功能的发挥，只凭教师的理论教育是不够的。大学生还要通过接触社会这个大课堂和参加社会实践，使所学的理论内化为行为的准则。组织学生参加社会实践，让学生在实践中发现问题，并带着问题来学习思想政治理论课，使思想政治理论课教学更具实效性、针对性，更有说服力。同时，应使学生认识到，进行社会实践的过程也是他们虚心地向实践学习，向群众学习，认识国情、民情，并用自己所学知识为群众和社会服务的过程。

四、新情况对思想政治理论课教师素质的特殊要求

首先，新升本科院校思想政治理论课教师应具有坚定的政治信仰，学习马列主义基本理论，确立科学的世界观、人生观和价值观，确立对社会主义和共产主义的坚定信念。这是思想政治理论课“三进”取得成效的关键和前提条件。只有真信、真教、真干，才能向学生宣传马列主义、毛泽东思想、邓小平理论、“三个代表”重要思想、科学发展观和习近平新时代中国特色社会主义思想。以其昏昏，使人昭昭，是不可能有良好的教学效果的。

其次，要有深厚的理论功底。认真攻读马列原著，攻读毛泽东、邓小平著作，以及要深入了解“三个代表”重要思想、科学发展观、习近平新时代中国特色社会主义思想，提高理论修养，这是思想政治理论课教学取得成功的基础。

再次，要理论联系实际，拥有高度的政治敏锐性。联系实际既包括联系理论涉及的社会实际，又包括联系学生的思想实际。对思想理论界的动向和问题，应

有高度的敏锐性和洞察力，只有这样才能抓住联系实际的要点和重点，才能体现时代精神，体现与时俱进和研究的前沿性，并不断充实到思想政治理论课教学中，引发学生思考，体现教学的深度。这样的目标只有依靠思想政治理论课教师在长期的教学实践和深入的思想研究中才能实现，这是思想政治理论课教学成功的关键。

最后，思想政治理论课教师在思想道德建设方面应当成为学生学习的榜样。教书与育人是不可分割的，只有良好道德风尚的教师，才能赢得学生的爱戴和尊敬，从而保证思想政治理论课教学的效果。此外，思想政治理论课教师还要善于搜集和获得新鲜信息，不断充实、更新教学内容和方法。特别是随着科学技术的进步，现代化的教学手段不断涌现，开发和利用现代教学手段，也是教师不可忽视的能力素质。

（作者单位：昆明学院）

以研究性实践为导向形塑高校大学生科学的世界观

——“马克思主义基本原理概论”课程实践教学方式方法探索

曹　路　施建群

高校思政教育是培养社会主义事业接班人的主阵地和主渠道，积极探索实践性教学的有效形式，既能配合理论教学优化思政教育的资源和效能，又有助于引导学生深化和坚定对共产主义事业的认识和信念。“马克思主义基本原理概论”（以下简称“原理课”）是高校思政课中理论性和逻辑性最强的一门课，在研究性实践教学推进的过程中收到了良好的教学效果，为实践教学进一步探索提供了新思路。

《中共中央国务院关于进一步加强和改进大学生思想政治教育的意见》指出：“高等学校思想政治理论课是大学生思想政治教育的主渠道。思想政治理论课是大学生的必修课，是帮助大学生树立正确的世界观、人生观、价值观的重要途径，体现了社会主义大学的本质要求。”“社会实践是大学生思想政治教育的重要环节，对于促进大学生了解社会、了解国情、增长才干、奉献社会、锻炼毅力、培养品格、增强社会责任感具有不可代替的作用。”高校思政课肩负着培养大学生坚定的政治立场、树立科学的共产主义政治信仰和积极健康的人生观的重大责任，在适应全球化发展趋势和社会主义建设事业推进的攻坚阶段，思想政治理论课更应该在理论教学和实践教学的内容与形式上积极更新，既要保持理论上的前瞻性、科学性和创新性，有效引导并培养学生形成正确的世界观，又要在实践教学环节上立足本门课程的实际，积极探索更有效的方式方法，以符合社会主义核心价值观的内在要求为原则打造学生正确的人生观和价值观，并以此为平台在引导学生积极介入社会生活公共空间的过程中逐渐提升实践水平与能力。

一、“原理课”实践性教学的主要形式

反思近年来“原理课”进行的实践教学探索，已经初步形成了稳定长期的教学模式，同时也取得了一些成效。本着以“培养学生具有永不满足、追求卓越

的态度，培养学生发现问题、提出问题、从而解决问题的能力”为基本目标，以学生从学习生活和社会生活中获得的各种课题或项目设计、作品的设计与制作等为基本的学习载体，以在提出问题和解决问题的全过程中学习到的科学研究方法、获得的丰富且多方面的体验和获得的科学文化知识为基本内容，以在教师指导下，以学生自主采用研究性学习方式开展研究为基本的教学形式的宗旨，我们展开了以下三种研究性实践教学的形式：

（一）马列原著选读

要求通过马列原著的选读使学生原汁原味了解马克思主义的基本原理，让学生用自己的思维来解读马克思主义理论，从而提高学生的理论素养，改变学生的思维模式，更好地掌握马克思主义的基本观点与方法。

实施步骤：

（1）由教师布置学生阅读的马列原著篇目。

（2）教师提出撰写读书笔记的相关要求。

（3）学生按要求撰写马列原著的读书笔记。

（二）社会现象、问题和案例分析

要求运用马克思主义的基本观点和方法理论，结合十九大精神与中国梦的时代要求，分析和思考历史与现实中的大量素材和生动事例，获得真、善、美的心灵启迪，提高学生思想、政治等各方面的素质，培养和提高大学生的理论思维能力和人文素质修养，让学生感觉马克思主义的基本理论、观点和方法的价值，树立坚定的马克思主义信仰。

实施步骤：

（1）由教师布置学生分析的案例，可以是历史史实，也可以是现实事例和问题。

（2）教师提出学生分析现象、问题和案例的要求。

（3）学生按要求撰写对现象、问题和案例进行分析评价的小论文。

（三）树立乐观、积极向上的世界观

要求通过专题实践教学，让学生进一步巩固正确科学的世界观和方法论，从中感受正确科学的世界观与方法论对人生的重大意义，在自己的人生道路上要运用怎样的观点来分析对待自己碰到的问题，促进学生思考人生要怎样度过才会有意义，从而树立正确、科学、乐观、积极向上的世界观。

实施步骤（以下形式教师可以任选）：

1. 观看具有人生哲理的影视资料

（1）教师安排具体时间、地点，组织学生观看具有人生哲理的影视资料。

（2）要求学生就观看的内容写出书面的观后感，还可组织学生进行讨论和交流。

2. 小论文

让学生联系实际写一次自己或身边人曾经经历的挫折和困难，以及最终是如何处理和解决的，自己从中得到什么样的人生启示和哲理。

（1）教师布置小论文写作主题，提出相关要求。

（2）学生按教师要求完成小论文。

3. 大学生世界观的专题调查（例如大学生的信教状况调查、大学生财富观调查）

（1）调查专题由教师布置或学生拟定教师批准。专题的选定，既要扣紧学生的世界观教育，又要联系学生的实际。

（2）在教师指导下，学生设计调查问卷并开展相关调查。

（3）学生对调查情况进行整理分析，写出调查报告。

二、“原理课”实践性教学的主要特点

以上形式的实践教学在实效性方面有几个重要特点：

首先，实践教学体现了“原理课”的理论性。“原理课”由原来的三门课程整合而成，囊括了哲学、政治经济学和科学社会主义的基本内容，几经调整和修订，融合了马克思主义中国化进程中的优秀理论成果，重在介绍辩证唯物主义的一般规律、资本主义产生和发展的一般规律，以及共产主义理论，是一门理论性和逻辑性都很强的思想政治理论课。在针对一年级新生开展教学时，必须结合学生学情进行调整，鉴于新生理论水平较弱但学习热情和自觉性较高、学生文理科学科背景不一、学习效果参差不齐的情况开展教学。同时，理论的学习必须通过有效的实践才能推进并深入人心。以研究性实践为主体的实践教学是围绕“原理课”的基本问题入手，引导学生通过社会实践形成辩证唯物主义的世界观和历史观，以及与之相应的科学的方法论。

其次，实践教学体现了思政课的协同性和整体性。高校（本科）思政课四门课程构成一个整体，其中，“原理课”着眼于基本原理，帮助学生把握马克思主义的科学内容和精神实质。实践教学环节也遵循这一原则，以打造学生科学的世界观为主要目标。在内容上，世界观的形成是历史观形成的基础，也是对社会主义核心价值观和大学生行为规范的深化认识，更是坚定党领导我们走中国特色社会主义道路信念的基础；在形式上，研究性实践是体验性实践和践履性实践的基础，是一个逐步深化递进的过程。由此看来，“原理课”的实践教学是对其他几门课程的有机配合，使得整个思政课形成一个系统和整体，各门课程之间环环相扣、依次递进，在互补中多层次多角度地发挥着作用。

最后，实践教学体现了思政课教学的人文性。思政课与专业技术课程不同，

并不是以培养学生某一方面的专业技能为目标，而是以政治性和理论性见长，对大学生进行“教化”，进而培养思想政治立场坚定的社会主义建设事业的建设者和接班人。这就要求思政教育必须站在以人为本的高度，以人类社会发展的一般规律和人类实现最终自由与解放的使命来武装学生的头脑，在尊重人、实现人价值的一般维度彰显马克思主义理论的革命性和科学性，从科学精神与人文精神辩证统一的角度引导学生建构更加完善成熟的世界观。

总之，为了适应新形势变化的要求，高校思政课必须积极探索实践教学的方式方法，以促进政治理论课实效性和时效性的达成，继续努力发挥思政教育的主阵地功能，为社会主义社会事业培养合格的建设者和接班人。

（作者单位：昆明学院）

论网络环境下高校思想政治理论课的教育教学

缪文武　董　丹　蒋　怡

思想政治理论课是我国各高校开设的公共必修课之一。近年来，随着信息技术的迅猛发展，互联网开始构筑起一种全新的工作、学习和生活方式，成为重要的信息平台与交流工具。网络是一把双刃剑，既给高校思想政治理论课的教育教学带来了新的机遇，也产生了新的挑战，带来了一些负面的影响。要提高高校思想政治理论课的教育教学效果，就必须探索适应网络时代要求的教育教学新方法。

一、研究网络环境下高校思想政治理论课教育教学的重要意义

（一）研究网络环境下思想政治理论课的教育教学，有助于提高思想政治理论课教育教学的效果

高校思想政治理论课良好的教学效果，对于培养大学生运用马列主义、毛泽东思想、邓小平理论、“三个代表”重要思想、科学发展观和习近平新时代中国特色社会主义思想的基本立场、观点和方法去分析问题、解决问题的能力，帮助大学生树立科学的世界观、人生观、价值观，全面提高素质，特别是思想政治素质，成为中国特色社会主义事业的合格建设者和接班人；对于全面实施科教兴国和人才强国战略，确保我国在激烈的国际竞争中始终立于不败之地，确保实现我国加快推进社会主义现代化的宏伟目标，确保中国特色社会主义事业兴旺发达、后继有人，具有重大而深远的意义。

（二）研究网络环境下思想政治理论课的教育教学，有助于提高学生对思想政治理论课的学习兴趣

学习兴趣是学生对学习活动或学习对象的一种力求趋近或认识的倾向，它能促使学生最大限度地发挥自己的聪明才智，并能在学习过程中产生愉快的情感、积极的态度，进而转化为新的探求知识的欲望。因此，学习兴趣是先导，是影响学生学习自觉性、积极性的直接因素。要提高思想政治理论课教育教学的效果，激发学生学习高校思想政治理论课的兴趣是极其关键的。

（三）研究网络环境下思想政治理论课的教育教学，有助于推进思想政治理论课的改革发展

国际国内形势的深刻变化，给高校思想政治理论课提供了良好的发展机遇和广阔的发展空间，同时也提出了新的严峻挑战和更高要求。但思想政治理论课自身依然存在与新形势新情况不相适应的问题，主要表现在：教师在教学中充当绝对教学主体的角色，影响了学生的主动性学习热情和思维激情；教学方法墨守成规，灌输式惯性授课方式仍占主体，限制了学生的创造性思维能力和个性发展；教学手段落后，考试方法陈旧单一，不利于学生综合素质训练和提高；教师队伍知识结构比较单一，教师整体素质有待进一步提高，教学观念有待进一步更新。面对新形势新情况，针对存在的问题，思想政治理论课在继承和发扬优良传统的基础上，必须在教学观念、教学内容、教学方法、教学手段上努力进行改革和创新。

二、网络对高校思想政治理论课教育教学的影响

（一）网络对大学生思想政治理论课教育教学的积极推动作用

网络是一个巨大的信息宝库，不仅大大缩短了信息传播的时空距离，使得大学生可以及时得到更多的教育资源，丰富思想政治理论课教学的资源，而且，随着网络多媒体技术和图像传输技术的发展，网络可以提供一定的情境，从而增加思想政治理论课教育的途径和渠道。同时，网络信息的传播具有瞬时性的特点，教师可通过网络快捷、准确地了解学生的思想动态和他们所关心的热点问题，促进彼此进行沟通。网络信息的传播还具有交互性特点，大学生可以同时和多个教育者或教育信息保持快速互动，可提高思想互动的频率，从而提高教育效果。网络信息具有隐蔽性的特点，它可以提供一个人际交流的虚拟环境，缩小人际交往的心理距离，减少心理防卫。利用网络进行教学，教育者和大学生可以在网上“毫无顾忌”地进行真实心态的交流，对于教育者摸清大学生的真实思想并进行深层次的教育引导提供了有效的帮助。网络信息还具有可下载性、可存贮性等特点，可以延长教育者和受教育者思想互动的时间，为大学生提供“全天候”的思想引导和教育。

（二）网络给大学生思想政治理论课的教育和教学带来的严峻挑战

网络在对大学生思想政治理论课教育起到积极推动作用的同时，也带来了一定的挑战，具体体现在如下几个方面。

首先，网络干扰和冲击了我们的思想政治理论课的教学和教学，主要表现在以美国为首的西方国家利用网络加紧对我们进行思想渗透和文化侵蚀。从网络语言环境、信息流量等方面来看，青年学生面临着更多的西方意识形态与思想文化的渗透和影响。例如，有些学生的电子邮箱中就收到过国外网站发过来的关于“法轮功”“台独”之类的宣传邮件。大学生的世界观、人生观和价值观还正处于成长期，可塑性极强，网上的这些反动思想言论有很大的欺骗性，极易使大学

生受蒙蔽，而导致迷失政治方向。

其次，网络信息的不可控性使得思想政治理论的教育教学工作趋于复杂化。我们过去在课堂的教学，信息是可控的，教师可以有意识地选择合适的材料向青年学生集中地、持续地传播含有特定教育内容的信息来进行教育，引导他们健康成长。比如，听其他老师上思想政治理论教育课、读报纸、学习文件、党校教育等等。而在网络化校园中，网络的时空开放性使每个学生在任何闲暇时间、任何地点都可获取信息；网络的交互性和匿名性，使学生在更加广阔的自由空间进行思想交流；网络的多媒体性和交互性，使网上的信息更加丰富多彩，对学生产生了巨大的吸引力。这就使信息的传播逐步脱离了学校和老师的控制，网络信息的内容与教育者所宣传灌输的信息可能不同，甚至截然相反，这不免会引起青年学生在思想上产生疑惑，造成是非观念模糊，也会给思想政治理论课的教学带来难度。

三、充分利用网络开展高校思想政治理论课的教育教学

（一）充分利用校级平台，建设正面网站

网络的信息良莠不齐，如果没有一个正确的舆论导向，任由网络上不良信息在大学生中间传播，就有可能使学生的思想发生异样的波动，高校思想政治理论课的教育教学效果也会大打折扣。因此，坚持正确的舆论导向，建立以学校为平台的网络阵地，建设正面网站，是十分必要的。我国高校中并不缺乏类似的成功案例。例如，有像清华“红色网站”那样旨在宣传邓小平理论和“三个代表”重要思想等重要思想的网站，也有像“北大在线”“北大新青年”这样一批坚持正确导向，集思想性、教育性和多样性于一体，为广大学生所喜好的好网站。但拥有这些网站的高校毕竟只是少数。每个高校都应是思想政治教育的主阵地，每个高校都应是重要的战场。因此，高校应当按照《教育部关于加强高等学校思想政治教育进网络工作的若干意见》所要求的，建立高校自己的网络阵地，搭建基于网络的高校思想政治理论课的教育教学新平台。

（二）树立现代教育意识，占领网络新阵地

高校有大量的网络传输的渠道，如果运用得当，它就能成为高校思想政治理论课的教育教学的主阵地之一。从大学生接触网络的主要方式来看，高校应该加强包括校园网、校园无线网、手机网络等多方面的管理和教育，充分利用这些有利的传播途径，为“我”所用，让其成为高校思想政治理论课的教育教学的工具之一。例如，时下流行的微博就是一个很好的利用渠道。学校或负责思想政治理论课教育教学的院系、教师，都可以通过自己的微博，即时与学生互动，把教育教学拓展到教室以外，让思想政治教育全时段全地域地覆盖大学校园。

（作者单位：昆明学院）

网络环境下实现高校德育内容创新探析

马　宁

我国高校的德育是社会主义精神文明建设的重要内容。在新的历史条件下，我们必须坚持用马列主义、毛泽东思想、邓小平理论、“三个代表”重要思想、科学发展观和习近平新时代中国特色社会主义思想为指导，教育广大青年学生树立爱国主义、集体主义、社会主义思想，树立科学的世界观和正确的人生观、价值观，形成良好的道德品质和健全的人格，成为有理想、有道德、有文化、有纪律的建设者和接班人。我们主张在网络环境下高校德育的内容要实现创新，并不是要否定我们一贯坚持的德育的目标和内容，而是指高校德育要适应并结合网络环境的特点。

一、强调高校德育内容的时效性，注重把握热点问题

在网络环境下，高校德育的内容创新必须充分考虑时效性。由于信息传播技术的发展，加之各种传统传媒的发达，在现代社会中信息的传播和更新速度非常迅速，高校德育在这样的环境中要取得实效，就必须紧跟社会和时代的步伐，密切关注社会热点问题，注意研究这些问题对青年学生的思想品德的影响，采取有针对性的教育对策。

为此，高校德育教育在内容上就必须更贴近社会现实，注重挖掘社会热点的德育意义，及时将其纳入高校德育的范围。在网络环境下，由于信息的传播比以往任何时候都更快捷，社会大众接收信息的渠道比以往任何时候都更加畅通，这样的环境往往容易形成大众所关注的热点、焦点问题，青年学生由于其心理的特点，对这些问题就更加关注，迅速变化的信息对其思想形成了巨大的冲击。例如，近年来的反腐败问题、大学生就业问题等热点问题，都是大学生非常关心的。高校德育工作者应当及时收集整理这些热点、焦点问题，将其作为德育教育的素材，充分挖掘其中的德育内涵，以解决青年学生的思想认识问题。有人说网络就像“反映热点问题的一面镜子，讨论热点问题的一面平台，深挖热点问题的一台机器”，在互联网上有大量的关于热点问题的素材和相关的分析评论，青年学生也有着多种途径和渠道去参与对这些问题的讨论。由于网络信息的复杂性，

网上的观点也是各种各样、众说纷纭，青年学生限于其认识水平，对一些问题和认识还缺乏正确的分析方法和分辨能力，所以高校德育教育要主动利用网络，结合德育内容及时对热点加以分析、引导，使青年学生在关注热点的同时，能够得出正确的结论。做好了这一点，热点问题就会成为高校德育工作取之不尽的资源宝库，就能保证德育工作的时效性，其生命力就会大大增强。

二、重视高校德育内容的针对性，紧抓重点问题

随着社会主义市场经济的发展、社会利益的多元化，大学生的思想状况也日趋复杂，由此带来一系列问题。在此情况下，高校德育要认真分析学生的思想实际，抓住重点，才能做到"集中火力"、有的放矢地解决问题，体现出德育的针对性。客观地讲，当今大学生的思想状况比以往任何时候都要复杂，这种复杂性是由学生所处的家庭、社会环境的变迁所带来的，并且随着网络的普及而加深。青年学生思想的复杂化使得高校德育工作不能再像过去那样不加区别地简单"灌输"，而必须更加细心、耐心地深入开展，了解学生的思想状况，抓住那些带有普遍性的问题，例如在青年学生中普遍存在着功利主义、实用主义突出、价值观取向混乱等问题，重点予以解决。

对在教育过程中遇到的各种问题，高校、德育工作不能回避，而应当知难而进。笔者认为，德育的重点"问题"可以分为几种情况：一是在改革开放过程中新出现和即将出现的，既没有现成的经验也没有合适的理论来加以解决，比如大学生的"网恋"问题等。二是已经出现了，但一直以来没有很好解决的问题。这类问题通常都集中在德育教育所宣讲的理论与学生所认识的社会实际的巨大反差上，呈现出理论的"一元化"与社会现实的"多元化"的矛盾，比如价值观教育、理想信念教育、集体主义教育等等。对这些重点问题大学生都有自己不同的看法和观点，高校德育工作应直面这些问题，对不同的问题采取不同的教育方法，通过积极认真的对比、分析，平等民主的对话、交流，耐心细致的沟通、引导，理直气壮的说服、教育，真正解决青年学生的思想问题。

三、坚持理论联系实际，强化高校德育教育的基本点

党的十九大提出了习近平新时代中国特色社会主义思想，国家"马工程"教材作了修订，要求将马克思主义中国化最新的理论成果习近平新时代中国特色社会主义思想"进教材、进课堂、进学生头脑"，是我国高校德育工作的指导思想和中心内容，也是高校德育工作必须坚持的基本点。中国特色社会理论体系是开放和发展的理论，它必须随着实践的发展不断充实和拓展自身的内容。因此，学习中最忌空洞的说教，必须坚持理论联系实际。在高校德育教育过程中，我们应当贯彻这一精神，着眼于马克思主义的运用、着眼于对实际问题的思考，敢于

和善于运用习近平新时代中国特色社会主义思想对经济和社会发展中的重大问题作出有说服力的回答，敢于和善于根据新情况、新形势来拓展高校德育的内容，引导青年学生树立正确的世界观和人生观。

所以，在坚持基本点的前提下，高校德育教育的内容应当是常新的。在网络环境下，高校德育教育就必须运用网络这一先进载体，积极推进高校德育教育进网络，在网络上开拓德育的“第二课堂”，将网络变成延伸高校德育教育的一个新的主阵地、主渠道，将传统德育无暇涉及或者涉及不多不深的内容引入网络，并使之在网上得到扩展和深入。这样就可以使高校德育教育的内容时常得以更新，又可以弥补现有教育的不足，真正做到理论联系实际，加强高校德育教育的时效性和针对性，保证德育目标的实现。

四、加强网络道德和法治教育，突破高校德育教育的难点

网络超时空、虚拟和数字化的特点，使得人们有了逾越现实社会规范的机会空间，从而使得原来在现实社会中行之有效的包括伦理道德在内的许多规范有了逐渐失去原有的约束力的危险。面对这种情况，一种新的道德规范——网络伦理已经出现。随着互联网的日益普及，网络伦理甚至已经成为一些发达国家高校的教育课程，如美国杜克大学就开设了“伦理学与国际互联网络”课程。在我国也出现了大量的网络道德失范现象，所以，必须加快网络道德的宣传教育，尽快将其作为学校德育教育的重要内容，在广大青年学生中树立道德责任意识。但由于网络环境具有虚拟性，使得加强网络道德和法治教育成为一个全新的课题，也成为网络环境下高校德育教育的难点。高校德育教育要取得实效，就必须突破此难题，笔者认为应从以下几方面入手。

第一，教育者应增强网络道德教育意识。针对网络环境的伦理需求，高校德育工作必须高度重视网络道德教育。客观地讲，在我国绝大多数学校中网络道德教育还属于空白，与网络道德问题的涌现相比，教育明显滞后，当前在大学校园中不断出现的黑客现象、网络违法问题激增就是证明。应当明确的是，加强网络道德教育也是我国高校德育教育拓展自身内容、适应社会变迁的重要体现，是高校德育教育在新的时期得以迅速发展的重要契机。

第二，网络道德教育应当与既有道德教育相结合。所谓网络道德教育，是指一定社会为使人们接受和遵循网络道德规范体系的要求，并按其价值标准塑造人的品德而有计划有组织地对人们施加系统的道德影响的活动。网络道德的建立和发展，是立足于现实社会道德的基础上，运用既有道德的一般原则培育起来的，在网络环境中形成的现实合理的道德规范。加强网络道德教育，并不是要把既有道德和网络道德完全分开，而是要立足于发展既有道德，利用既有道德教育的一般原则、方法和途径来培养网络道德的生成和规范体系，使青年学生明确现实社

会的道德规范在网络环境中的意义和价值。

第三，网络道德教育应当和网络法治教育相结合。网络道德环境缺乏有效的监督，网络道德的可操作性较差，所以对人们遵守道德规范的自觉性要求很高。要解决这一问题，一方面要培养青年学生的自律精神和责任意识，在没有社会和他人监督的环境下，仍能保持清醒的自我约束，坚守符合社会规范的道德信念，也就是要做到“慎独”，这是网络道德教育的重点；另一方面，应加强网络法治教育，通过外在强制措施来强化网络道德教育。通过法治教育告诉青年学生网络有哪些“必须”的规范，违犯这些规范可能承担什么样的法律后果。我国已经制定了很多关于计算机和互联网的法规，通过多种途径让广大青年学生学习、了解这些法规，从而自觉遵守，避免违法犯罪。同时由于网络道德规范和网络法律规范在很大的程度上具有一致性，网络法律规范的内容也是网络道德所要求的，而相当部分的网络道德规范也通过立法固定下来，所以，网络道德教育应当而且必须和网络法治教育结合起来，以共同提高大学生的网络道德责任意识。

第四，制定网络道德规范、推广网络行为规则。加强网络道德教育要求我们尽快制定网络道德规范，使每一个网络用户都知道在网上什么可为，什么不可为。目前，国外一些计算机网络组织已经为网络组织制定了一系列相应的规则。在这些规则中，比较著名的是美国计算机伦理协会为计算机伦理学所制定的十条戒律。高校德育教育应该结合原有的道德体系，参考国外的网络道德规范，在此基础上尽快制定出网络道德规范，并通过高校德育教育现有的渠道加强对青年学生的网络道德和法治教育，以实现文明上网。

五、开展网络心理健康教育，突出高校德育工作的亮点

近几年来，心理健康教育成为新时期高校德育教育的一个亮点。包括心理咨询在内的心理健康教育方法在高校德育工作中的应用，丰富了高校德育工作的内容、途径和方法，使高校德育工作在强调社会、政治功能的同时，开始重视对个体品德发展的关注，加深了对学生思想心理行为的了解，转变了以往多从思想意识、道德品质角度去分析、评判学生思想问题的状况，更多地尊重了教育对象的需要和情感，拉近了教育者和受教育者之间的心理距离。

伴随互联网而产生的心理障碍已经引起了广泛的社会关注，对这种障碍目前有不同的称谓，如网络综合征、网瘾、网络癖等等。人们发现，网络上瘾者的症状都包括抑郁、失眠、精力难以集中等。由于网络是个极富包容性、多元化的世界，各种不同的价值观念和行为规范混杂其间，人们通过网上虚拟的环境很容易获得现实生活中所没有的成就感和满足感，当他回到现实生活中，网络提供给他的种种“幸福”不再存在，难免产生不被理解的内心焦灼感，甚至诱发多种社会适应不良症，对个体的健康人格产生负面影响。互联网对大学生心理的影响集

中体现在部分大学生痴迷上网，从而带来一系列的心理问题。2019 年底的一项调查表明，据不完全统计，昆明上网大学生中有 1/3 的人有网络综合征，有的大学生顾不上上课和做作业，有的备足了方便面而足不出户，有的网“线”越拉越长考试却挂起了“红灯”。显然，在不同程度上，网络给青年学生的心理造成了一定的负面影响。所以，在网络环境下，高校德育工作应当对这一问题给予足够的重视，将网络心理健康教育纳入高校德育工作的内容。在研究网络可能带来的心理危害的基础上，结合日常的心理健康教育，重点对青年学生的上网行为给予适当的心理辅导和咨询，对已经产生的心理疾病给予及时的治疗和疏导，使青年学生能正确使用和适应网络，以实现高校德育工作的目标。

在坚持马克思主义理论和党的基本路线的前提下，高校德育工作要与时俱进，随形势和变化不断增添新的内容，在网络环境下尤其如此。互联网的信息量特别巨大，高校德育工作也应当是大容量、大口径地输出，信息量小了，输出口径小了，德育的实效性就难以保证。所以，在网络环境下，高校德育工作应当在坚持强化基本点、把握热点、突破重点、诠释难点的基础上，在动态中来拓展高校德育工作的内容。

（作者单位：昆明学院）

“思想道德修养与法律基础”课集体备课改革初探

蒋 怡 缪文武 董 丹

“思想道德修养与法律基础”课是帮助大学生树立正确的世界观、人生观、价值观、道德观和法律观，打下扎实的思想道德和法律基础，提高自我修养的一门课程。在多年的教学过程中，本门课程基本都是由教师按照教学要求和个人的教学思路来组织教学。为了集思广益，博采众长，促进每一位教师教学技能的提高，增强本门课程教学的实效性，提高教学质量，昆明学院“思想道德修养与法律基础”教研室在教学重要的备课环节进行集体备课，是对传统的集体备课方式方法进行改革、增强教学的实效性的一种创新。

一、集体备课内容的改革

（一）备课内容的集体学习与准备

“思想道德修养与法律基础”课教材于2018年再次修订，新版教材在体例结构和内容上发生了较大的改动，解决了原版教材中道德与法律内容严重脱节的问题，在逻辑结构层次上更加科学和严谨，内容更加简明扼要。因此，在授课中就要求教师对教材体系和教学体系进行有效的转化。随着十九大的召开，如何解决十九大精神与教材内容的融合是教学中急需解决的问题。在此背景下，为了更好地完成教学任务，获得更好的教学效果，备课小组以“集体备课、资源共享、讨论吸收、课后反思、经验共享”的集体备课思路，围绕课堂教学，通过集体参与、共同讨论、相互启发、彼此交流、集思广益，创新教研形式，增强备课的实效性，使大家通过备课理清教学思路，熟悉教材内容，探索教学方式方法的改革，提高课堂教学质量。

为了尽量争取在最短的时间内完成对新教材的理解吸收，备课小组采取了行行有效的方法。首先，规定备课小组教师在拿到教材的第一周内必须各自学习，研读新教材，寻找新教材与原版教材的相同与不同之处，重点对教材的逻辑结构层次进行分析，摸清各章节内在联系。其次，备课小组教师集体参加新教材相关的培训课，讨论新教材相对原版教材的变化之处。

在分头学习和熟悉了教材内容、理清了教材结构体系内在逻辑，并且参加了教研室举行的教研活动后，备课小组教师集中讨论教材内容在教学中的具体课时分配，各章节教学目的和要求、重点和难点的确定以及教学内容的整理删减和融合问题，从而形成《“思想道德修养与法律基础”课理论教学大纲》，并在大纲指导下结合本课程具体教学内容和党的十九大精神，制订《贯彻〈教育部关于“思想道德修养与法律基础”课贯彻十九大精神教学建议〉实施方案》，以指导十九大精神进课堂的教学。因为“思想道德修养与法律基础”课是一门融思想性、政治性、知识性、综合性和实践性于一体的课程，因此实践是教学中非常重要的一个环节。根据教育部的要求和教学实际情况，备课小组教师经讨论将实践课时确定为 8 课时，并结合近年在全党自上而下分批开展党的群众路线教育实践活动和中国梦的提出，将实践主题确定为“学习杨善洲精神”和“我的中国梦”演讲比赛，并确定了相应的实践教学大纲。

通过修订《“思想道德修养与法律基础”课理论教学大纲》，制订《贯彻〈教育部关于“思想道德修养与法律基础”课贯彻十九大精神教学建议〉实施方案》《思想道德修养与法律基础实践教学大纲》，基本形成了“思想道德修养与法律基础”课的教学体系结构框架。这是此次集体备课改革的第一个大变革。

（二）备课内容的集体讨论与确定

备课内容的集体讨论与确定的具体工作就是将教材体系向教学体系进行转化，其核心内容就是专题式教学与基本知识的讲授相结合和集体教案的撰写。

根据前一阶段修订的各个方案以及本学期的“教学进度表”，通过备课小组讨论将教材的各章节内容细分为一些专题，对学生进行专题化教学。专题化教学相对传统的按章节教学来讲其特点在于：一是问题集中，重点突出，分析透彻，具有深刻性；二是围绕一个主题在理论与实际两个方面扩展，知识信息量大，对学生感染力强；三是改变了照本宣科地讲解，促进了教师的教学研究，有利于教学水平的提高。只有坚持理论与实际相结合，问题抓得准，研究比较深入、分析比较透彻，才可以收到较好的教学效果。实践证明，专题化教学，既有深刻的理论分析，又有具体生动的材料说明，学生听后满意，感到既不是空洞的说教，又不是就事论事、单纯的材料堆积，能够较好地解决学生思想中的深层次问题。因此，在备课内容的改革中重点将各章节基本知识，结合现实社会中存在的热点问题，进行专题化讲解，如讲“继承爱国传统，弘扬中国精神”时讲“钓鱼岛专题”，通过对钓鱼岛问题的分析再引入本部分内容。确定专题后将细化专题分配给对此问题有深入研究的教师，由各位教师发挥其不同的学术专长，做专题的大致备课工作，最后交由备课小组集中讨论，最终确定授课具体内容。

（三）备课内容的教学交流及改进提高

计划由各章节和专题负责教师通过听课的方式向其他教师展示其教学的思

路，所采用的教学手段和具体课堂的组织方法，课后由听课教师向主讲教师提出教学意见，召开集体备课会讨论，取长补短，最终寻找出在讲课中提高理论深度的方式方法，筛选贴近学生实际、体现教学知识点的案例，改革教学方式和教学手段。在每一次听课时由听课教师认真填写听课记录，在集体备课会时针对听课内容提出的教学意见也要记录在案。通过多次的教学交流和不断改进，最终整合出最适合学生实际、最能体现理论高度的教学内容，完成教材体系向教学体系转化的工作。

二、备课方法的改革

在“思想道德修养与法律基础”课的集体备课中，备课小组成员采取了现代化手段，例如使用微信等及时地搭建信息交换平台，使教师们可以随时随地交流教学意见和建议，在备课准备阶段就可较好地完成备课任务。

同时在备课小组成员组织中安排组长和组员。组长、组员只是分工不同，非隶属关系，而是平等合作的关系。组长侧重负责从横向方面把握整个方案的总体构架、不同思路的整合，同时承担部分细节环节的设计；组员侧重从纵向方面方案细节部分的深化和素材的深度挖掘工作，使分工有助于成果的立体化、多元化。

三、备课监督机制的改革

在“思想道德修养与法律基础”课程的集体备课方式方法改革中着重建立集体备课监督机制，具体措施如下：

（1）备课小组制订备课计划，备课教师讨论安排主备课人和备课内容。

（2）加强相互监督，主备课人备课内容，如不合格，备课小组成员可要求主备课人对教案进行修改，直到合格。

（3）制定集体备课考核量化标准，要求各备课教师的备课过程文字化、成果化，将各成果分为优、良、中、差四个等级。由备课小组所有成员匿名打分，评出等级，并按照等级作为教学质量考评的重要依据，督促各备课教师按质按量地完成所分配的备课任务。

（4）鼓励备课教师将备课成果适时地申报教学成果，并整合所有备课教师备课成果形成集体备课方案在校、市、省级进行交流和推广，使备课小组成员的教学成果能够得到认可，从而提高教师们参加集体备课的积极性。

（作者单位：昆明学院）

伟大抗疫精神融入高校思政课的实践路径

张春梅

习近平总书记指出："精神是一个民族赖以长久生存的灵魂，唯有精神上达到一定的高度，这个民族才能在历史的洪流中屹立不倒、奋勇向前。"① 伟大抗疫精神就是当下中华民族和中国社会最为亮丽的精神标识。伟大抗疫精神在惊心动魄的抗疫大战和艰苦卓绝的历史大考中孕育形成，在全面建设社会主义现代化国家、实现中华民族伟大复兴的新征程中需要进一步发扬光大。

一、抗疫精神融入高校思政课的重要性和必要性

中华民族在艰苦卓绝的抗疫实践中缔造了伟大的抗疫精神，习近平总书记将其概括为："生命至上、举国同心、舍生忘死、尊重科学、命运与共的伟大抗疫精神。"② 抗疫精神需要一代代人薪火相传才能历久弥新，而高校思政课正是面向青年一代传承和发扬中国精神的重要载体。因此，将抗疫精神融入思政课是大势所趋。

（一）抗疫精神融入高校思政课是课程建设的需要

抗疫精神和高校思政课融合可以提升思政课的亲和力和针对性。首先，抗疫精神都是通过一个个真实感人的故事体现出来的，而这些故事可以转化为鲜活的思政教育素材，使抽象的理论课程变得更具亲和力。其次，传承抗疫精神可以培养学生的爱国主义和集体主义精神。

（二）抗疫精神融入高校思政课是学生成长的需要

青年阶段是人生的"拔节孕穗期"，这个阶段最富有梦想，但是青年也往往缺乏清晰的自我认知和奋斗目标。在高校思政课上弘扬钟南山、张伯礼等人民英雄的抗疫精神，介绍"90后""00后"在抗疫中的成长经历，可以为青年树立学习的榜样，引导他们坚定理想信念，扛起社会的责任，在服务社会中成长成才。

二、抗疫精神融入高校思政课的实践路径

习近平总书记强调，我们要在全社会大力弘扬伟大抗疫精神，使之转化为全

① 习近平在纪念红军长征胜利80周年大会上的讲话［N］．人民日报，2016－10－22.

② 习近平．在全国抗击新冠肺炎疫情表彰大会上的讲话［M］．北京：人民出版社，2020.

面建设社会主义现代化国家、实现中华民族伟大复兴的强大力量①。思政课作为落实立德树人的关键课程，肩负“培养什么人”的使命。如何将伟大抗疫精神融入思政课，成为思政课厚重、鲜活的教材，是当前重要的政治任务和教学任务。本文以“毛泽东思想和中国特色社会主义理论体系概论”课为例，探讨抗疫精神融入高校思政课的实践路径。

（一）抗疫精神要与教学内容融合，将抗疫精神贯穿其中

新冠肺炎疫情暴发以来，全国人民众志成城，共同战疫，取得了显著的成效。在抗击疫情一线，涌现出了许多可歌可泣的英雄事迹和感人故事，这是最好的教学资源。中国战疫是一次重大的历史性事件，是提高高校思想政治教育影响力和感染力的有效窗口。在思政课教学中，充分发掘典型案例，梳理凝练教学内容，将战“疫”案例和所讲授的课程有机结合，将抗疫精神融入思政课程教学，以此引导青年学生把爱国情、强国志、报国行自觉融入坚持和发展中国特色社会主义事业、建设社会主义现代化强国、实现中华民族伟大复兴中国梦的奋斗中。中国战“疫”行动开展以来，舍小家为大家的白衣战士、全力攻关的科研人员、奋不顾身为人民服务的志愿者、短期内拔地而起的火神山医院和雷神山医院……这些鲜活的案例、生动的事迹展现出了中国精神、中国担当、中国力量和中国速度，成了思政课教学最鲜活的案例。比如，总建筑面积达 3. 39 万平方米的火神山医院，从开始设计到建成完工仅历时十天，十天十夜建起的火神山医院，我们看到的可能仅是“中国速度”抑或是“十天奇迹”。然而，若将其与“毛泽东思想和中国特色社会主义理论体系概论”课程教学中国特色社会主义“五位一体”总体布局中关于发展社会主义政治、中国特色社会主义最本质特征和中国特色社会主义制度最大的优势融合在一起进行分析时，我们看到的将是“中国速度”的本质，即中国社会主义制度的优越性。正因为中国社会主义制度，哪怕顶着举国瞩目的重大压力，人民也可仅用短短的十天时间便成就一项奇迹，这是属于中国特有的精神和力量。另外，人类命运共同体作为一种新世界观、新价值观和新方法论，是把世界作为一个整体，把人类作为一个整体，你中有我、我中有你，让所有人荣辱与共，不论大国小国，不论发达还是欠发达，在共商、共建、共享、共赢中梦想成真。面对这样一场百年来全球发生的最严重的传染病大流行，中国遭受疫情冲击最早，面临的防控压力也最大，但是中国社会在迅速有效应对国内疫情的同时，始终不忘人类是休戚与共的命运共同体，发起了新中国成立以来援助时间最集中、涉及范围最广的紧急人道主义行动，尽己所能为国际社会提供援助。截至 2021 年 5 月 31 日，中国先后向世界卫生组织提供两批共 5000 万美元现汇援助，向 27 个国家派出 29 支医疗专家组，向 150 个国家和 4 个国际组

① 习近平：在全国抗击新冠肺炎疫情表彰大会上的讲话［J］. 求是，2020（20）.

织提供抗疫援助。命运与共，就是携手合作、共克时艰，就是守望相助、同舟共济，中国用实际行动彰显了大国的担当。

（二）抗疫精神要与教学方法融合，需精选巧用教学素材

抗疫精神主要是通过一系列抗疫事迹或故事来体现的，要想用好这些素材，就需要使用切实有效的教学方法。教师引用抗疫素材时要解决以下三个问题。第一，抗疫素材同质化产生审美疲劳。大量的抗疫素材叙事手法大同小异，极易让学生产生审美疲劳。第二，抗疫素材感性有余、说理不足。主流媒体宣传报道抗疫事迹时，会进行一定程度的艺术加工，这增强了素材的感染力，但是过多强调感人的情节会使抗疫素材流于表面，缺乏理论厚度。第三，抗疫素材代入感较弱。这些素材大多刻画了一个个舍己为人的英雄形象，让人产生无限的景仰，但高大的英雄形象容易导致普通人产生“我们学不了”的感觉，很难产生共鸣。

为化解以上问题，教师可以灵活运用教学方法。第一，针对抗疫素材同质化问题，运用案例教学法时要选取典型突出的案例，确保其能直击心灵，富有说服力。案例重在精而不在多，重在揭示规律。第二，针对抗疫素材说理不足问题，要善于运用比较教学法，引用疫情期间道德现象的案例时，既要弘扬道德高尚的模范，也要揭示疫情期间网络谣言、不配合防控等违反道德的行为，这样可以揭示背后的逻辑，以理服人。第三，针对抗疫素材代入感弱的问题，运用讲授法时可以从第一人称角度设置问题。例如：你是一名护士，春节期间在家得知疫情紧急，你会自发赶往300多公里外的医院上班吗？如果遇到交通管制没有返程车，你会怎么办？让学生做出抉择，最后引出湖北姑娘甘如意的选择：骑行四天三夜，辗转300多公里赶回抗疫一线。同样的故事，将叙述视角中的“她”变成“我”，可以增强抗疫素材的代入感，引发情感共鸣。第四，抗疫精神需根据课程内容实际巧妙融合，而非“生搬硬套”，所以这需要教师秉持严谨的教学态度，对这两者的结合点反复琢磨，才可运用至教学实践。第五，重视课堂讨论环节，采用讨论形式，通过师生之间的热烈互动增强思政课的思想性、理论性和亲和力、针对性，提升思政课教学的育人水平。思政课教学既离不开教师的主导作用，也离不开学生的积极参与。比如组织学生讨论：你在“战疫”中看到了什么？感受到了什么？假如你的宿舍被征用，你会怎么想？采取什么态度？这些问题引发学生们的热烈讨论，同学们可通过“QQ 群课堂”“雨课堂”等方式阐述各自的观点和思考，提出各自的见解。除了课堂上的口头发言，也可以书面形式表达自己的观点及想法。根据同学们的回答，由浅入深，由点及面，教师积极引导同学们从各种热烈的观点中体会到中国特色社会主义制度的优越性，激发出强烈的爱国主义情怀和民族自豪感。通过激烈的讨论，使学生体会：中国社会主义制度的优越性；中国共产党的领导坚强有力；军队听党指挥，能打胜仗；人民具有强大的凝聚力和向心力。通过讨论，使同学们更加强烈地感受到中国共产党强

大的领导力和执政力。正如刷新中国奇迹的火神山、雷神山医院让我们深切感受到“党的集中统一领导”和“社会主义集中力量办大事”的强大力量，并且感悟到中国特色社会主义制度的优越性。抗疫精神进课堂让同学们深刻认识到中华民族团结一心的伟大力量、一线医务工作者的奉献精神等，这些都是鼓舞整个中华民族的精神食粮。

（三）抗疫精神要与实践教学相融合，凸显实践导向

将战疫中的鲜活案例贯穿于思政课的教学中，让学生潜移默化地接受教育。围绕抗“疫”大考谈如何坚定“四个自信”，围绕全国各地展现全力以赴、协同战疫谈人生价值和命运共同体，让学生们深受启发。通过多种形式对学生进行抗疫精神的教学，目的是增强学生对抗疫精神的认知和认同感，进而自觉践行抗疫精神。为实现这一目标，抗疫精神还要与实践教学相融合，引导学生自觉践行抗疫精神，落实思政课立德树人的目标。首先，要将伟大抗疫精神融入课堂、融入社团活动、融入主题班会和主题团日，要理直气壮地讲、情真意切地讲、富有见地地讲，让青年学生既明白道理，又坚定理想信念。其次，抗疫英雄模范是最好的老师。开学季，钟南山、张伯礼、张文宏等抗疫英雄纷纷走进央视《开学第一课》节目，给学生们分享抗疫的故事，取得了非常好的教育效果，这是很好的案例和教学启示。情感就是力量，情感就是教育。我们应该邀请一些抗疫英雄模范，特别是所在城市的援鄂医护人员等重点群体，走进校园、走进课堂，给学生们上课，给大家讲述抗疫战斗的亲身经历，在增进情感认同的同时，增进政治认同、思想认同。再次，要让学生自己“当主角”。习近平总书记说：“要注重启发式教育，引导学生发现问题、分析问题、思考问题，在不断启发中让学生水到渠成得出结论。”① 针对伟大抗疫精神融入思政课的实际，我们尤其要重视“讲好抗疫故事”“讲好中国故事”“讲好英雄故事”，不仅思政课老师要讲，还可以让学生制作 PPT，上台“当老师”“讲故事”，开展角色互换，增强课堂互动，改善课堂关系，努力做到知、情、意、行的统一，实现润物无声。此外，要充分利用校园文化角、文化长廊、校园媒体、学生公寓公共区域等平台载体大力开展多种形式的抗疫英雄、抗疫精神、抗疫故事宣传教育活动，将伟大抗疫精神融入校园文化建设，形成积极的舆论引导氛围；要通过挖掘网络平台学习资源、打造网站专题栏目、构建微平台、创作优秀网络文化产品等多种举措，以青年学生乐于接受、生动活泼的形式，充分发挥网络空间的育人功能。

（作者单位：昆明学院）

① 习近平：思政课是落实立德树人根本任务的关键课程［J］. 求是，2020（16）.

高校思政课实践教学模式创新的几点思考

朱　光

十八大以来，以习近平同志为核心的党中央高度重视高校思想政治理论课教育教学工作。习近平总书记在学校思想政治理论课教师座谈会上指出："办好思想政治理论课，最根本的是要全面贯彻党的教育方针，解决好培养什么人、怎样培养人、为谁培养人这个根本问题。新时代贯彻党的教育方针，要坚持马克思主义指导地位，贯彻新时代中国特色社会主义思想，坚持社会主义办学方向，落实立德树人的根本任务，坚持教育为人民服务、为中国共产党治国理政服务、为巩固和发展中国特色社会主义制度服务、为改革开放和社会主义现代化建设服务，扎根中国大地办教育，同生产劳动和社会实践相结合，加快推进教育现代化、建设教育强国、办好人民满意的教育，努力培养担当民族复兴大任的时代新人，培养德智体美劳全面发展的社会主义建设者和接班人。"① 各个高校也在摸索思政课实践教学模式的改革创新，总体来看，高校在思政课实践教学上取得了一定成绩，但也存在不少问题，如一些高校还存在做表面文章，要尽快改变这种薄弱实践教学，必须加大改革力度，构建思政课实践教学规范模式，建成思政课实践教学的长效机制。

一、高校思政课实践教学模式存在问题

（一）思政课实践教学模式单一，缺乏学院特色

当前我国高校思政课理论教学已经比较成熟，课程设置具有科学合理性，但是实践教学还不成熟，各个学校根据自己的学校特点开设一些实践教学，表面上看像是实践教学，比如开展朗诵、演讲、合唱、情景表演、看电影写心得体会等，但这些实践教学内容有的落后于社会发展，有的内容机械单一，年年都是这几项内容，并未与时俱进地加以调整、修正、丰富。同时，教学内容周延性不足，教学结构整体性和层次性不强，无法在大学生的兴趣点和当前热点、焦点问

---

① 习近平：用新时代中国特色社会主义思想铸魂育人　贯彻党的教育方针落实立德树人根本任务［N］. 人民日报，2019－03－19（1）.

题中找到平衡。即使一些新增的实践教学内容具有强烈时代感，但内容模板化问题突出，部分教师未考虑教学对象的需求与差异，千篇一律地开展教学，引导性有余而思想性不足，学生的抬头率低并且没有兴趣，思政课实践教学没有结合学生专业学科特点，思政课实践教学效果不尽如人意。这在各个高校教育教学工作中普遍存在一个现象。造成思政课实践教学组织不力、模式单一，没有特色，活动流于形式。

（二）思政课实践教学参与性不高

习近平总书记在学校思想政治理论课教师座谈会上强调："重视思政课的实践性，把思政小课堂同社会大课堂结合起来，教育引导学生立鸿鹄志，做奋斗者。"① 我国高校思政课实践教学的整体发展比较薄弱，虽然展开了多种多样的教学改革，但进展比较缓慢。当前思政课理论教学已在实践教学上下了一些功夫，但大学生主体实践活动参与度和实效性都不高。这就要求大学生在实践教学中主动参与、主动融入并主动引导实践探索的每个环节。有的高校思政课实践教学流于形式，对大学生问题意识的培养和能力素养的提升并未起到实际作用，因此大学生主动参与积极性低。实践教学被学生认为是完成老师布置的任务或完成的作业，没有把学习的理论和实践相结合，思政课的理论和实践两张皮没有很好地结合在一起。有的学校则是在实践教学中教师与学生都投入大量的时间精力，结果也是对资源的一种浪费。这些都导致思政课实践教学难以达到预期效果。

（三）思政课实践教学制度有待完善

首先，管理制度存在一定问题。高校思政课教学实践已经被列入高校思政课教学计划范围之内，但各个学校学院不同，没有形成一套科学有序的管理模式，有的学校要么管得太严，要么管得太松，最后导致思政课实践教学缺乏科学的指导与管理，实践教学的效果不大。

其次，思政课实践教学评价机制不够健全，缺乏一套完善、系统的考核体系。从评价对象、评价内容、评价方法、评价标准等反观高校思政课实践教学评价体系，实践教学评价体系结构过于单一，不利于评价体系发挥导向、反馈、激励作用。同时，不完善的评价体系也反向加重了大学生对于思政课实践教学的应付心理，使得大学生更加不重视思政课实践教学，从而影响高校思政课实践教学发挥育人功能。有些高校即使有考核办法，也存在较大的主观随意性，缺乏科学依据，打击了教师和学生的积极性。

---

① 习近平：用新时代中国特色社会主义思想铸魂育人　贯彻党的教育方针落实立德树人根本任务［N］. 人民日报，2019－03－19（1）.

二、新时代高校思政课实践教学模式的改革创新

实践是思想之基础。马克思主义理论成果都是中国共产党在团结带领中国人民进行革命、建设、改革的伟大实践中形成和发展起来的，因此搞好思政课实践教学，必须加大实践教学的力度。根据以上实践教学目前存在的问题，个人认为，必须做好以下几方面的教学模式的改革和创新。

（一）加强实践教学设计，使实践教学服务于教学内容和教学要求，避免出现两张皮现象

加强实践教学设计，使实践教学服务于教学内容和教学要求，防止出现理论和实践相脱节。首先，在实践教学上要注意形式多样化，对于不同专业的学生采取不同的实践教学模式，不能对各个学院学生采取同一种实践模式。这样不仅学生丧失了实践的积极性，而且思政课理论教学和实践教学相脱节，不利于思政课教学理论与实际相结合。要针对不同分院、学生的特点做不同的实践教学设计，做到因材施教。

其次，实践教学设计要加强，学生理论知识要与实践教学有机结合，不能只是简单地听讲座、写心得，也不能是指看励志视频，谈谈看法而已，更不能只是形式地搞搞合唱。实践教学目标、重难点、教学方法、教学过程要清楚，教学内容要多样。比如对于体育学院的学生进行实践教学，要让学生了解相关国家领导人对体育的论述，学习体育的目的和要求，在实践教学中要把理论知识指导学生的实践教学。针对艺术学院学生进行实践教学，要让学生知道毛泽东在延安文艺座谈会上的讲话精神，习近平总书记在纪念毛泽东在延安文艺座谈会上的讲话内容，带领学生参观聂耳故居、聂耳纪念馆等。针对法学院的学生进行实践教学，要让学生了解法的思想，带领学生参观云南少年管教所、监狱、戒毒所等与法学院学生专业相关的活动场所，让他们把学到的思政课理论知识与专业紧密联系起来。这样才能把理论与实践结合在一起，学生也才能通过理论学习指导自身实践活动。依据2021版四门思政课核心课程“思想道德修养与法治基础”“中国近现代史纲要”“马克思主义基本原理”“毛泽东思想和中国特色社会主义理论体系概论”的各自特点，学校可以制订课内课外多种形式的实践教学计划。“思想道德修养与法治基础”课实践活动可以带领学生到敬老院、少年管教所、孤儿院、特教学校、边境偏远小学等参加义工义教活动等，加强学生思想道德和法治思想。“中国近现代史纲要”课实践活动可以通过举办知识竞赛、表演历史剧、拍摄微电影、参观红色革命基地等方式加强爱国主义教育等。“马克思主义基本原理”课实践活动可以采取读原著、悟原理，谈心得体会、开展辩论赛，写论文等方式让学生掌握马克思主义基本立场、观点和方法，学会分析思考和解决问题。“毛泽东思想和中国特色社会主义理论体系概论”课实践活动可以利用节假

日、周末组织学生参加社会调查、参观红色基地等活动，让学生理解今天的幸福生活来之不易，增强“四个自信”。

（二）实现课堂教学与实践教学互补，而不是用实践教学代替课堂教学

思政课课堂教学要与实践教学实现互补，不能只重视课堂教学而忽视实践教学，也不能用实践教学代替课堂教学。没有理论的实践是盲目的实践，没有实践的理论是空洞的理论，这一原理对于理论教学和实践教学同样重要。高校思政课教学也要把理论和实践结合起来，这样思政课才能达到教学目的，课堂教学与实践教学一个也不能缺。要建立立体化实践教学模式，把课堂教学、社会实践、校园实践相结合，把三者联合起来，使教与学有机结合，理论和实践有机结合，思与行有机结合。这样高校思政课教学便将教学内容与大学生实际需要紧密结合起来，从根本上来说把立德树人工作提升至最高点，不断用习近平新时代中国特色社会主义思想等铸魂育人，提升学生思考、分析和解决问题的能力，思政课实践教学也能达到预期目的。

（三）建立实践教学的科学保障机制和考核机制

一是实践教学的科学保障机制要建立，只有在科学保障机制的指导下，思政实践课才能不断地有效进行，思政实践课才能有迹可循，有章可依。首先，思政教师队伍建设是实践教学的重中之重，高素质的思政教师队伍培养，良好的教师政治状况和“四风”师德水平在实践教学中发挥重要作用。习近平总书记指出：“评价教师队伍素质的第一标准应该是师风师德。”① 思政教师的素质和水平是思政课理论教学和实践教学的基础，十八大之后，高校在思政课教师选人用人方面更加严格。其次，教育部、中宣部顶层设计实践教学保障机制，高校要积极拿出具体措施方案，按照上级的要求，制定适合本校的思政课实践教学模式，把思政课实践教学纳入本校教学大纲和教学计划，将思政课理论与实践在课时和学分中应该占有的比例分配好。再次，要有充足的实践经费供思政课教师和分院合理利用于实践教学，因为实践课教学需要更多软件和硬件，需要出去考察和调查，经费如果跟不上，无论是课堂实践、校园实践还是社会实践教学可能无法开展。最后，学校要构建高效的实践教学平台，积极与校外实践教学基地开展全方位的合作，同时也要打造自己的实践教学基地、实践教学实验室。比如，昆明城市学院在杨林校区建立了思政课实践教学基地，以更好地在校内开展实践教学。云南师范大学在一二一大街校区建成“一二·一”运动纪念馆，可以供省内学生参观学习实践基地等。同时，学校要加强实践教学督导工作，围绕实践教学的主题、活动过程、活动结果、活动目的等做好督导检查工作，促使实践活动高质量运行，不做表面文章。通过实践教学，做成视频资料，督促思政课教师不断在实践

---

① 习近平：《在北京大学师生座谈会上的讲话》，人民出版社 2018 版，第 9 页 .

教学中改进，真正做到理论与实践的统一，达到立德树人的目的。

二是建立科学的思政课实践教学考核机制。实践教学考核机制要公平、公正、公开进行，考核学生内容要包括以下方面：考核学生在实践教学中的参与度，督促每位同学积极参与实践教学；考核学生在实际教学实践操作与贡献大小，合理分配学时和学分，体现多劳多得、少劳少得、不劳不得的学分学时分配方式。思政课实践教学教师也要参加考核，对教师在整个教学实践过程中的策划、指导，以及教学实效性进行考核，有利于提升教师水平，科学全面开展思政课实践教学，不断培养优秀的社会主义建设者和接班人。

（作者单位：昆明城市学院）

后　记

昆明学院应用型示范院校建设项目“基于应用型本科院校以实践能力为导向的思政课创新人才培养改革研究”由马宁教授、张春梅副教授主持，项目团队核心成员包括周燕、马晓丹、苟园、缪文武、蒋怡、赵宗泽、徐琦、李立琼、王良。

本书在项目团队全体成员的努力下已顺利完成，昆明学院思想政治理论课“手拉手”对口院校昆明城市学院马克思主义学院副院长赵宗泽教授、西双版纳职业技术学院马克思主义学院前负责人徐琦副教授为本书做出了重大贡献；昆明理工大学津桥学院思政部主任方琼教授为本书添加了亮点，贡献了他们的研究成果，在此一并感谢。

本书由张春梅、马晓丹、周燕任主编，马宁、苟园、赵宗泽任副主编，马宁负责设计编写大纲和方案以及全书统稿，马晓丹负责论文修改，昆明理工大学沈长云负责论文的整理和编排。本书的公开出版得到云南省教育厅项目经费的资助，昆明学院教务处、科研处领导的支持；云南大学出版社为本书的出版给予了很大的帮助，在此一并表示感谢。

由于篇幅有限，编者对部分论文做了压缩或修改，敬请谅解。本书错漏之处，请大家批评指正。

马　宁

2021 年 12 月